中央民族大学"985工程"中国少数民族语言文化教育与边疆史地研究创新基地文库
中国少数民族非物质文化遗产研究系列
萨满文化丛书
主编◎文日焕

达斡尔族萨满文化遗存调查

DAWOERZU SAMAN WENHUA YICUN DIAOCHA

丁石庆　赛音塔娜 ◎ 编著

民族出版社

本书作者丁石庆教授与赛音塔娜教授（2007年9月于呼和浩特市）

赛音塔娜、丁石庆与斯琴挂萨满（2008年6月于长春中国萨满文化遗存学术研讨会）

丁石庆与斯琴挂萨满及爱人巴特尔先生（2008年5月于北京）

赛音塔娜、丁石庆与沃菊芬萨满（2008年8月于莫旗尼尔基镇沃菊芬萨满家）

丁石庆采访达斡尔族学者奥登挂先生（2007年8月于奥登挂先生家中）

丁石庆与鄂·苏日台先生（2010年9月于吉林省首届萨满文化研究论坛）

丁石庆与斯琴挂萨满夫妇、郭淑云教授（2010年9月于吉林省首届萨满文化研究论坛）

丁石庆与斯琴挂夫妇、色音教授（（2010年9月于吉林省伊通满族博物馆）

Contents 目录

前　言 ·· 1
　　第一节　本课题调查进程简介 ·· 1
　　第二节　关于达斡尔族萨满教调查的回顾 ··· 3
　　第三节　相关思考 ··· 7

第一章　萨满文化背景概述 ·· 11
　　第一节　自然环境 ··· 12
　　第二节　人文环境 ··· 22
　　第三节　民族宗教信仰 ··· 38

第二章　历史上的萨满及其宗教活动 ·· 43
　　第一节　萨满的分类、传承及培训 ·· 43
　　第二节　萨满的职能及其社会地位 ·· 47
　　第三节　20世纪各地区达斡尔族萨满简介 ··· 54
　　第四节　萨满宗教活动及其用具 ··· 61

第三章　历史上的萨满教观念及其崇拜对象 ··· 74
　　第一节　原始宗教观念 ··· 74
　　第二节　原始崇拜对象 ··· 78
　　第三节　供祭的诸神 ·· 93

第四章　萨满教与达斡尔族民俗 …… 116

第一节　自然崇拜的遗存 …… 116
第二节　神灵观念的遗存 …… 129
第三节　祖先崇拜的遗存 …… 131
第四节　其他民俗事象中的萨满教观念遗存 …… 154
第五节　莫力达瓦达斡尔族自治旗萨满文化博物馆简介 …… 159

第五章　萨满教与达斡尔族文学艺术 …… 164

第一节　萨满教与文学 …… 164
第二节　萨满教与艺术 …… 191

第六章　达斡尔族萨满传承人——斯琴挂 …… 207

第一节　斯琴挂萨满简介 …… 207
第二节　走上萨满文化学术论坛的斯琴挂 …… 214
第三节　斯琴挂萨满访谈录 …… 227

第七章　达斡尔族萨满传承人——沃菊芬 …… 248

第一节　沃菊芬萨满简介 …… 248
第二节　沃菊芬的萨满服及神器神具 …… 250
第三节　沃菊芬治病的方法 …… 259
第四节　沃菊芬萨满访谈录 …… 262
第五节　斡米南仪式调查纪实 …… 274

第八章　萨满伊若文本实录 …… 293

第一节　汉文伊若文本 …… 293
第二节　达斡尔语（国际音标/汉语）伊若文本 …… 317

主要参考文献 …… 333

后　记 …… 336

前　言

第一节　本课题调查进程简介

本课题系中央民族大学"985 工程"中国少数民族非物质文化遗产研究系列成果暨中国萨满文化遗存研究的子课题之一，于 2006 年 6 月立项，具体调研进程大致如下：

2006 年 8 月，课题组在呼和浩特市召开小型研讨会，对调研计划、调查内容、书稿结构等相关问题进行商讨并进行具体分工。同时，还对居住于呼和浩特市的达斡尔族知名学者、内蒙古社会科学院民族研究所研究员奥登挂女士进行了萨满教遗存专题访谈。

2007 年 3 月，在著名萨满教研究家、达斡尔族学者满都尔图先生住院期间，课题组成员与其进行了专题谈论，并就课题进行过程中遇到的相关问题交换了意见。

2007 年 7 月底至 8 月初，课题组在内蒙古自治区呼伦贝尔市的鄂温克旗及海拉尔市等地进行语言田野调查期间，对两位多年在基层从事达斡尔族及北方民族萨满教调查研究的达斡尔族学者进行了专访，两位学者中，一位是原呼伦贝尔市文化馆馆长、研究馆员鄂·苏日台先生，另一位是曾在鄂伦春旗、敖鲁古雅鄂温克乡、呼伦贝尔盟民族事务委员会等单位从事教育、党务工作多年，并与满都尔图先生合作调查研究北方民族萨满教的孟和先生。在此期间拜访了居住于鄂温克旗南屯的达斡尔族萨满斯琴挂的家，但由于当时她不在海拉尔，访谈未能如期进行。

2007年9月，课题组成员在呼和浩特市参加"现代化背景下的民族发展——达斡尔族鄂温克族鄂伦春族俄罗斯族经济文化发展学术研讨会"期间，对最早关注和多次采访斯琴挂萨满的《内蒙古日报》驻呼伦贝尔市记者站的达斡尔族记者希德夫博士进行了专访。

2008年2月，课题组分别在内蒙古莫力达瓦达斡尔族自治旗尼尔基镇和鄂温克旗南屯对两位当代达斡尔族萨满斯琴挂和沃菊芬进行了专访。但由于这次对斯琴挂萨满的访谈准备不够充分，访谈过程中又由于录音设备的故障问题，未能成功。但对沃菊芬萨满的访谈十分成功（访谈记录见相关章节）。

2008年5月，课题组借斯琴挂萨满路过北京之机，对其成功地进行了长达两个小时的第二次专访（访谈记录见相关章节）。

2008年6月，课题组成员和斯琴挂萨满在长春参加由吉林省民族研究所和中央民族大学等单位合办的"中国萨满文化遗存学术研讨会"上相遇，会议期间对斯琴挂萨满做了第三次专访。

2008年8月，课题组成员在参加"莫力达瓦达斡尔族自治旗建旗五十周年庆典"期间，对沃菊芬萨满进行了第二次补充专访。

2008年10月，课题组成员对达斡尔族的另一个较大的聚居区——黑龙江省齐齐哈尔市梅里斯达斡尔族区进行了专题调研。

2008年11月，课题组以达斡尔族郭博勒哈拉塔文浅莫昆家族成员的身份参加了在莫力达瓦达斡尔族自治旗尼尔基镇举行的郭氏家族塔文浅莫昆家谱大会，在此期间对达斡尔族家族宗教信仰遗存进行了考察。

2008年12月，课题组成员对斯琴挂萨满进行了第四次专访。

2009年1月，课题组成员对沃菊芬萨满进行了第三次专访。

2009年6月，课题组成员专程赴莫力达瓦达斡尔族自治旗考察斡米南仪式。

除此以外，课题组就某些专题对上述人员进行了多次电话采访和讨论，还就相关问题与某些专家学者进行了深入的专题讨论。本课题历经两年余的调查研究，掌握了大量实证材料，同时，参阅了大量萨满教研究文献及前人的研究成果。可以说，本书稿是实证和文献有机结合的成果。需提及的是本书中部分引用和吸纳了达斡尔族资深学者奥登挂先生、满都尔图先生、鄂·苏日台先生及孟和先生等学者的观点和相关调查材料，在此深表谢意。

第二节　关于达斡尔族萨满教调查的回顾

一、国内学者研究的情况

达斡尔族萨满教的调查研究可分以下几个阶段：

（一）20世纪初期

早在20世纪初期，在达斡尔族学者撰写的早期著述如阿勒坦噶塔先生撰著的《达斡尔蒙古考》[1]、钦同普先生的《达斡尔民族志稿》[2]、何布太先生的《达古尔蒙古嫩流志》[3]、花灵阿的《达斡尔和索伦源流考》[4]、孟定恭先生的《布特哈志略》[5]、孟希舜先生的《达

---

[1] 阿勒坦噶塔，1900—1948，又名鄂序元，鄂佰乾，鄂嫩哈拉人，约于1931年初，用汉文写就《达斡尔蒙古考》，后于1933年1月，在奉天关东印书馆印刷，由东布特哈八旗筹办处发行。该书第二编第二节中专题介绍了达斡尔族的"宗教"。

[2] 钦同普，1880—1938，族名乌尔恭博迪，又名庆元，字同普，莫日登哈拉氏，西布特哈正黄旗西瓦尔图屯人。1938年前用汉文写就《达斡尔民族志稿》，由东布特哈八旗筹办处铅印发行。该书第五部对达斡尔族萨满教有专题介绍。

[3] 何布太，1909—1959，《达古尔蒙古嫩流志》第五编专门介绍了达斡尔族的风俗习惯，其中有关于斡包、求雨萨满祭神等方面的介绍。

[4] 花灵阿，生卒年不详，《达斡尔和索伦源流考》于道光二十七年以满文编著，以手抄本形式流传于通晓满文的知识分子之间。

[5] 孟定恭，?—1943，又名索米子宏，字镜双，约于1945年成书，其中，第二篇第一章专题介绍达斡尔族萨满教。

斡尔民族志略》①中均有达斡尔族萨满教方面的相关专题介绍，尽管篇幅不太大，介绍也比较简单，但仍为我们的研究留下了弥足珍贵的资料。

从上述古籍文献中可以看到达斡尔族早期信仰萨满教的情况，如花灵阿先生在《达斡尔和索伦源流考》中所引萨布素将军的奏文曰："康熙三十一年（1692年），将军萨布素分项所奏者，一项：送上一等貂皮五百张，二等貂皮一千张。……一项：索伦、达斡尔之规矩，为病人宰牛供祭，为死人亦宰牛舍弃、挂马皮。更有甚者，有的供祭所谓罗刹之神祇——格日克马罗，屠宰无数之牛，达斡尔、索伦之贫穷，皆由此而生也。严加禁止所谓格日克马罗之祭祀，通令驻于齐齐哈尔之达斡尔、索伦一千兵，锡伯一千兵，如有违禁者，规定副总管以九头牲畜、左领……"②从这段奏文可知，当时达斡尔族和鄂温克族都曾供奉马罗神。

（二）20世纪50年代中期至60年代中期

这个时期，全国人大民族事务委员会，国务院民族委员会组织中国科学院民族研究所、中央民族学院和各少数民族地区的有关单位，对东北内蒙古地区少数民族的社会和历史进行了大规模的社会历史调查，其中包括萨满教的相关调查，积累了较丰富的一手资料，具有重要的历史文化价值。1956—1985年间，这些成果都分别被编入《达斡尔族简史》、《莫力达瓦达斡尔族自治旗概况》、《达斡尔族社会历史调查》等书中。但是，由于各种原因，当时搜集的材料远不能满足学术研究的需要。

（三）20世纪80年代末以来

20世纪80年代末以来，随着我国改革开放的形势和学术研究的

---

① 孟希舜，1901—1968，此书于1953年完稿，其中，第五部分介绍了达斡尔族的宗教信仰。

② 孟志东编著：《校勘注释中国达斡尔族古籍汇要》，9页，呼伦贝尔，内蒙古文化出版社，2007。

日益繁荣，从中央到地方，达斡尔族文化调查研究之风日趋兴盛。其中，以下几位达斡尔族学者在达斡尔族萨满教的调查研究中做了大量工作，并具有特殊贡献。

满都尔图先生在1990年10月至1991年8月期间，先后两次对达斡尔族的萨满教作了深入调查。调查范围包括黑龙江省齐齐哈尔市梅里斯达斡尔族区、富拉尔基区，内蒙古自治区莫力达瓦达斡尔族自治旗、鄂温克族自治旗等，并对已有的材料做了补充。调查期间访问了七位萨满和五位了解萨满教的老人，采录了十多首萨满神歌。其成果载于《中国原始宗教研究和资料丛编·萨满教卷》中。

鄂·苏日台先生自20世纪50年代起，调查积累了许多有关内蒙古自治区达斡尔、鄂温克、鄂伦春三个民族及其他民族萨满教的资料，并制作成幻灯片完好保存至今。近年来，他出版了多部有关萨满教的著作，如《达斡尔族造型艺术》、《达斡尔族图说》、《鄂伦春狩猎文化》等。另外，他不辞辛劳，在筹建莫力达瓦达斡尔族自治旗萨满文化博物馆、吉林省萨满教博物馆等工作中做了大量工作。

满都尔图先生和鄂·苏日台先生曾于2000年荣获国际萨满教学会颁发的荣誉证书和奖杯。

孟和先生是长期从事萨满教调查研究的达斡尔族学者，他长期工作、生活在达斡尔族、鄂温克族和鄂伦春族地区基层，是萨满教材料收集和研究的有心人。他集多年的调查成果，写就《萨满教》一书。

希德夫先生是呼伦贝尔市电台的记者，他在工作中经常关注当代萨满及其相关宗教活动，并收录了大量的影像资料。

莫德尔图先生在就任莫力达瓦达斡尔族自治旗和呼伦贝尔盟领导期间，始终关心达斡尔族的文化，积极支持达斡尔族文化研究学者们的工作，并身体力行，亲自投身于达斡尔族民歌及萨满教"伊若"的调查、资料收集工作，为我们提供了多盘录音带，其中许多极具重要价值。

在达斡尔族萨满教研究方面，还需提到奥登挂、孟志东、卜林、吴维荣、乐志德、赛音塔娜等达斡尔族学者的相关研究成果。

在课题进行过程中，我们重点采访了达斡尔族当代新萨满斯琴挂女士和沃菊芬女士。她们在访谈时表现出极大的热情，给予了积极配合，并全面、详尽地介绍了相关情况，还给我们提供了许多珍贵的影像资料，也给我们留下了深刻的印象。

各达斡尔族地区文化部门、达斡尔学会及相关工作人员也在达斡尔族萨满教调查研究工作方面做了大量工作，为研究达斡尔族文化均做出了各自重大的贡献。

谈到其他民族的学者对达斡尔族萨满教的研究，首先应该提到的是满族学者富育光先生和他的学生郭淑云女士。他们从20世纪80年代至90年代以来，先后多次到达斡尔族聚居区调查，陆续采访过杨文生、苹果等老萨满以及斯琴挂等新萨满。富育光先生的《萨满论》，郭淑云的《活着的萨满》、《中国北方民族萨满出神现象研究》等著作中都有达斡尔族萨满教的相关内容。

吕光天先生的《北方民族原始社会意识形态》[①] 一书是萨满教研究方面的理论著述。吕先生认为，"萨满教反映了原始人类从事狩猎、捕鱼等物质生产活动和世界观，这种意识形态在旧石器时代中晚期和新石器时代北方各部落中产生和变化着。因此，萨满教作为原始社会的'活化石'，研究它有助于阐明古人类的上层建筑和意识形态的起源和发展规律。""特别是对于恢复和重建旧石器中晚期人类社会制度的研究更有重要的价值。"吕先生的书中不乏此类精辟论述，其中对达斡尔族的萨满教也有介绍。

另外，孟慧英著有《中国北方民族的萨满教》[②]，书中专设一章介绍达斡尔族萨满教的情况。刘小萌、定宜庄所著的《萨满教与东北民族》[③]，也有达斡尔族萨满教的专节介绍。刘桂腾的《中国萨满音乐文化》[④] 中的"乐器研究"一章，则评述了达斡尔族新旧萨满的乐器及音乐特点，具有较强的专业性。

---

① 吕光天：《北方民族原始社会意识形态》，银川，宁夏人民出版社，1979。
② 孟慧英：《中国北方民族萨满教》，北京，社会科学文献出版社，2000。
③ 刘小萌、定宜庄：《萨满教与东北民族》，长春，吉林教育出版社，1990。
④ 刘桂腾：《中国萨满音乐文化》，北京，中央音乐学院出版社，2007。

二、国外学者研究的情况

从 20 世纪初开始,萨满教就成了中外学者研究的"热门"话题。其中,俄国对西伯利亚、日本对我国东北的萨满教的研究尤其值得关注。他们不仅提供了丰富的资料,而且在某些问题的论述上也独树一帜。

国外研究达斡尔族萨满教较有影响的三部著作是:《达斡尔族》(日文版)[①]、《达斡尔族巫考》[②]、《萨满与酋长——达斡尔蒙古的萨满教》(英文版)[③]。

第三节 相关思考

一、关于自然崇拜

在达斡尔族供奉的诸多神灵中,"腾格尔(天)"崇拜产生的年代最久远。达斡尔族称它为"barkan"(神),也不用萨满来祭祀,称其为"təŋgəri·barkan"则是后来的事情。从比较研究中我们可以看到,"腾格尔"一词只在蒙古语族及突厥语族中使用,而通古斯语族的各族没有这个名词。从调查中得知,达斡尔族对"腾格尔"的崇拜较为

---

① [日]池尻登:《达斡尔族》(日文版),1943 年出版,1977 年 2 月奥登挂译成汉文。内蒙古达斡尔学会内部印行,13 万余字。《达斡尔资料集》第二集中收入了该书。此书对研究达斡尔族历史、社会和文化,尤其是对了解达斡尔族早期的萨满教有一定的参考价值。
② [日]大间知笃三等:《达斡尔族巫考》,见色音等编译:《北方民族与萨满教》,北京,中央民族大学出版社,1995。书中对海拉尔地区达斡尔族萨满教进行了专题介绍。
③ Caroline Humphrey With Urgunge Unon: Samans and Elders – Experience, Knowledge, Power Among The Daur Mongols. Clarendon Press ox Ford, 1996。

久远，他们崇拜的"腾格尔"实际上就是"日和月"，并有一系列的祭祀仪式、实在的祭祀场所及与此成套的禁忌习俗。这种自然崇拜当产生在祖先崇拜之前。莫力达瓦达斡尔族自治旗达斡尔民族园里矗立的鹰图腾柱应该就是这种观念的遗存。另外，达斡尔族对鹰的崇拜，往往和对太阳的崇拜连在一起。此图腾柱象征着达斡尔族人民将像雄鹰一样腾飞，向往过上美满、幸福、和谐的生活。

二、关于祖先崇拜

三界观念产生后，才有了神灵观念，而三界之间上可通天、下可入地的萨满也随之产生。这个时期，达斡尔族的神灵观念和三界观念，与通古斯语族民族非常接近。比如萨满教始祖神（也有的学者说成"巫祖"，似有不当之处）：达斡尔族的"霍列日·巴日肯"和鄂温克的"色温"，都是祭祀"蛇神"。在母系社会时，"霍列日·巴日肯"和"色温"均是一条蛇，而在父系社会时则变成两条蛇，鄂温克人称其为"色勒"。据斯琴挂萨满说达斡尔族称其为"陆朱日"，并认为达斡尔族、鄂温克族、鄂伦春族的始祖神是一样的，只是名称不同。孟和先生根据自己多年的调查研究也得出同样的结论。这些都再次佐证了达斡尔族的神与鄂温克族、鄂伦春族的神同源的论点。

历史上，达斡尔族曾与许多民族在文化上发生过接触，吸纳了许多邻近民族的先进文化，并基于对这些文化的本土化改造、整合的基础上兼收并蓄，形成了复合型的文化结构。从达斡尔族萨满教传承和演变来看也是如此。达斡尔族与其他民族之间的文化交流和相互影响以及达斡尔族如何将萨满教的思想体系作为核心因子吸纳到达斡尔族文化尤其是精神文化的体系中来，是一个需要深入研究的重要问题。

我们需要重新审视达斡尔族与通古斯语族各族，尤其是与鄂温克族早期的民族关系与文化交往关系。以达斡尔族中"xoliər"神（始祖女神）的来源为例，经过多方考证，我们认为，该神来自于鄂温克族的"səwənki"神（即蛇神），由于达斡尔族在接受其进程中对其本土化程度较深，致使民间不易觉察到这是由鄂温克族传入达斡尔族中的。

三、关于当代萨满

我们在调查中发现，与传统萨满相比，当代萨满不论其产生、培训，还是其服饰、神具以及流传的地域性与民族性，包括与其他宗教的关系等方面均有明显不同，这是达斡尔族萨满教发展的新特点之一。通过对达斡尔族当代萨满的实际调查，我们对萨满及其相关的问题有了更深入的认识，同时也产生了许多新的困惑，有待今后更深入的调查研究。

四、萨满教的学术研究价值和现实意义

著名宗教学家吕大吉先生近期提出了"宗教是一种社会文化形式"[①]的观点，认为宗教是人类的一种创造性活动，是文化创造。因此，宗教就是一种文化，整个宗教是一种社会文化体系，其对各种社会文化形式在历史上和现实生活中都发生了重要而深刻的影响。这个观点对当下社会及宗教学研究具有十分重要的价值和现实意义。这将进一步澄清长期影响和困扰社会及学术界"宗教是政治意识形态"的极"左"观点，打破束缚宗教学学科发展的囹圄，将促进社会和学界观念的更新，有利于宗教本身及宗教学科的健康发展。这种观念对萨满教的研究也必将产生至关重要的影响。结合达斡尔族萨满文化研究来说，扫除了将萨满教作为达斡尔族非物质文化遗产的思想障碍，将有利于进一步推动达斡尔族萨满教研究宽松环境的营造等。近年来，莫力达瓦达斡尔族自治旗领导高度重视包括萨满教在内的非物质文化遗产的保护和挖掘研究，并积极采取各种措施贯彻落实相关政策。斥巨资在达斡尔民族园修建的国内首座萨满文化博物馆得到了很好的反响。在莫力达瓦达斡尔族自治旗 50 年大庆时，文艺晚会演出的第一个

---

① 吕大吉：《宗教是一种社会文化形式》，引自中国民族宗教网（吕大吉专栏），2009 年 10 月 26 日。

节目就是萨满舞，在庆祝大会检阅的行列中也出现萨满击鼓的彩车。此外，定期举行祭拜斡包，并将其作为节日的举措也表明了政府及相关部门的积极态度。

将宗教看作是一种社会文化形式，必将对达斡尔族当代萨满文化研究中的关键人物——萨满本身及萨满所主持和参与的所有宗教活动文化品格的提升也产生重要的影响，从而对达斡尔族萨满文化的传承和发展会起到积极的促进作用。

最后，我们想强调的是，达斡尔族萨满教的调查研究还远不够彻底，仍有很多问题需要进一步深入调查研究。我们力争从实地考察所得的第一手资料及间接文献资料中去挖掘和研究达斡尔族萨满教的精髓，为达斡尔族的文化建设尽绵薄之力。

第一章

萨满文化背景概述

达斡尔族是我国北方人口较少的少数民族之一。有关达斡尔族的最早记载见于我国17世纪60年代的汉文古籍。自清代以来的各种典籍中的汉文音写形式中最多的是"达呼尔"。此外，还有"达瑚尔"、"达古尔"、"达乌尔"、"达乌里"等。新中国成立后，统称为"达斡尔"。据2000年第四次全国人口普查数据，达斡尔族人口总计为13万余人，主要分布于内蒙古自治区、黑龙江省和新疆维吾尔自治区等地。达斡尔族曾以黑龙江流域为历史摇篮，后南迁至嫩江两岸繁衍生息。有清一代，清廷将编入八旗的达斡尔族官兵遣往各边疆地区戍边，形成了目前这种大分散、小聚居的人口分布格局。达斡尔语属阿尔泰语系蒙古语族，可以分为布特哈、齐齐哈尔、海拉尔、新疆四种方言。达斡尔人在清代曾使用满文，清末后使用汉文。此外，各地的达斡尔族还分别使用邻近兄弟少数民族的文字，如蒙古文、哈萨克文等。

目前，学术界对达斡尔族的族源问题一直存在着分歧，大致可分为契丹说、蒙古说、东胡说、北室韦说、落俎室韦说等，其中契丹说影响较大。此外，近年来也有部分学者对达斡尔族源于契丹的观点予以质疑，如刘金明先生认为，"达斡尔族是以落俎室韦为主体，吸收部分索伦部通古斯人的先民以及黑水靺鞨后裔女真的某些成分，至明末清初最终形成的"①。而朱学渊先生的观点更是令人耳目一新。他不

---

① 刘金明：《关于达斡尔族源于契丹说的质疑》，载《黑龙江民族丛刊》，1990 (4)。

但提出和论证了所谓"大宛"、"大夏"、"塞种"、"吐火罗"等这些过去一直被学术界认为和"达斡尔"没有任何关系的古代西域民族的古称是"达斡尔"的别称,还在达斡尔族与契丹的关系上做了新的解释。作者认为,契丹与达斡尔族之间确实存在一定的历史关系,但也认为两者均是源自"东胡"的两支平行的"流"。① 近期的一些DNA实验成果也支持这些新观点。②

第一节 自然环境

一、17世纪前世居地的自然环境

17世纪之前,达斡尔族的世居地黑龙江及其支流水源丰富,沿岸群山绵延,山水一色,景色宜人。山林里飞禽走兽种类繁多,诸如大雁、野鸡、鹿、熊、狍子、獐、狐狸、猞猁、野猪、灰鼠等,还盛产鳇鱼、鲟鱼、鲤鱼、细鳞鱼、鲫鱼、草根鱼等名贵鱼种。黑龙江支流精奇里江中、下游两岸是平坦的冲积平原,土壤肥沃,适于农耕。山水之间是适宜牧放牲畜的草场。清初达斡尔族南迁至嫩

---

① 参见朱学渊:《西域族国名与东北亚族名之关联》,载《满语研究》,2002(1)。另外,达斡尔族语言学家、内蒙古大学教授恩和巴图先生,近年来也致力于达斡尔族源问题的研究,并也支持朱先生等的研究成果。

② 参见许月、张雷、张全超、崔银秋、周慧、朱泓:《古代契丹与现代达斡尔遗传关系分析》,载《吉林大学学报》(理学版),2006(6)。该文认为:"对23个契丹人骨样本线粒体第一高可变区(164bp)进行了扩增和测序,得到22个不同序列。构建了契丹、达斡尔人及对比人群的系统发育树,结果别名,起到与外蒙的遗传关系最近,与达斡尔的遗传关系也较近;契丹与达斡尔的系列在突变位点和突变率上存在较大差异。别名虽然契丹与达斡尔之间存在较近的亲缘关系,但达斡尔不一定是契丹的直接后裔。"另外,许月的博士论文《辽代契丹人群分析遗传学研究》也通过对辽代契丹样本的线粒体DNA高可变一区序列所进行的分析研究结果认为,在现代人群中,尚未找到契丹族的直接后裔,并认为达斡尔族可能不是契丹的后裔。

江两岸居住。嫩江流域的上游为大兴安岭东麓的支脉，这里山水相间，覆盖着茂密的森林，森林里栖息着各种飞禽走兽，是渔猎生产的绝好天地。而嫩江的中、下游则是土质肥沃适宜农耕的平坦的冲积平原以及水草丰美适宜放牧牲畜的大片天然牧场。有关南迁嫩江流域以后达斡尔族周边环境以及达斡尔人的情况，孟镜双在《布特哈志略》①一书的序言中记到："余昔尝登宜卧奇山北望兴安大岭，蜿蜒苍郁，天然屏藩，南瞰龙沙横贯乌淤尔一河奔流足下，左嫩水而右怒敏，两江映带，一泻千里，气雄而势壮，土厚而民鸷，是以在地之蕴藏，则有五矿之丰富发长，则有五谷之秀实；在山林之蕴藏，则有材木可伐用，有虎豹雄鹿可猎取，有药草山菜可采可食，有禽鸟飞鸣可看可听；在江河之蕴藏，则有渔业之利，有运输之便，更有两岸稻田可资灌溉。其于人也亦然，有奇士，有勇将，有忠臣孝子，不观夫辽、金、元、清四代之崛兴乎，必有达胡尔、鄂伦春健儿之踪迹驰骋中原，大显身手，为功臣，为名将，勋业煊赫，图像立祠者斑斑可考，故世称深山大泽必生龙蛇，而天宝地灵之区，精华所聚，必生英俊。"

关于在这个时期特定自然环境中的达斡尔人，中外历史文献中均有零星记载。如16—17世纪初，俄国的冒险家们在他们的各种文献中都提到了黑龙江流域的"达斡尔土地"，并对"达斡尔土地"有许多文献记载。如："从前达斡尔族人居住于贝加尔湖之东。因此，外贝加尔湖地区特别是石勒喀河和额尔古纳河上游，至今还往往称作达呼里亚地区。"②《苏联大百科全书》第13卷里有"达呼里亚"的词条介绍："达呼里亚是一个历史地理区域的名称，在贝加尔湖的东边，一部分在黑龙江流域（到17世纪为止），一直伸展到石勒喀河、额尔古纳河、结雅河、布里雅河和部分的松花江及乌苏里江流域。这一区域的地名来自达斡尔族，因为那时候他们即住在西

---

① 孟镜双：《布特哈志略》，见《达斡尔资料集》编委员会全国少数民族古籍整理研究室编：《达斡尔资料集》，第2集，北京，民族出版社，1998。
② ［苏］莫柴也夫著，沈玉昌等译：《中国的东北》，6页，北京，科学出版社，1959。

达雅布罗诺威岭的大部地区。"波雅尔科夫称达斡尔土地"是一片人烟稠密的富饶土地,有黑貂,有许多野兽,盛产粮食,河里渔产丰富。"① 俄罗斯时期的一些远东入侵者或旅行家们的著作中也多次提到居住于黑龙江北岸时期的达斡尔人的生态环境及主要生计方式。根据他们的记载,当时的达斡尔族主要种植大麦、荞麦、稷子、黑豆、豌豆、苏子等多种粮油作物,当时达斡尔人的社会经济发展处于较高的阶段。②

"阿穆尔河(译者注:即黑龙江)沿岸住的是达呼尔人及其他同族的部落。17 世纪时,达呼尔人就已经有高度发展的文化。他们定居在乡村里,从事农业,种植五谷,栽培各种蔬菜和果树;他们有很多牲畜;还有从中国运来的鸡。除种庄稼和牧畜外,猎取毛皮兽,特别是当地盛产的黑貂,对于达呼尔人来说也相当重要。阿穆尔河沿岸地区的富饶吸引着相邻的中国封建主,他们强迫这一带居民向他们缴纳贡赋。每年中国的课税吏都要到这里来,中国商人也带着商品同他们一起来。达呼尔人可从中国人那里买到丝织品和金属品。因受中国人的影响,他们也开始建筑有窗户的好房屋,窗子上糊上一层薄纸。服装也学中国的式样。达呼尔人有设防很好的城市。"③

"结雅河沿岸住着'耕地的人'——达斡尔人。这些达斡尔人是满人族系的一个分支,与通古斯人有血统关系。他们不同于俄罗斯人所熟悉的那些西伯利亚野蛮人。中国人常常到达斡尔人这里来征收贡物,进行贸易,给他们运来各种货物——绸缎、白银等。由于与中国人经常往来,达斡尔人的文明程度也比较高。哥萨克人发现达斡尔人处有着修盖得很好的木房,窗上糊着自制的纸张以代替玻璃。从外表看,达斡尔人很像中国人,男人按中国人的习惯蓄着辫

---

① [苏]雅科夫列娃:《1689 年第一个俄中条约》,19 页,转引自王鹏林:《"阿穆尔"的由来》,载《学习与思考》,1981(1)。
② 参见[俄]《历史文献补编》,第 4 卷,第 31 号文件,转引自孟志东主编:《达斡尔研究》(第 3 辑),56 页,内蒙古达斡尔历史语言文学学会铅印本,1989。
③ [苏]安·米·潘克拉托夫主编,山东大学翻译组译:《苏联通史》,第 1 卷,430 页,北京,三联书店,1978。

子,身穿绸缎长袍。他们的生活方式也与北方的游牧民族不同,他们定居在自己的乌卢斯(村落),从事农业和畜牧业。村落四周是种满大麦、燕麦、糜子、荞麦、豌豆的田地。他们的菜园作物有大豆、蒜、罂粟、香瓜、西瓜、黄瓜;果类有苹果、梨、胡桃。他们会用大麻榨油。他们饲养的家畜数量很多:有大群的马、牛、羊、猪;他们用牛耕田,就像俄罗斯人用马一样。从中国传到他们这里的还有家禽——鸡。到处都可感到中国的文化影响:达斡尔人从中国人那里购买绸缎(丝织物)、布匹、金属。中国人用货物向达斡尔人换取貂皮和其他皮张,并且向他们征收一部分毛皮,作为他们的贡赋。除了农业和畜牧业外,猎取毛皮兽也是居民的基本营生,周围林中盛产毛皮兽(貂、猞猁、赤狐和黑狐等)。这促进了狩猎业的发展。一个土著居民打一天猎,就可以带回十张或更多的貂皮……波雅尔科夫整顿起队伍,沿结雅河继续下驶。他行经人烟相当稠密的、居住着达斡尔各部落的地区。两岸展现着精耕细作的田地,游逛这马群和牛群……吉切尔人的生活方式与达斡尔人毫无差别,也同达斡尔人一样从事农业、畜牧业和狩猎业,也向中国皇帝缴纳贡赋。"①

黄维翰著的《黑水先民传》中也有关于达斡尔人从事多种经营的记载:"……其野丰水草,多牛马,牛马以谷量。其人民种族繁多,约之为打牲、游牧、力田三类。咸猛鸷轻迹,精骑射。地苦寒,秋季即大雪,皑皑数千里。冰厚逾丈,万物咸鸷。而人民日益发舒,伍伍什什,臂鹰腰枪矢,大合围山谷间。或遴车徒马力,载麦与豆输他境。穷日夕行,腾赴泥雪中,习以为常。"

达斡尔族文人的作品中也记述有本民族早期物质生产活动的特点,如钦同普在《达斡尔族志稿》中描述达斡尔族"朝为农而暮为猎,今日为匠明朝为渔,善养牲畜,能驯劣马"。

---

① [苏] 谢·弗·巴赫鲁申著,郝建恒、高文风译:《哥萨克在黑龙江上》,北京,商务印书馆,1975。

二、南迁嫩江流域后的自然环境

自达斡尔族迁居嫩江流域后，当地的自然环境为达斡尔人沿袭传统的渔猎生产活动提供了有利条件。直到新中国成立时，在山区达斡尔人的经济生活中，狩猎仍占有一定比重，有10%左右的人家以猎为主，兼营其他副业，或者农猎并举。尤其是布特哈地区的达斡尔人更是以狩猎为业。"布特哈"一词即满语"狩猎者"之义。由此看来，达斡尔人从事狩猎生产活动也是对所处特定自然环境的一种文化适应。当然"像书籍中所描写的专事打猎的民族，换句话说，即专靠打猎为生的民族，是从来没有过的；因为靠打猎所获得的东西来维持生活，是极其靠不住的"[1]。达斡尔人除了从事渔猎生产活动之外，后来还从事其他多种生产活动。这同样也是对特定的自然环境的一种适应能力的体现。文化人类学家在人类经济生活及其制度的类型上尽管还存在着理论上的各种争执，却多数都接受以下两点：

第一，纯粹的生产方式是不存在的。在狩猎社会里，妇女采集野生植物；在农业经济社会中，狩猎与采集普遍存在；在游牧经济中，也常有人从事农业。

第二，不相同的生产方式应当放在一定的历史发展阶段中加以分析。

狩猎、农业、游牧在长远历史发展进程中都各有其位置。这早已被考古学、动物分类学、植物分类学、比较语言学、比较工艺学等研究所认定。栽培植物，驯养牲畜，促成了农业的发展，并在以后的一段历史时期，促使专业化的游牧业发展。[2] 达斡尔族狩猎业的发展历程，也基本遵循了上述人类社会经济发展的历史轨迹。

---

[1] [德] 恩格斯：《家庭私有制和国家的起源》，56 页，北京，人民出版社，1956。
[2] 参见章光广、冯利、陈朴主编：《文化学辞典》，531 页，"经济人类学"词条，北京，中央民族学院出版社，1988。

图1-1 嫩江①

图1-2 美丽的莫力达瓦

① 图1-1至图1-4由苏伟伟提供。

图 1-3 森林

图 1-4 猎人与鹰

如果说八旗制度使达斡尔人与生俱来的一些天赋得以彰显，那么，清廷对达斡尔族的朝贡制度可以说在很大程度上刺激和推动了达斡尔族的狩猎业。

达斡尔族朝贡制度始自清初[①]，由于狩猎业在当时达斡尔族经济生活中占有十分重要的地位，猎产品对于达斡尔人来说具有多方面的经济价值，兽肉用于自食；秋冬季的貂皮和猞猁皮等，可用作防寒衣料；貂皮等细毛皮张，可以对外交换。

在16至17世纪，达斡尔人用以对外交换达到互补互换的主要产品是紫貂等细毛皮张。在清廷征服索伦部的战争中，清军的掠夺品里，细毛皮张居于首位。细毛皮张等猎产品，同样也是沙俄东侵者的主要目标。在隶属于清王朝贵族统治之后，清廷就立即在黑龙江地区的达斡尔等民族中征收细毛皮张以示其对达斡尔人的招抚和征服。

达斡尔族归辖清廷可分为三种情况，即自愿朝贡、不朝贡及"慢不朝贡"。因此清廷也采取了三种不同的政策使之归顺，即怀柔、招抚和征服。如巴尔达齐等人属于自愿的，其他有招抚和征服后纳贡的，初期主要具有贸易性质，也略表臣服之意。据载，朝贡物品可谓十分丰富，其中以貂皮为主，包括各种珍贵鱼种及其他珍贵动物细毛皮张等。清代中期的贡赋制度具有臣服及赋税性质，而晚期则完全演变为统辖、剥削及奴役性质。自迁居嫩江以后，布特哈、瑷珲地区的达斡尔人承担了名目繁多的贡赋。为了完成每年的贡貂义务，布特哈等地的达斡尔等族不辞辛苦，远到讷莫尔河上游小兴安岭，或千里之外的外兴安岭去猎貂，历时数月才能返回家园。而自咸丰八年（1858年），中俄签订了不平等的《瑷珲条约》后，因外兴安岭地区划归俄国，也因貂鼠生态平衡受到破坏，加之长期捕猎而日趋减少，猎获貂皮更加困难。为了完成贡貂义务，布特哈地区的达斡尔等族旗民不得不派

[①] 参见那顺保：《清朝时期达斡尔族贡貂综述》，见《达斡尔资料集》编委会全国少数民族古籍整理研究室编：《达斡尔资料集》，第2集，587~595页，北京，民族出版社，1998。

人到吉林等地从市场上高价购买貂皮，凑足应贡貂皮数额。① 这些都刺激着达斡尔族地区商业的出现和发展，楚勒罕集市随之应运而生。

楚勒罕之制，始于雍正年间，止于光绪二十一年（1895年），历经两百年。楚勒罕是兼有政治、军事、经济等内容的盛大集会。每年农历五月在齐齐哈尔城西北的音钦屯举行，后改在齐齐哈尔城北关。届时，黑龙江将军、齐齐哈尔副都统等官员们，除选取所贡貂皮外，还检阅各地八旗兵武艺，发放官兵们的俸饷，进行民间贸易。来楚勒罕集市的，除有布特哈、墨尔根、瑷珲、呼兰、齐齐哈尔等地的达斡尔等族人民以外，还有来自蒙古各部，河北、山西的商贩，伯都讷、吉林等地的商船，黑龙江各地农牧猎民云集一地，盛况空前。② 楚勒罕集市，对于发展达斡尔人的生产和丰富他们的物质生活，曾起了积极作用。③

总之，清廷在达斡尔族中实行的朝贡制度对达斡尔族经济发展具有十分重要的刺激作用。同时朝贡制度及其生产活动对达斡尔族文化的发展也起到了不可抹杀的作用，使达斡尔人与外界的交往关系逐渐密切，并成为了接受满族文化与汉族文化的一种重要途径，从而对达斡尔人文化素质的提高奠定了良好的基础。

清末至民国时期，尽管达斡尔族地区的生态环境发生了较大变化，繁重的贡赋制度使达斡尔人不堪重负，但是他们仍必须完成向朝廷纳贡貂皮，加之狩猎生产工具的改进，生产效益的提高，以及清末开始狩猎产品的商品化，狩猎业在布特哈地区中仍占有相当比重。他们平时在屯落附近单独狩猎。而在狩猎旺季则三五结伙远出猎貂或猎取各种野兽。东清铁路通车以后，很多猎产品已商品化。由于猞猁、狐狸、灰鼠、狼、獭等细毛皮张以及鹿茸、鹿胎、鹿鞭、鹿心血、熊胆、熊掌等中药材，在市场上收购价很高，调动了达斡尔族猎民猎取细毛兽和鹿、熊等的积极性。此外，由于猎产品的逐渐商品化，达斡尔族的

---

① 参见《达斡尔族简史》编写组编：《达斡尔族简史》，64页，呼和浩特，内蒙古人民出版社，1986。
② 同上书，64~65页。
③ 同上书，65~66页。

有些富户不仅与族内缺乏生产资料的猎民结为安达关系，而且与鄂伦春人建立了安达关系。这种以安达形式结合的变相的雇佣关系一直延续到 20 世纪 50 年代初期。

民国时期，由于猎产品的进一步商品化，致使布特哈地区的达斡尔族人民猎业生产达到了极盛时期。这一时期，猎取紫貂虽因兽源断绝而停止，但狐狸、猞猁、灰鼠等细毛皮张，成为市场上的畅销品，特别是鹿茸、鹿胎、鹿尾、熊胆等中药材，仍然保持着昂贵的价格。达斡尔族猎民根据市场所需进行猎业生产：春季是鹿茸的生产期，夏季为鹿胎期，秋季是猎取狍子和野猪的季节，冬季为打皮子期，主要猎取灰鼠皮。

和渔业生产一样，达斡尔人的狩猎业生产活动也是一种长期伴随达斡尔人生活的重要物质生活内容，它在达斡尔文化形成过程中也起到了重要作用。其中，除了达斡尔人自发的狩猎生产活动以外，刺激达斡尔狩猎业的其他因素主要有清代繁重的贡赋制度、楚勒罕制度、民间贸易活动等，尤其是清廷对达斡尔人施加的繁重的贡赋制度。可以说，清代长达几百年的贡赋制度对达斡尔族一方面的确造成了灾难，但从另一方面讲，贡赋制度从很大程度上对达斡尔族的经济发展起到了不可抹杀的促进作用。此外，各种狩猎组织形式和安达制度对达斡尔人的狩猎生产活动也产生了一定的刺激作用。从安达制度的形成来看，达斡尔人与周边其他民族的相互交往是比较密切的，并且具有一定的宗法社会性质。由狩猎业生产活动开始，达斡尔族社会初露宗法性质，出现了阶级和剥削阶层。达斡尔族狩猎业衰退的主要因素有：山林狩猎面积缩小、猎物逐渐减少、生态受到一定破坏，加之各种赋税过于繁重等。

达斡尔族从事畜牧业生产活动的历史较为悠久，如果从达斡尔族的先民契丹算起，达斡尔人及其先民从事牧业生产活动的时间已经长达十几个世纪。而自清初以来，达斡尔人利用其有利的自然环境，经营牧业，并由此获得了丰厚的回报。而自举族迁居嫩江流域以后，嫩江及其支流甘河、讷莫尔河、诺敏河、阿荣河、音河的两岸，多是植物群落比较茂密、生长各种优质牧草的平原和浅山区，为达斡尔人发展畜牧业提供了优越的自然条件。根据有关达斡尔族研究资料表明，至民国以后，各地达斡尔人的畜牧业在发展上有了一定区别：布特哈地区由于地广人稀，便于放牧，养畜者仍十分普遍；齐齐哈尔地区的达斡尔人在主要经营农业的同时，仍然保留了饲养牲畜、农牧结合的传统；而在呼伦贝尔以牧业为主地区的达斡尔族屯落中，达斡尔族牧民的牲畜较多，其中也不乏拥有数百头牛马、万只羊的大牧主，其中海拉尔南屯一带居住的一部分达斡尔人，已经完全变为牧民；新疆塔城地区的达斡尔人，由于没有自己的夏营地和冬营地，拥有成群牛、马、羊的少数人家，只好租用邻近哈萨克牧民的冬、夏两季牧场。这个时期，仅有瑷珲地区达斡尔人的牧业开始出现萎缩。

第二节 人文环境

一、以哈拉与莫昆制度为规约的内部社会结构关系

达斡尔人的居住环境依山傍水，他们不仅创造了适应这种特定环境的物质文化，同时也创造了适应这种环境的制度文化。达斡尔族的"hal"（哈拉）为古老的达斡尔氏族集团名称，"mokon"（莫昆）则是由哈拉分化出来的在血缘关系更近的新氏族集团，或称女儿氏族集团。有关"哈拉"、"莫昆"名称的来源一般认为借自女真语，其含义有不同的说法。多数学者认为，"哈拉"可能具有"河谷"、"山沟"等意思；"莫昆"又记作"谋克"、"谋昆"等，原为女真语的行政组织名称，其辖五十户至五百户居民。① 根据有关资料推算，达斡尔族聚

---

① 参见卜林：《达斡尔族的"哈拉"和"莫昆"》，见《达斡尔资料集》编委会全国少数民族古籍整理研究室编：《达斡尔资料集》，第2集，北京，民族出版社，1998。

居在黑龙江上、中游流域时期的人口约为五万人。① 其中包括萨哈连、库尔喀、萨哈尔察和索伦四个部落集团，拉布凯、达萨乌勒、桂古达尔、班布莱、托勒嘎、巴尔达齐、郭布勒、索勒根、博堪、道布图勒等十几个部落，敖拉、郭布勒、鄂嫩、莫尔登、沃日、乌力斯、何斯尔、毕力杨、苏都尔、阿尔丹、托木、德都勒、精克日、卜克图、胡尔拉斯、克音、鄂尔特、讷迪、索多尔、瓦然、卜库尔等三十个左右的哈拉以及至少六十多个莫昆。

达斡尔族的氏族制度以及由此形成的哈拉与莫昆等社会组织形式历经几个世纪，至清末民初时仍留有残余。这种氏族制度在管辖氏族地域与财产、承继与沿袭传统文化规约、规范族内成员道德行为、优化族内人口素质、强化氏族及民族归属意识等方面产生了重要作用。

达斡尔族哈拉、莫昆的名称来源于达斡尔族世居地黑龙江上中游一带祖先曾居地的山川地名，首先体现了一种对环境的适应，尔后由此形成了氏族组织形式、婚姻制度、亲属关系、居住形式以及由此演化而成的姓名制度等氏族社会秩序，其源流关系大致表述为山川地名——哈拉、莫昆氏族名称——居住格局、婚姻参照系——亲属制度——父系姓氏——传统制度文化。这种源流关系也反映了达斡尔族从对自然环境的适应，逐渐走向对社会环境的适应，同时进行文化调适，并在文化调适的过程中进行文化重构。因此，达斡尔族的哈拉、莫昆名称的历史演变轨迹实际上也是达斡尔族的文化演变轨迹，与达斡尔族文化具有组织层次上的相似性，亦称同构。

达斡尔族的哈拉、莫昆名称作为一种语言文化符号，具有多重文化功能与社会性质，依其历史演化进程依次为：居住地域性标志；氏族标志；血缘关系标志以及确立婚姻关系的参照系；姓氏；民族标志；文化符号等。这种由语言符号逐渐演化至文化符号的历程，充分地揭示了达斡尔族文化制度的形成、演化及与外来文化交融的轨迹。

达斡尔族的哈拉、莫昆的名称反映了达斡尔族先民与其所处"特

---

① 参见沈斌华、高建纲：《中国达斡尔族人口》，37页，呼和浩特，内蒙古大学出版社，1998。

定"自然环境的关系,从史料记载和达斡尔族哈拉、莫昆名称的含义等来看,它们主要来源于居住地的山川地名。① 如"aol"(敖拉)哈拉,原系山名,本意为"山",此山位于黑龙江上游雅克萨一带。雅克萨位于黑龙江和精奇里江汇合口处②,离瑷珲城西北约1300里。"merden"(莫日登)哈拉,原系河名,本意为"河流悬崖处"或"河水弯流处",系一条小河,位于雅克萨城以东鄂嫩河以西,离瑷珲城西北约1000里。"onoon"(鄂嫩)哈拉③,原系河名,系黑龙江上游左岸的一条小河,原为黑龙江上源斡难河入江口,位于雅克萨城以东约200余里处。"sebuki"(色布克)莫昆,原系山峰名,属精克日哈拉,史记为"赛布克",位于精奇里江下游右岸。"buguul"(卜古勒)哈拉,原系山峰名、河名,史记为"博图里"、"博和里"、"布库尔"等,系黑龙江中游左岸一条小河,位于瑷珲城东南约150里处。"wareg"(瓦日格)莫昆,原系河名,属郭布勒哈拉,史记为"乌喇格河",系精奇里江左岸一条小河。"uruke"(乌如克)莫昆,原系河名,本意为"边壕",属苏都日哈拉,位于牛满河上游右岸。

达斡尔族的氏族制度以及由此形成的哈拉、莫昆组织形式的残余,甚至在今天的新疆塔城地区的达斡尔族中仍有其踪影,但与以往传统意义上的哈拉、莫昆制度已大相径庭。如新疆达斡尔族中仍在某些哈拉的莫昆中实行"mokundaa"(莫昆达)制度,莫昆达由莫昆内部成员选举产生或由大家推举产生,其职责是负责本莫昆内部各种族内会务、组织家谱补充修订、主持操办婚丧嫁娶等一些具体事务,在很多情况下充当莫昆的全权代言人。根据有关达斡尔族社会历史调查资料,达斡尔族的哈拉与莫昆制度具有相似功能,如实行地域性的管辖制、实行哈拉及莫昆内婚制、缮修哈拉及莫昆族谱、管理哈拉与莫昆的集

---

① 参见卜林:《达斡尔族的"哈拉"和"莫昆"》;敖拉·乐志德:《关于达斡尔的社会组织中的哈拉、莫昆等方面的构成及对发展变化的分析探讨》,见《达斡尔资料集》编委员会全国少数民族古籍整理研究室编:《达斡尔资料集》,第2集,民族出版社,1998年。

② 精奇里江,在今俄境内,俄称结雅河,系黑龙江中上游北岸重要支流。

③ 据康熙的《皇舆全览图》及清代《达斡尔地区满文地图》均注,在查哈阳北有一小河称"鄂诺河"。

体财产、组织以哈拉与莫昆为单位的各种宗教祭祀活动以及哈拉与莫昆内部各种娱乐活动等，这些充分说明哈拉与莫昆彼此之间完全是一种历史沿袭关系，也即早期达斡尔族因为人口较少，主要以哈拉为单位进行各种生产活动和其他各种活动，后来由于人口不断增加，哈拉内部分化成为不同的莫昆，从而哈拉的功能也逐渐由莫昆代替。因此，也造成某些地区的达斡尔人形成了莫昆大于哈拉的概念。如在齐齐哈尔地区的达斡尔人中，在哈拉与莫昆关系的理解上及其具体划分上与其他地区略有不同。

达斡尔族实行族外婚制，同一哈拉内部不得通婚，即使是相处较远的不同地区的同一哈拉内部亦不例外。还有一些不可以通婚的不同哈拉，如索多尔哈拉与敖拉哈拉之间。据说因曾有过某种血缘关系而不能通婚，如违背此规约，则要受习惯法的惩处。这种传统观念可谓根深蒂固地存在于达斡尔人中。如清末民初，同属郭布勒哈拉的两个不同莫昆男女青年不听族众阻拦而成婚，结果男子所属莫昆不准其续入莫昆族谱，尽管此男子属清廷册封佐领，那也无济于事。又如20世纪50年代中期，曾有两个同属莫尔登哈拉的男女青年不顾族人的劝阻成婚，其结果是遭到族内成员的耻笑，无形中与族内成员之间有了不可弥补的隔阂，甚至逐渐不被同一哈拉成员所认同，由此不能参加哈拉内部举行的各种活动，夫妇二人也十分苦恼，后不得不远迁别处，以避族嫌。甚至达斡尔族与鄂温克族的某些哈拉之间也不得通婚，如达斡尔族与鄂温克族均有同名的沃日哈拉，他们彼此之间不能通婚；达斡尔族的郭布勒哈拉、敖拉哈拉分别不能与鄂温克族的杜拉尔哈拉、那克塔哈拉之间通婚。

达斡尔族有缮修族谱的传统习俗，各哈拉经若干年要开族谱缮修会对族谱加以补充。缮修族谱对达斡尔族来说是一个十分神圣的民族礼典，要举行隆重的仪式。修缮族谱时主要进行以下工作：将上次缮修族谱以来的逝者用黑墨盖写，生者用红墨补写进行。达斡尔族的族谱只记男性，不记女性。那些违反哈拉、莫昆制度的男性也不得续入族谱。修缮完毕一般要举行盛宴。族谱中所记录的一般是本哈拉、莫昆的历史及其相关事项，从莫尔登氏族1954年所缮修家谱之序可看出,达斡尔族修缮家谱主要有以下几个目的:追溯宗族源流;铭记氏族祖先姓名;明晰血缘及婚亲关系;修订补记族内各类成员;沿袭并例行族内传统习俗;强化族内成员氏族意识等。①

达斡尔族的哈拉、莫昆制度作为达斡尔族的社会制度形式之一,无疑对达斡尔族内部成员的道德行为起到了规范、制约等作用,也为达斡尔族社会的发展起到了引导作用。达斡尔族成员在这样一个传统文化氛围中生活,必然就会十分自然地被熏陶成为传统意义上的一个达斡尔人。总体上,这种社会制度具有以下几个重要的作用:

第一,对传统文化规约的历史承继与沿袭作用。哈拉、莫昆制度作为达斡尔族制度文化的一个重要组成部分,也作为达斡尔族传统文化的精髓,其在很大程度上保证了达斡尔族其他文化的顺利发展。达斡尔族文化自成体系,并富有特色,那么如何保证这种文化的个性延续这种文化正统性民族个性,需要一个较为有效的制度来保障,而达斡尔族的哈拉、莫昆制度则承担了这种角色。

第二,对族内成员道德行为的规范作用。达斡尔族的哈拉、莫昆制度具有十分严谨的体系结构,在许多方面经过历代族人的修订及完善,形成了具有法律效应的道德行为规约,因此,在过去达斡尔人中流传一句话:"习惯法比啥法都大。"这是这种制度规约长期以来已经根深蒂固地产生了重要作用的明证。

第三,优化族内人口素质与质量。达斡尔族的哈拉、莫昆制度之所以具有其旺盛的生命力而得以延续至今,其中一种重要的因素是因为这种制度是每个达斡尔族成员在婚嫁时的一个重要参照系统。也就是说,达斡尔族的哈拉、莫昆制度的一个重要职能是作为青年男女在嫁娶时必须首先要验证彼此的身份,即彼此是否在婚娶的对象范围。达斡尔族内部在这方面有许多相应的规定,哪些哈拉、莫昆彼此之间可以婚娶,而哪些又不能,甚至在达斡尔族与鄂温克族的某些哈拉、莫昆也在限制之列。如上述达斡尔族与鄂温克族的某些名称相同或相

---

① 参见内蒙古自治区编辑组编:《达斡尔族社会历史调查》,193~195页,呼和浩特,内蒙古人民出版社,1986。

近的哈拉、莫昆都被视为彼此在血缘上有关，严禁相互建立婚姻关系。如此，杜绝了达斡尔族内部成员之间相互近亲婚娶，对达斡尔族的人口素质及其质量在某种程度上起到了一种保证作用。

第四，对成员氏族归属、民族归属等意识的强化作用。达斡尔人初次见面都要习惯地问对方的哈拉、莫昆归属，并以此作为是否继续进行交往的一个基础，我们可以将此作为民族内部的一个"文化交往尺度"，如果是一个哈拉，甚至一个莫昆的，那么彼此间会拉近，甚至视为亲属，否则，有可能态度就十分一般。这就是哈拉、莫昆制度的作用。它对内具有一种联系感情的纽带作用，由此产生一种民族内部的内聚力，对外则具有一种界定作用，产生一种对外民族的拒斥力。即是说，所有达斡尔族的成员都应该清楚自己的民族内部氏族归属或定位，不属于这个哈拉、莫昆，那就肯定属于另一个哈拉、莫昆。这种哈拉、莫昆制度以及由此演化出来的达斡尔族的姓氏人名制度实际上划定了达斡尔族与其他民族之间的界限，给每一个达斡尔人深深地烙上了民族的社会文化印记。长期传统制度的文化熏染，使每个达斡尔人仿佛生活在一个固定的文化苑围，长此以往自然就形成并强化了氏族归属感及民族的个性意识。

第五，不可忽视的教育职能。哈拉与莫昆的教育职能对达斡尔族文化的传承有关键作用，这一点在以往的研究中往往被忽视。正是由于这个重要职能使达斡尔族成员在传统文化的氛围中得到熏染和洗礼，由于这种严格的规约制度的限制，才使传统文化的所有内容得以原原本本地沿袭下来，从而在一定程度上保持了达斡尔族传统文化的原生态。

综上所述，达斡尔族的哈拉、莫昆制度显然在达斡尔族的整个发展历程中具有不可忽视的作用，因此，在达斡尔族文化研究中，具有重要的地位：首先，哈拉、莫昆制度是达斡尔族文化的精髓之一，是达斡尔族文化的一个重要组成部分，作为物质文化与心理文化的中介部分，其对达斡尔族文化的最终形成、发展以及演变都起到了不可替代的作用。如对物质生产活动中群体组织形式、居住方式、影响对八旗制度中的各种组织形式都产生了一定的作用。其次，哈拉、莫昆制度也是达斡尔族母语文化的一个重要方面，其语言形式的形成及其演变，反映了达斡尔母语文化与外来文化碰撞与交融的一个侧面。这种地域名称，氏族（哈拉、莫昆）名称，姓氏三位一体的现象，是一个漫长的历时进化过程，我们从其演变的轨迹可以感受到达斡尔人如何沿袭本民族传统文化，如何面对历史上各种异质文化的冲击、影响，对异文化的认同、评判、选择等文化态度以及对外来文化成分的去粗取精、优胜劣汰的文化适应、调适与整合重构能力。再次，哈拉、莫昆作为语言符号，其本身的形成演化过程也是达斡尔语言文化发展轨迹的一个缩影，其对研究语言符号本身以及与其他文化之间的关系都是十分鲜活的语言材料和具体的切入角度。最后，哈拉、莫昆作为氏族群体的标志，还具有在居住形式上的各种限定。历史上，传统的达斡尔族居住形式也以哈拉、莫昆为居住单位，各哈拉、莫昆屯落及其子孙屯落毗邻而居，沿袭历史上传统的居住格局，因此，这为我们研究早期达斡尔族的分布地域与居住格局，哈拉、莫昆之间的割据以及与其他邻近民族的关系等，提供了较为扎实的参照系。

二、以父系为主的家族内部关系

如果我们将达斡尔族文化作为一个整体来进行历史考察，我们就很容易发现，在达斡尔族的哈拉与莫昆这种组织制度之下，隐藏的是达斡尔族内部成员传统的亲属关系。就是说，达斡尔族的亲属称谓制度是建立在哈拉、莫昆制度基础之上的，因此，其在社会性质方面受到哈拉、莫昆制度的影响和制约。如哈拉、莫昆制度实际上是以男性为中心的父权社会，由此导致了达斡尔族的亲属称谓在父系称谓上的繁杂与庞大，而母系称谓相对与父系称谓不相平衡。如果说，达斡尔族的哈拉、莫昆制度已经在某种程度上保证了达斡尔族人口的素质及其质量，或者我们将其比喻为达斡尔族婚姻的第一道关口，那么，达斡尔族的亲属称谓制度则是第二道关口。其在某种意义上说，更进一步强化了这种达斡尔族内部社会制度的功能和作用。可以说，达斡尔族的亲属称谓制度实际上不但来源于哈拉、莫昆制度，同时又继续延伸了哈拉、莫昆制度，因此，达斡尔族的哈拉、莫昆制度与亲属称谓制度息息相关。

达斡尔族的父系家族关系在一定程度上达到了较为完备的程度，家庭组织内部分工明确，严密。哈拉、莫昆族谱是维系家族血缘关系的纽带，族谱及其后来时兴的家谱对维系达斡尔族的亲属称谓制度起到了关键作用。族谱标明族系，家谱标明家系。他们不仅给家族和家庭中所有的成员定位，而且也使所有氏族成员按照尊卑长幼排列形成井然有序的亲属系列。这种定位和排列甚至影响到姓名和称谓的关系。这些生动地说明了达斡尔族宗法制度直接决定了其亲属称谓的复杂性和严密程度，也反过来决定了其自身的延续性和超稳固性。亲缘关系以"父亲"为中心进行定位，不仅使达斡尔族社会宗法观念更加制度化，而且使达斡尔族的亲属称谓系统更加庞杂，表义更加细腻，指代更加具体化。达斡尔族亲属称谓所反映的达斡尔族的社会文化结构特点及其社会组织关系基本上以"父系"制度为核心，并由此形成以下五个显著特点：

第一，从整体上说，达斡尔族的亲属称谓系统非常重视父系家族成员，并由此构成了以男性为主的内部社会结构或称作男权社会。如按照传统惯例，达斡尔族的族谱与家谱中一般都没有女性的名字，墓碑上的碑文中也基本上不出现女性的名字。

第二，从本质上说，达斡尔族的亲属关系组成的家庭是以父系为核心的家庭组织，所有亲属称谓系统均以父亲为核心而辐射成为一个网状结构，说明"父亲"在达斡尔族社会结构中占主导地位，这与达斡尔族社会较为重视父系家庭的社会制度有关。[①] 由于哈拉、莫昆制度，达斡尔族家庭一般很少分家，因此使达斡尔族内部形成了较为固定的以父系为中心的大家庭，根据达斡尔族的社会历史调查资料，这种大家庭形式至20世纪初仍较为普遍地存在于达斡尔族中。在父系大家庭中，按惯例一般由年长者专事负责家庭内部各种事务，谓"贝功

---

① 甚至达斡尔族崇拜的一些神灵也都与父亲有关，如天神"atʃaa təŋɡər"（父天），山神"bajin aatʃaa"（富裕的父亲）等，参见下一章有关例证。

达"("贝功"系达斡尔语"户","达"系达斡尔语"长")。根据达斡尔族的传统，承当"贝功达"的一般依次是祖父—父亲—长子等。如有特殊情况，可由长辈决定人选。这种家庭的人口一般在 25～30 人，家庭成员共同劳动，共同享用劳动成果，共同尽孝敬老人、养育儿女的义务。从清末民初始，达斡尔族大家庭才逐渐瓦解，代之以小家庭。

第三，以父系为中心的达斡尔族的亲属关系表现为以单系继嗣为基础的氏族社会结构类型。单系继嗣存在于人类各种社会之中，成为人类社会的重要细胞。其不仅可以用来区分亲属关系，而且提供了将人们组成亲属集团的原则——在原始社会，这甚至是整个社会唯一的组织原则。以单系继嗣（不论是父系还是母系社会）为基础的社会组织可以分为世系群、氏族、胞族、半偶族等。达斡尔族的亲属称谓近似于苏丹亲属称谓制度，即特别强调男性继嗣的重要性，由此导致了达斡尔语的亲属称谓系统中，父系亲属称谓系列极为繁杂和庞大，父系亲属称谓与母系称谓系列之间地位和数量上不平衡，直系亲属称谓与旁系亲属称谓之间的地位上和数量上也不平衡。在此基础上形成的哈拉、莫昆制度具有以下特殊功能：

其一，社会功能。体现在其具有的婚姻调整关系方面，达斡尔族实行的族外婚制，其目的在于避免本哈拉、莫昆内部可能出现的婚配混乱。此外，族外婚制还可在不同的亲属之间形成联盟的纽带。

其二，经济功能。体现在土地的使用管理以及共同财产的分配等方面。继嗣群掌握了土地的所有权和分配权，而个人仅有使用权。另外其控制了诸如水源、山林等自然资源，在一定程度上能够起到发展生产的作用。

其三，政治功能。哈拉、莫昆的族长要执行调解民事纠纷，处理与其他继嗣群之间的关系。哈拉、莫昆的另一个职能是组织战争。

其四，亚宗教功能。各哈拉、莫昆都崇拜属于自己哈拉、莫昆的远古祖先，即某个男性远祖。这种宗法制度无疑起到了一种亚宗教的作用，对于巩固氏族内部的团结具有特殊的作用。

第四，带有浓郁的宗法社会制度色彩。达斡尔族的亲属称谓所表现出来的宗法的内容主要集中体现在"家庭"的概念上。

　　家庭结构主要包括"夫妻"、"父子"、"兄弟"三种关系,父亲是权力至高无上的家长;家庭内部都实行父系父权制,家庭的递嬗概有父统;除父亲外,其他成员皆无独立的人格;家庭成员可包括两代或两代以上的直系和旁系亲属,家庭权力集中于男性家长手中,大家庭的精神领袖仍是男性长辈;全家为一个基本的经济单位,男主外,女主内;家庭内部长幼尊卑有序;以哈拉与莫昆制度及其规约为家庭的习惯法;重男轻女;重视家庭外部的各种亲属关系以及同姓同宗等关系。①

　　第五,带有男尊女卑的封建礼法性质。这点具体体现在达斡尔族的亲属称谓上就是:"夫"重于"妻";"父"重于"母";"子"重于"女";"孙"重于"孙女";父子关系重于夫妻关系;"长子"、"长孙"重于其他子孙;"兄弟"重于"姊妹";"兄"重于"弟"。

　　第六,由以上亲属关系形成了严格的社会内部的差序结构。家庭与社会的联系完全以家庭与家庭的血缘关系为基础,由家而家族,由家族而宗族,由宗族而氏族宗法,尊卑有序,等级森严。在家庭之内,子从父,弟从兄,妇从夫,实行嫡长继承制,男性家长是最高的权威。在家庭之外,家长服从族长,族长服从地方上名门望族的族长,名门望族的族长直接对地方的行政长官负责。因此,族权便与政权合二为一,家国同构;国家实际上即是家庭的扩大再扩大,延伸再延伸。

　　达斡尔族的亲属称谓系统正是在这样的一种特殊的社会文化氛围中逐渐形成并完善的。

　　综上所述,达斡尔族的亲属称谓反映了达斡尔族的父系家族关系在一定程度上达到了较为完备的程度,家庭组织内部分工明确,严密。哈拉与莫昆制度是维系家族血缘关系的纽带,族谱及其后来时兴的家谱对维系达斡尔族的亲属称谓制度起到了关键作用。族谱标明族系,家有氏族成员按照尊卑长幼排列形成井然有序的亲属系列。这种定位和排列甚至影响到姓名和称谓的关系。这些生动地说明了达斡尔族宗

---

　　① 参见田惠刚:《中西人际称谓系统》,221页,北京,外语教学与研究出版社,1997。

法制度直接决定了其亲属称谓的复杂性和严密程度，也反过来决定了其自身的延续性和超稳固性。亲缘关系以"父亲"为中心进行定位，不仅使达斡尔族社会宗法观念更加制度化，而且使达斡尔族的亲属称谓系统更加庞杂、表义更加细腻，指代更加具体化。同时，达斡尔族亲属称谓系统的形成过程也反映了与汉族等其他周边兄弟民族的文化交往关系。

三、清中期以来达斡尔族人文环境的历史变化

有清一代，清朝统治者为便于统治和管理，同时也为了征税测丁的需要，利用了达斡尔族的哈拉、莫昆制度，在编排八旗兵营时以达斡尔族原有的哈拉、莫昆制度形式为基础，使达斡尔族的哈拉、莫昆制度逐渐演化成为了一种集氏族、军政团体为一体的组织形式，完成了与八旗制度的接轨和融合，实际上也是达斡尔族对新的社会环境的一种适应。如根据达斡尔族社会历史调查资料，清朝统治者在统一黑龙江流域时，就根据达斡尔族和鄂温克等族编佐，设佐领统辖。达斡尔族迁居嫩江流域之后不久，清廷理藩院在保留达斡尔族氏族的基础之上将达斡尔族编为都博浅、孟尔丁、讷莫尔三个扎兰。不久又将都博浅扎兰改编为镶黄旗，孟尔丁扎兰改编为正黄旗，讷莫尔扎兰改编为正白旗。其中，镶黄旗以鄂嫩哈拉为主，正黄旗以莫尔登哈拉、敖拉哈拉为主，正白旗以郭布勒哈拉为主。各旗所管辖的佐，多数由同一哈拉的一个或两个莫昆组成。其中镶黄旗的 12 个佐中，8 个佐由属达斡尔族鄂嫩哈拉的开阔、博尔齐、花木台、提古拉、博库尔浅、霍日里、博斯呼浅、宜斯尔、开阔浅、都尔本浅、阿音浅、特莫呼珠 12 个屯落组成。正黄旗的 19 个佐中，均由达斡尔族组成，有莫尔登哈拉的 11 个屯落与敖拉哈拉的 14 个屯落，另有苏都尔、沃日、精奇里、鄂嫩、讷迪、瓦然等哈拉的少数屯落。正白旗的 17 个佐中，12 个达斡尔族佐由 16 个屯落组成，其中，属郭布勒哈拉的屯落有博尔克、莽乃博尔克、孔果博尔克、乌尔希格、霍洛尔丹、哈力、塔文浅、斡尔胡台、莫热、莽乃、洪果尔津 11 个屯落，其余 5 个屯分别是德都勒、

索多尔等哈拉。①

清中期以后，达斡尔族由于骁勇善战，被清廷迁往各地屯垦戍边，形成了达斡尔族人口分布的历史格局，即布特哈、齐齐哈尔、海拉尔、新疆等几个主要聚居区。由于各地区达斡尔族周边民族构成各异，形成了不同地区达斡尔族人文环境的不同。

布特哈地区各民族之间的接触和交往在很早以前就开始了，尤其是达斡尔族与鄂温克、鄂伦春这三个民族的关系可谓源远流长。早在17世纪之前，这几个民族在黑龙江流域及精奇里江沿岸等广大地区就毗邻而居或杂居，交往较其他一些民族更为频繁，关系十分密切。由此这几个民族形成了许多共同的文化特征，以至于曾在历史上被概称为"索伦部"。索伦部诸族的往来关系最早表现在经济方面的互通有无。如当时已具有很高文化水平并已经成为先进民族的达斡尔族用他们在农耕生产活动中自销后所余的农产品换取主要从事狩猎生产活动的鄂温克、鄂伦春等民族的猎产品。此外，这几个民族还用猎获的产品换取邻近蒙古等游牧民族的牲畜，用貂皮等珍贵皮货到内地换取满、汉族的铁器或纺织品。这种经济上的广泛联系既打破了他们各自的自给自足的自然经济生活，又从客观上推动了各族内部的社会发展。索伦部各族在历史上建立的嫡亲联姻关系，尤其加强了彼此间的文化联系。这几个民族均实行族外婚制，各族内部规定同一哈拉的男女间不得联姻，同一莫昆内部更严禁通婚，甚至在这几个民族之间的有些哈拉、莫昆之间也不得通婚。因此，索伦部诸族也彼此视为具有某种血缘关系的"亲戚民族"。几个世纪以来，布特哈境内的各民族在长期的接触与交往中彼此结下了深厚的友谊。新中国成立后，在中国共产党的领导和党的民族政策的光辉照耀下，各族人民平等相处，同舟共济，进一步发扬了民族团结的共同传统，民族之间的友好情谊日益巩固。

布特哈地区也是我国达斡尔族主要的聚居区之一。在这个地区有

---

① 参见内蒙古自治区编辑组编：《达斡尔族社会历史调查》，189~190页，呼和浩特，内蒙古人民出版社，1986。

我国达斡尔族唯一的一个民族自治地方——莫力达瓦达斡尔族自治旗（以下简称"莫旗"）。莫旗成立于 1958 年 8 月 15 日，1996 年有人口 283 133 人。自治旗下属的二十多个乡、镇等居住着汉、达斡尔、鄂温克、鄂伦春、满、蒙古、朝鲜、回等 17 个兄弟民族。其中，达斡尔族 27 126 人，汉族 216 667 人，鄂温克族 5008 人。今天的莫旗，到处洋溢着宽松、和谐的团结气氛。汉族与其他少数民族杂居并逐渐出现了相互通婚联姻的现象。汉族先进的文化极大地促进了莫旗境内其他民族的社会经济发展。民国时期，许多学校和私塾由纯教满语文改为满、汉语文并教或纯教汉语文，大大地普及了汉语。由于各种内外因素的作用，汉族文化逐渐影响并渗透到各民族的所有领域中。作为达斡尔族的一个自治地方，莫旗同时也是达斡尔族传统文化保留最为完整的地区之一。由于我国的民族区域自治政策，作为旗内主体民族的达斡尔族，在各方面都会受到相关政策的照顾。

达斡尔族南迁嫩江流域之初，就有一部分达斡尔人定居于齐齐哈尔地区，当时清廷以齐齐哈尔屯为中心，任命洪吉、扎布素等为"打牲处"总管等职，管理达斡尔族等军事事务。康熙三十年（1691 年），"命选索伦达呼尔人民，披甲驻防齐齐哈尔"①。其中，从布特哈地方抽调 12 佐达斡尔人迁驻齐齐哈尔。康熙三十一年（1692 年），蒙古科尔沁部向清廷交出于康熙三十年俘虏的达斡尔、锡伯等族 1.4 万余人，清廷议复黑龙江将军萨布素和宁古塔将军佟宝："齐齐哈尔最为紧要形胜之地，应于席北、卦二察、打虎儿内拣选强壮者一千名，令其披甲，并附丁二千名，一同镇守齐齐哈尔地方，令副都统品级马补代管辖。"② 康熙三十八年（1699 年），黑龙江将军从墨尔根城移驻齐齐哈尔，并设齐齐哈尔副都统衙门。在齐齐哈尔八旗所辖佐中，达斡尔族共 16 佐。雍正十一年（1733 年），"议复黑龙江将军卓尔海奏言，挑选布特哈打牲人一千名，令往齐齐哈尔城北本尔得地方居住，编为八

---

① 《黑龙江志稿》，卷 30。
② 《清圣祖实录》，卷 155。

旗"①。原居和后几次派驻齐齐哈尔地区的达斡尔族官兵及其家属的后代形成了现在的齐齐哈尔达斡尔人。齐齐哈尔达斡尔人因地处平原，更接近内地，多从事农业，其经济和文化发展水平也较高。

　　清崇德年间（1636—1643年），达斡尔人大批迁入嫩江流域，在嫩江西岸、齐齐哈尔西北一带建立50余处村落。顺治年间（1644—1661年），清廷为控制和管理臣民，在齐齐哈尔屯设置齐齐哈尔总管衙门，直隶于理藩院，行使地方行政职能。康熙十五年（1676年），一批因反清被流放、充军发遣和应征参战的回族士兵及家属，由新疆、河北、山东等地迁居齐齐哈尔。同年，黑龙江将军萨布素将征讨沙俄入侵者的满族八旗官兵及家眷，由吉林、宁古塔迁入黑龙江，分驻到瑷珲、墨尔根、齐齐哈尔等处。康熙二十八年（1689年），巴尔虎蒙古人由尼布楚附近迁入齐齐哈尔，编入八旗，在城东35公里处建13个自然屯。康熙三十八年（1699年），黑龙江将军衙门由墨尔根移驻齐齐哈尔城，满八旗兵民随之迁入，分布于离城50公里处，自成村落。随着清廷对东北封禁政策的废除及招民垦荒政策的实施，汉族人口大幅增加，齐齐哈尔一带成为达斡尔、汉、满、蒙古、回等多民族居住区。清末民初，又有朝鲜族从朝鲜半岛和辽宁、吉林一带陆续迁入齐齐哈尔地区，构成了近代以来齐齐哈尔地区的民族人口分布格局。

　　清康熙年间（1662—1722年），齐齐哈尔建城并逐渐成为东北的军事重镇，随之经济发展起来，又有汉族及其他少数民族迁入，齐齐哈尔开始成为多民族聚居的地区。

　　海拉尔地区位于呼伦贝尔草原的东部边缘，这里气候寒冷，不宜耕种，但十分适宜发展畜牧业。因此，长期以来居住于此的达斡尔人为适应这种特定的环境而形成了一定规模的畜牧业，这个地区的达斡尔人也以牧民居多，以定居放牧为主要的生产活动。该方言区的达斡尔族主要居住于鄂温克族自治旗和海拉尔市（今呼伦贝尔市）等地，其中以鄂温克族自治旗居多。因此，鄂温克族自治旗是海拉尔方言区中达斡尔族主要的聚居区之一。目前该旗的达斡尔族人口为13 929

---

① 《清世宗实录》，卷126。

人，其中世居的达斡尔族及其后裔大约为2千人左右，少部分工作、生活在旗政府所在地巴彦托海镇即南屯，大部分居住于巴彦嵯岗等苏木（乡），他们是清雍正十年（1732年），清廷从布特哈地区抽调的驻防呼伦贝尔的达斡尔等族官兵的后裔，也就是所谓的"海拉尔浅"或"海拉尔达斡尔人"。其余万余人均为20世纪40—60年代以后从甘南、齐齐哈尔、莫旗等地搬迁到该方言区的，主要居住于该旗的巴彦托海镇、巴彦塔拉达斡尔族民族乡等地。这部分达斡尔族由于各种原因来自于其他达斡尔族聚居区，因此，在许多方面与所谓的"海拉尔浅"或"海拉尔人"有一定差异。如语言方面，这部分人还较多地带有原居住地达斡尔族的语言特点，物质生活习惯上也与当地人有所差异，但自定居海拉尔以来，也已经半个多世纪，因此，在许多方面也在不断地适应所处环境，并已在一些方面开始与"海拉尔浅"或"海拉尔人"逐步接近。

清代，达斡尔族与鄂温克族作为清廷的臣民，同命运，共患难，并在长期的接触中结成了深厚的民族友谊。据该嘎查的调查证实，该地区的达斡尔族与鄂温克族长期以来就没有发生过任何民族纠纷，彼此互相认同，和睦共处，共同营造了较为和谐的人文环境。另外，鄂温克族自治旗成立以来，作为该旗的主体民族，鄂温克族的语言及文化具有特殊的地位，鄂温克语的使用也逐渐普及。因为这部分达斡尔人从某种程度上说是从小就成长在这个多语环境中，尤其与该环境中的汉、鄂温克等民族学生交往较多，在自然环境中习得了汉语和鄂温克语，而在入学以后的学校教育中一直以蒙古语文与汉语文为主，因此，又学得了汉语及蒙古语文。

清乾隆二十年（1755年），统治者为了征服新疆境内准噶尔部的叛乱，除在内地各地抽派一部分满族、汉族官兵外，还在东北地区抽调达斡尔族、鄂温克族官兵随清兵西征。当时由于驻防官兵未带家眷，所以规定三年轮换驻防士兵，包括达斡尔族在内的各族官兵均到期轮换驻防。清廷于乾隆二十二年（1757年）在新疆北疆彻底平定了准噶尔部上层分子反对清廷统治的叛乱，又在乾隆二十四年（1759年）平定了大小和卓势力在新疆南疆发动的叛乱，实现了清廷对新疆的统一。

为继续加强西北边疆驻防势力，清廷于乾隆二十七年（1762年）十月在新疆伊犁地区建立了伊犁将军府，由伊犁将军统辖天山南北军务，并从东北各地、西安、凉州、庄浪、张家口等地调遣携眷之满、汉、蒙古、锡伯、达斡尔、鄂温克等族官兵移驻新疆屯垦戍边，从此长期驻防并定居于新疆伊犁地区。其中达斡尔、鄂温克等族共计千户，约4千余人，两族人口各占一半，组成了"索伦营"，共分八旗两翼。右翼为正黄旗、正白旗、镶白旗、正蓝旗，左翼为镶黄旗、正红旗、镶红旗、镶蓝旗。其中右翼四旗共322户，619人均为达斡尔族，左翼四旗中镶黄旗、镶红旗为鄂温克族，其余两旗为锡伯族。这个时期定居于新疆伊犁地区的达斡尔族系"伊犁达斡尔浅"或"伊犁达斡尔人"的最早祖先，而目前新疆境内的达斡尔族就是清乾隆二十八年（1763年）由东北地区调遣移驻伊犁地区的"索伦营"中达斡尔族官兵的后裔。

据《新疆识略》和《伊犁办事事宜》等有关文献记载，清嘉庆六年（1801年），索伦营发生天花病，索伦营官兵死亡甚众。清廷为了补充兵力，先后从伊犁河南岸的锡伯营抽调千余名锡伯闲散余丁编入索伦营左翼四旗，原先的索伦营便有了"锡伯索伦营"之别称。1865年，在伊犁地区发生的一次事件中，索伦营被迫撤往俄国的阿拉木图，后又转移到卡巴尔、达乌加尔等地，后经清廷与俄方交涉，索伦营官兵于1867年由塔尔巴哈台（今塔城市）重归祖国。之后，索伦营中的大部分达斡尔族定居于塔城一带，后来逐渐迁入"瓜尔本设尔"（达斡尔语意为"三眼泉"），即今天的阿西尔达斡尔族民族乡周边地区，而另外一小部分达斡尔族则在1870年前后重新回到了原居住地霍城县一带居住，后来迁入现在的伊彻嘎善锡伯族民族乡。新中国成立后，一部分居住于上述两个地区的达斡尔族因各种原因调入乌鲁木齐等新疆北疆的其他各市、县、镇，从而形成了目前新疆达斡尔族人口的基本分布格局。

在定居新疆的两个多世纪岁月里，达斡尔族与其他兄弟民族和睦相处，携手并肩，共同开发和建设了祖国的西北边疆，彼此间建立了深厚的民族情谊。与此同时，达斡尔族积极适应新疆的多元文化环境，吸收了各个民族的优秀文化成分，形成了具有一定特色的达斡尔族亚文化方言群体。

第三节　民族宗教信仰

在现代医学知识未曾普及达斡尔族地区之前，达斡尔人对以万物有灵的宗教观念为思想基础，以自然崇拜、图腾崇拜以及祖先崇拜为主要内容的原始宗教——萨满教曾笃信不疑。在漫长的历史岁月里，萨满教的思想体系深深地影响、渗透、制约了达斡尔人的精神世界与价值观念。

达斡尔族信仰萨满教由来已久。虽早在17世纪，达斡尔族社会业已踏上封建社会的门槛，但由于所处环境封闭，与外界交往较少，加之坚固的封建宗法氏族制度的原因，使达斡尔族民间的萨满教形态始终以保守性与排外性，保持着一定的原始性和稳定性，而一些侵入的人为宗教却一直未能在达斡尔族地区站住脚。在萨满教的影响下，达斡尔先民希望通过自己的行动去影响神以达到自己的目的，这是一种力图支配客观世界的欲望。因此，萨满教在达斡尔族文化形成及发展演变进程中具有一定的历史作用，从而也形成了具有多学科研究价值的达斡尔族口头非物质文化遗产之一。

萨满教作为主要流行于东北亚地区的世界性的原始宗教现象，其特点为多神的泛灵信仰。与其他人为宗教的本质区别在于，萨满教以万物有灵的观念为思想基础，膜拜众神，而不是一神或众神之祖。受此影响，达斡尔族历史上以信仰诸神为主。从达斡尔语中有关萨满教语言系统来看，达斡尔先民的心目中所信奉的诸神众灵不仅五花八门、数量繁多，而且除了极个别神灵以外，基本上都各司其职，彼此均处于平等的地位。达斡尔族先民信奉的诸神富于系列性，而少于单一性。早期所供奉的主要神灵及其分工大致可分为天神、地神、雷神、火神、河神、山神、树神、祖宗神以及渔翁、猎人等人物和鹿、布谷鸟、鹰等动物在内的博果勒神和由虚拟的多种九头魔怪等组成的霍列力神等几类。除了以上诸神以外，达斡尔族地区晚期由其他地区或其他民族引进的各种神灵也很多，其中主要有狩猎神、土地神、财畜神、菜园神、狐仙（大神）、黄鼠狼神（小神）、野神、保胎神、庙神、门神、笊篱神、城神、室外护神、启檐神、山墙神、菜园子神、屯神等，目的是祈求各种神灵分别来保佑风调雨顺、五谷丰登、生活美满、祛病救灾、祈福延年，祈祝人丁兴旺、平安等。

一、达斡尔族先民多神信仰观念的社会文化原因

（一）物质生产上多种经营特点的需要

达斡尔族先民在物质生产上具有多种经营的特点，每种生产活动都需要祈求神灵保佑，这在语言上就表现为多神名称的并存。如达斡尔人最早的原始信仰，所奉祀的神祇多为山神、林神、树神、兽神、鸟神、鱼神以及达斡尔族地区常见的老松树、稠李子树、老柳树、白桦树、榆树、白杨树等植物和其他自然神，目的是为了获得更多的猎物和人身的安全，反映了达斡尔人早期的渔猎文化生活特征。而在后期出现的神祇中，多以植物与牲畜为主，如畜牧神、风神、雨神、山神、星神等自然神，其目的是祈求五谷丰登、人畜兴旺，这与达斡尔族农耕畜牧经济的发展密切相关。上述诸神在某种程度上表现出达斡尔族先民希冀保佑、祈神眷佑的心理，同时也体现了达斡尔族多元的物质文化结构特征。

（二）社会结构的封闭性及保守性所形成的结果

早期的达斡尔族社会结构具有高度的封闭性和保守性，其内部成员都具有自己所属的哈拉和莫昆系属。达斡尔族先民除了全民供奉的神灵之外，每个哈拉甚至每个莫昆又都有自己所膜拜的神灵，这也造成了达斡尔语中神灵名称的繁杂。

（三）较早进入宗法制社会所形成的高度抽象概括能力

达斡尔族较早进入了宗法制度社会，并较早从事了以农耕为主，兼事渔猎业及畜牧业生产活动，因此，也较早地具备了将具体事物概括而形成不同抽象概念的思维能力，这在语言中表现为对诸神在分工上的细腻划分及其名称的不同区别。达斡尔族先民直观思维的"整体"，是天、地、人、物的和谐统一，它的"类比"则常常在事物的表象上进行，以由经验观察所提供的事物外表、性状上某一方面的共同特征而不是本质和发展规律方面的共同特征为分类的依据。达斡尔族先民常常把自然对象与人体引为"同类"，似乎人与自然界中各种物体真的能够"合一"，能够"互渗"，从而使这些自然对象人格化。这样一来，他们就更加便于得到与它们大致相同的意象。如古代达斡尔人将苍天比喻为父亲和母亲，并将海洋比喻为美丽的少女——海公主，而人类赖以生存的大地被比喻为乡土的管理者——乡土官人。由父天、母天、海公主天、乡土主人天四位一体形成的宇宙，无形无体，不设神位，祭祀时也不请萨满，而是仅由萨满的助手来进行各种简单祭祀活动。此外，达斡尔人尤其崇山神，该神的原意为"富裕的父亲"。达斡尔人认为，该神主宰着广阔的森林。山林中的飞禽走兽，都是它养育和管理的财产。山林中的旅游者、伐木者、狩猎者的生命安危、猎获的丰歉、伐木的多寡，运气的好坏，都是由该神的喜怒哀乐等意志来决定的。因此，达斡尔族的猎手、樵夫、放排行家，在山里遇到奇异的山洞或古树，就认为是银须美髯数丈长的山神的栖息地，无不虔诚地叩头礼拜。有时主动在山顶或路旁，堆积金字塔形的斡包，或在大树根部削去一块树皮，画一老翁头像，当作象征性的山神偶像来敬祭。入山的人们，每当野餐或饮酒时，也都先对头顶空中举碗，并以手指向空中弹酒三次，以示对山神的敬祭，尔后才可以开始吃喝。若是猎手，要先把猎获的第一只猎获物供祭给山神。山神在达斡尔人的心目中是善良和助人为乐的恩神，因此达斡尔人也把善良的人比做山神。

在萨满教中，萨满是往来于人与神鬼之间的权威使者，也是灵物界唯一可信赖的代言人。萨满具有神奇的法术与无穷的力量，可为民驱灾避难，除祸降福，因此达斡尔人特别崇拜萨满。达斡尔语称萨满为"雅德根"。达斡尔先民祭拜萨满是将其作为人与神灵之间的中介人，祈求神灵的各种庇护和宽恕、保佑。因此，他们的精神世界中，萨满是一个完美的、无与伦比的形象，人们将许多美好的愿望乃至夙愿都寄托在他身上，由此对萨满教各种礼教笃信不疑，并通过各种方式对萨满虔诚礼拜，以示敬仰。

达斡尔族的萨满分两类：一类领有神灵，系某一哈拉和莫昆祖神的使者，由本哈拉和莫昆的男或女成员承担，主持大型祭祀活动。另一类则未领神灵，作为祭神之助手，主持一般祭祀活动。这些宗教人士，不享受任何特殊待遇，也不脱离劳动生产活动，祭祀活动也无专门场所。他们去世后，按其生前指定地点实行风葬，其遗骨用石头掩埋后立于北面高处立一斡包，曰"尚德"。后继者定期祭拜此斡包。

达斡尔族的萨满祭词即祭祀神灵的各种歌，世代口传，其内容多与所祭拜之神的来历相关。由于讲究调韵及格律，俨然是一种具有鲜明宗教色彩的文学作品，在达斡尔族口传文学中也占有一定的地位，并具有多学科研究价值。

自达斡尔族迁居于各地之后，信仰上出现了多元化现象。这主要受到当地兄弟民族的不同信仰影响所致。

二、达斡尔族萨满教的特点

第一，达斡尔族信仰的萨满教，形成于他们的渔猎生活时代，是以万物有灵观为思想基础，以供祭多种神灵为其内容，以一定的祭祀仪式为其表象形式的一种原始多神教。萨满教以其祭司萨满而得名，今已成为国际通用的名称。"萨满"一词，系阿尔泰语系通古斯语族各民族共用的名称，达斡尔族称为"雅德根"，但是海拉尔地区的达斡尔族称为萨满。随着社会的变迁，萨满教不断充实其内容，从而扎根于达斡尔族民间，成为他们传统文化的组成部分。直到20世纪40年代，各地达斡尔人均信仰萨满教，但是海拉尔、齐齐哈尔、爱辉等地区的达斡尔人多少受到了藏传佛教的影响。1947年达斡尔族地区土地改革时取缔过萨满教,"文化大革命"时也批斗过在世的萨满,均未能消除萨满教在达斡尔族中的影响。

第二,达斡尔族早期的自然崇拜主要有腾格尔(即日和月、大地、大海)。从自然崇拜进入神灵崇拜时期,才有了三界观念,有了能上天能入地的萨满——沟通人和神灵之间的使者。这个时期萨满教观念才逐渐形成,在此之前,应该属于前萨满教的时期。

第三,达斡尔族供奉的神灵有霍列日·巴日肯(又称为"陆朱日")、"吉雅其"、各哈拉或莫昆的霍卓日·巴日肯(祖神)等。随着农业文化的发展,与外界接触的频繁,氏族职能的松弛,阶级对立的加深,达斡尔人的萨满教观念发生了相应的变化。出现了娘娘·巴日肯、苏木·巴日肯(庙神)以及终身为主人挤牛奶、年老摔死者的冤魂形成的卓力·巴日肯等人物神。

第四,达斡尔族的萨满一般分为莫昆萨满和博迪萨满。所谓莫昆萨满,是领祖神为其神灵的萨满;博迪萨满则是领外来神灵的萨满。萨满还出现了分工的现象,出现了斡托西、巴格其、巴尔西、巴列沁、扎列、奇彦其等。

在漫长的历史岁月里,萨满教的思想体系深深地影响、渗透、制约了达斡尔人的精神世界与价值观念,萨满教已经成为了达斡尔族传统文化的重要组成部分。研究达斡尔族社会与文化,必须研究萨满教。正如吕光天先生所说:"萨满的产生标志着人类的思维已发展到能产生复杂幻想的地步,尽管它是荒诞的、颠倒的,但它奠定了人类文明的最初基石。研究人类历史这个早期的意识形态,它是往后文明历史发展的基础,不仅可以了解现代各族文化发展的由来,而且对于许多宗教、文学艺术以及医学、哲学等的起源都是具有很重要的价值。因为萨满教的世界观渗透于原始社会的各个方面:渗透于人们赖以生存的生产活动中,渗透于当时的社会组织中,渗透于当时的习惯传统和道德中,渗透于流传的口头文学和艺术创作中,所以不研究萨满教,就无法完整地理解原始社会。"①

---

① 吕光天:《北方民族的意识形态》,银川,宁夏出版社,1985。

第二章

历史上的萨满及其宗教活动

第一节 萨满的分类、传承及培训

一、萨满的分类

达斡尔族的萨满称为"雅德根",其可分为"hoʤoːr jadgən"和"bəədəi jadgən"两类。前者是领本莫昆或哈拉的萨满神为自己神灵的萨满,非世袭但必须由本莫昆的成员充当。同时,还可以请其他外来的神相助。后者则是领外部神的萨满,其传承不受莫昆的限制。

达斡尔族的萨满根据其身世和资历又分为两类,即出徒和未出徒两种。所谓出徒的萨满,即公开的萨满,也就是为众人信服的名副其实的萨满。这类萨满都曾请老萨满为师并在其指导下举行过领神仪式,人们认为他们的本事大。未出徒的萨满则是未公开出来的萨满。这类萨满未经过正式训练和举行领神仪式,但仍可以进行祭神等宗教活动。就目前来讲,在斯琴挂和沃菊芬两位当代达斡尔族萨满出马前,达斡尔族民间进行祭祀活动的萨满,均系未出徒的萨满。

为了适应人们的需要,达斡尔族的萨满教也发生了变化,不仅出现了非血缘性的萨满以及未经正式训练的萨满,而且还出现了一批其他的宗教活动者,如领娘娘神为其神灵,以治麻疹、天花为职责的斡托西；还有巴尔西、巴格其、巴列沁、扎列、奇彦其等。

（一）斡托西

斡托西是娘娘神灵的显示者，也可以说是娘娘神灵的代表人。充当斡托西者多系女子，男人较少。斡托西没有莫昆限制，所以，在一个莫昆内，同时可能有两个斡托西，或者一个也没有。斡托西的神衣比萨满的简单，叫"瓜拉尔斯"（像裙子），并有"德勒布尔"（词义为扇子，用各色绸缎串成的小旗）。在小孩发生天花或是闹病时，请斡托西治病。斡托西也能占卜，其地位比萨满低。

（二）巴尔西

巴尔西是领娘娘·巴日肯、敖雷·巴日肯为其神灵的，没有莫昆的限制。巴尔西没有神具，只有108颗念珠。巴尔西均由男子充当，主治疮疥、红伤接骨等，主要采用的方法为吹吐沫念咒等。

（三）巴格其

布特哈地区的巴格其是随莫昆萨满而产生的，是萨满的助手。莫昆内有萨满，就必须有巴格其。巴格其没有自己的神灵，萨满跳神时，他做助手，替萨满念祷词等，但不穿神衣，不能治病，只能替病人念咒、送纸和举行小型祭祀活动。一般妇女不担当巴格其。

（四）巴列沁

一般都由妇女担任，特别是多次接产中积累丰富经验的老年妇女较多，可以说是达斡尔族民间助产婆。巴列沁一般按传统方法接生，易造成婴儿死伤。少数巴列沁还替病人祷念咒语等，也有巴列沁称自己为狐狸精灵附体者。

（五）扎列

在爱辉地区的达斡尔族中，还有称作扎列的宗教活动者。扎列，既不是巴格其，也不是巴尔西，是萨满的助手。扎列没有神灵，当萨满跳神神灵附体后，由扎列负责答对附和，由于扎列熟悉萨满的各种宗教活动，所以请萨满时，也往往要请扎列到场协助。

（六）奇彦其

成精的狐狸、野雉、兔子、貉子及獾子等动物，找到一个人，主要是男人作为它的"额真"（主人），当"额真"（主人）的人就是奇彦其。他能给病人扎针、占卜，但是这样的人很少。

二、萨满的传承

达斡尔族霍卓日·雅德根须在本莫昆内传承，但并不一定在萨满死后立刻产生传承人。有的相隔两代甚至更多代后才会出现接续的萨满。充任萨满者多为长年患病而消瘦如柴，或者精神失常多年不愈者，经萨满或者占卜者认定后，由其家长或族中长者出面，请一位老萨满为师举行领神仪式，学习祷词和祭神本领，被请为师者的老萨满，达斡尔族称为"额格·雅德根"，意为母亲萨满，为徒者称为"克库·雅德根"，即萨满之子。担当"额格·雅德根"的必须熟悉"克库·雅德根"祖传的各种神灵的缘由，否则不能胜任，人家也不会拜其为师。

达斡尔族各地区的萨满传承情况不尽相同，如齐齐哈尔地区的达斡尔族，不是每个莫昆都有"mokon jadgən"（莫昆·雅德根），这是由于有的莫昆萨满传了几代以后就失传了。达斡尔族一般不愿意让自己的子女当萨满，每当萨满死后，莫昆内部便互相推脱，只有某位长期患病者经萨满占卜，不当萨满难以病愈时，无奈之下，才拜请有名望的萨满为师，学习跳神，再经一定仪式使神灵附体以后成为萨满。每年正月十六或在五六月间举行斡米南仪式，经五六天才结束。在斡米南期间，凡许过愿的不论远近亲友都来献牛、羊或哈达、金钱等，请萨满看过病的人，要对萨满神灵还愿，并对萨满本人予以酬谢。

三、萨满的培训

根据学者的研究，达斡尔、鄂温克、鄂伦春等民族在训练新萨满方面的内容和项目大体相同，主要包括以下几项：①

第一，新萨满学习祖神的历史，只有准确、完整地唱祷词，才能得到祖神的保护和帮助。

第二，接受萨满教各种活动的具体训练。新萨满只有掌握好各项活动的本领，才能成为合格的萨满。如祭祀祷告、跳神治病、求子招魂、为死者送魂、给牲畜除灾免疫、占卜生产丰收等，还包括上述各种仪式中的各类神歌唱词，请神灵相助等。这项训练难度较大，时间较长。

第三，训练请神跳神动作。萨满进行宗教活动时，必须身穿近百斤重的萨满服，只有经过艰苦的负重跳跃训练，才能跳神自如。

上述几项训练基本完成后举行领神仪式。新老萨满一同前往学徒上一代萨满的墓地举行领神仪式，氏族成员也多去参加，杀宰黑羊祭奠已故老萨满的亡灵，新萨满发誓承担保护氏族成员的义务。接着，新萨满在领教萨满导引下，从墓地开始一路跳神回来。参加仪式的族众在两旁护卫，不叫萨满倒在途中，一直跳到家门口。院内点燃火堆，新萨满在火池中跳神，直到把火跳灭。此时萨满已筋疲力尽了，且精神不能自控，处于无我的状态。这时祖神借萨满之口述说自己的历史和地位（因为在第一项训练中，新萨满已经把祖神的历史地位背得烂熟了），族众们向附体的祖神跪拜叩头，认为新萨满已经获得了祖先的神灵，有资格主持氏族内的宗教仪式活动，正式成为本氏族的"莫昆萨满"了。训练新萨满，每年要集中一段时间进行，每次需要十几天，连续训练三年才能完成。

---

① 孟和：《萨满教》铅印本，16页，1994。

第二节　萨满的职能及其社会地位

一、萨满的职能

达斡尔族萨满的职能可归纳为以下三个方面：

第一，为本哈拉或莫昆消灾除祸。这是斡米南和依尔登祭奠的目的之一，就是为了替本哈拉或莫昆消灾除祸。

第二，祈求生产丰收。斡米南和依尔登祭奠以及祭斡包的目的均为祈求风调雨顺、五谷丰登、牲畜兴旺。

第三，祭神治病。给病人治病是萨满的日常活动。

萨满应病人之邀到病人家看病，首先摸病人的手脉，以此判断是哪一个神作祟致病。如果难以判断，则进行占卜。第一、第二职能本书已有专题介绍，下面仅介绍第三种职能，即祭神治病的职能。

（一）祭神治病

请萨满出访时，按达斡尔人的礼仪，不会忘记手里提着酒去。若有萨满的长辈在场，如父母，那就先给长辈敬酒致意，然后向萨满敬酒，说明来意，恳求光临。答应出访的萨满一般都会领着助手。因为萨满祷告达到高潮时，说出的都是呵斥鬼的话，有时在座的人们难以领会，需要助手进行必要的解释，另外还要帮助做些其他事情。萨满被请去后，一进屋就坐在西炕上，边接受家属敬的酒，边环视室内，简单问问病人的情况，酒劲稍上来，就叫助手做好准备，然后开始祈祷。祷告的方法，每个人不同，通常都分两次进行。第一回是查病、请神。查病是探索病的根源，请神是为了了解导致其生病之神的意思。第二回是祈祷治病即祛除瘟神。也有把这两个过程合并进行的，下边分别叙述。

病人在东炕或南炕上叫人挟抱而坐，助手在西炕上放个小桌子，上面摆上酒、线香和准备烧的纸；在各种用具上点洒酒水，将纸点燃后再点线香；在冉冉冒起的紫色烟雾上熏神鼓，尔后助手协助萨满穿戴神衣神帽，再把线香焚燃在房屋门口；萨满朝那个方向先猛击三声鼓，朝着四方拜一拜，边击鼓边用高亢的声音念诵咒词，助手随唱，一起击鼓；当萨满逐渐进入神灵附体的状态时，全身不断地颤动，紧闭的两眼有时微微睁开一下，随之进入昏迷状态；半咒半唱持续一段时间后，萨满便在地当中有节奏地摆动身体，跳起很怪的步伐重复前进、后退，回旋三种动作的舞蹈。这时腰镜铿锵撞击，铜铃丁当作响，夹杂着强弱结合、有节奏的连续敲击神鼓声，再伴以如泣如诉之吟诵，室内弥漫着一种凄切气氛。据说，此时萨满正在和神、精灵的世界打交道，无论动作、语言都表现出另类。

到了一定时候，萨满就坐在助手准备好的椅子上，猛烈敲击神鼓。当鼓声慢慢弱下来时，助手向萨满请示患者的病因和作祟的瘟神以及驱散的方法等。这时萨满就问讯病人是否对娘娘、土地、老爷、狐仙等神有过不敬的行为或祭祀不勤的行为，有无受到各方诸神如山神、河神、树神、吊死的冤魂作祟的记忆。发问时，假如病人身体颤抖，那就是受了该神或精灵的作祟，若这时该神正附在萨满身上，便立刻乞求宽恕，若是由于其他神和精灵作祟，萨满就通过自己的神向他们进行抚慰或者劝它退去，并指示病人一定要贡献必要的牺牲和供品，然后再敲击几下神鼓，片刻后从附神状态恢复到平常状态。

萨满的指示代表神的意愿，因而病人的家属必须尽快准备那些牺牲和供品，牺牲以猪、羊、鸡等为主，供品中必须有酒，此外，还包括狍子肉、果品，还有乳制品等。有时根据家境贫富，要求的供品也不同。为了准备第二次祈祷，也有的甚至持续到第二天。

德世岫先生曾在《我所见到的请"欧克神"的场面》[①]中对此有过描述：

[①] 德世岫：《我所见到的请"欧克神"的场面》，见何适辰、何喜庆主编：《达斡尔族文化论文集》，黑龙江省达斡尔族学会，齐齐哈尔达斡尔族学会（油印本），108页，1992。

第二章 历史上的萨满及其宗教活动

在童年时耳闻目睹了三位欧克提（毛毛神）为患者看病的活动。一位是西卧牛吐村腰屯的敖氏斡日浅，他的动物精灵据说是白兔；第二位是东卧牛吐村的吴氏小吴钦，他的动物精灵据说是獾子。第三位是哈拉村的吴氏平和，他的动物精灵据说是猫。

哈拉村的吴氏平和"欧克提"如何产生的呢？

哈拉村的吴氏平和的动物精灵据说是猫。相传富裕县塔哈满族、达斡尔族乡库木村乌力斯氏千贵的姑奶奶一生未嫁，她在晚年饲养一只猫，与猫相伴。有一天夜里，主人突然患病身亡，可怜的黑猫眼见主人停止呼吸，就用爪抓主人好几次，眼看主人起不来亲它了，黑猫失望了，黯然泪下，叫了几声，也躺在主人旁边死去了。姑奶奶的侄孙们看在眼里，痛在心里，就把猫的尸体同姑奶奶的尸体殓入一副棺材里，葬于吴氏的坟茔地。事隔几年的一个夜里，吴氏姑奶奶的灵魂领着黑猫的灵魂游荡在吴氏家族的周围，导致吴氏大人小孩不得安宁。他们无望中嗜酒解愁，无心生产和学习。于是，吴氏家族各立锅灶，分家另过……

"欧克提"如何为患者看病的呢？

这是我在1945年左右亲眼看到的场面，距今已有四十多年了，回忆起来，童年时的见闻仍然记忆犹新。下面介绍一下"欧克提"是如何给患者看病的。

一般患病的家人先去请"欧克提"，当"欧克提"同意为患者看病后，先做准备工作。在黄昏后，找来十来名青壮年男子。在眼不见五指的漆黑的夜里，欧克提走出门外，手拿沙子抛向窗户纸，其目的是镇一镇患者屋里的人们，弄得人们胆战心惊，吓得都不敢大声呼吸。当"欧克提"进屋后，小伙子们用纳鞋底的麻绳把他的双手大拇指绑上，缠绕得紧紧的。这时"欧克提"念念有词，请精灵前来搭救解绑。不一会儿，"砰"的一声巨响，精灵破门而入，发出恻恻的声音，解开"欧克提"的绳子，并打了他几下。"欧克提"让精灵坐在摆在地上的八仙桌上，然后对精灵说明之所以请他来是为了治好某氏家人、妻子的病，请他指教治好病的方法。这时精灵发出"曼尼曼"、"曼尼曼"的声音，瓮声瓮气声中告诉"欧克提"如何治好病人的病。然后只听到"砰"地一声，精灵夺门而走。事后，"欧克提"按精灵的旨意为患者治病。

（二）治疗外伤

用"塔仁"治疗骨折和外伤，也是萨满的职能之一。据鄂温克旗达斡尔族萨满平果说，塔仁是萨满和巴尔西治疗骨折和其他外伤及疥癣等病的主要手段，达斡尔语全称为"tɑrin tɑrmidbəi"。"塔仁"有两种。其一为"xɑr tɑrin"，即萨满将冰凉的水大口含在嘴里，猛力喷向病人患处。这种塔仁非重病伤不轻易动用，而且必须有领水神娘娘神灵的萨满才能采用，事先还必须杀牲供祭水神娘娘，否则萨满本身也会受到神灵的惩罚。其二为"ɑrgəi tɑrmidbəi"，即用酒喷治外伤，一般无神灵的巴尔西都可以采用。

平果萨满曾说过这样一件事：

> 前几年，有一个青年被拖拉机撞伤，双腿骨折，骨髓都露出来了，当地医院无法治疗，送到我家来，请我给治疗。事前，我已有预感，想尽量回避，但又无法拒绝，只能靠我的神灵帮助治疗。当时，我用三次"塔仁"后，伤者便苏醒过来，然后将枣仁、草药和"布勒特该"鸟的羽毛在炉火上熏烧，碾成粉末敷在伤口。经过40天的治疗，终于使伤者完全恢复。现在，已经能从事体力劳动了。[①]

---

① 满都尔图主编：《达斡尔族的萨满教》，见吕大吉、何耀华主编：《中国各民族原始宗教资料集成·萨满教卷》，349页，北京，中国社会科学出版社，1999。

（三）追魂

萨满遇到昏迷不醒的重病人，认为是他的灵魂已离开肉体去了阴间世界，便要举行追回其灵魂的仪式（达斡尔语称为"sumsultʃbəi"），于是事先让人在炕壁上凿一至三个孔眼，作为萨满的神灵由此钻入阴界的出入口。仪式开始，萨满跳神至昏迷状态时，助手扶助使其头对着炕壁的孔眼，并俯卧在地，处于睡眠状态。片刻后，萨满神衣上的某一个铜铃发出响声，预示萨满的神灵已经从阴间世界回来，随后萨满苏醒过来，端坐在凳子上唱祭词，述说他追魂途中的经历、见闻和他所带回的患者灵魂的形貌特征。仪式开始时，还要在一个饭碗中盛米，另一个饭碗中盛水，用白布罩好将碗口倒挂起来，如果水和米不撒出来，预示患者还有吃喝，命不该死，还有救活的希望。①

（四）占卜治病

在达斡尔族民间，过去治病时常用占卜形式，如立筷子叫魂。据说，小孩如果白天受到惊吓，晚上睡不安稳时，会被认为是小孩身上的魂被掠走了。此时由小孩的母亲或奶奶在他的床头进行"叫魂仪式"。其具体方法是：取来一碗清水，再取三根筷子并拢垂直立于碗中，待筷子稳立不动时，在其上烧写好符咒的纸，并在嘴里念叨祷告词。这种活动达斡尔语称为"domolbəi"，意为"行巫术治病"，认为这样便能唤回小孩的魂，能使小孩恢复正常。

占卜的方法主要有两种：其一，将去肉的狍子肩胛骨洗净，低声念诵咒语后将其在草木灰中烧焦，然后看其裂纹的走向，判断作祟的鬼神。其二，将一大一小的斧头用绳子系在一起，萨满单手握紧斧把的顶端，逐一念诵病人家供奉的诸神的名字，每念一个神的名字，举一下斧头。据说当念到作祟的神的名字时，萨满就能很轻易地把斧头

---

① 参见满都尔图：《达斡尔、鄂温克、蒙古（陈巴尔虎）、鄂伦春族萨满教调查》，16~17页，中国社会科学院民族研究所民族学研究室编印，1992。

举起来。如果上述占卜不灵时，萨满就只有借助于他的神灵——"温果尔"。据说当他入睡前点香祈祷求助后，他的"温果尔"就会以梦的方式给予启示。这种现象，达斡尔语称为"索罗贝"。判明作祟的神以后，萨满就唱祷词向作祟的神许愿，若想病人早日康复，将按期供上神所喜欢的牛、猪或羊等。供物的种类依各神的喜好而异。最后，萨满主持献供祭神仪式。

（五）叫魂

叫魂也是一种治小孩惊吓的方法。届时，母亲拿着小孩的衣服，走到大门口，一边往回走，一边嘴里念叨："不要怕狗，不要怕猪，快快回来吧，快快回来吧，回到爸爸这儿来，回到妈妈这儿来。回来——回来……"

母亲回到屋里，拿着小孩的衣服在门上比划比划，然后将小孩衣服的衣领朝下盖在他的身上。这样，小孩的病就会好了。

（六）驱鬼

过去，达斡尔族民间经常进行驱鬼仪式。据卜林先生回忆说：

> 1934年春，我在铁匠屯舅父家里，见过楞子萨满驱鬼的跳神，达斡尔语叫"苏木苏扎日贝"，这是私人请萨满给病人除鬼的跳神活动。
>
> ……我舅父兄弟五人，三舅母长期患病，时好时坏，干家务活儿都感到吃力，请几次汉医吃药，总不见病势减退，就认为是冤死鬼缠身，非要请楞子萨满除鬼不可。楞子萨满一见到三舅母的病体，就断言说："这是怨死鬼魂缠身，非用火除鬼不可。"于是，午前用一只小鸡供神，楞子萨满又"耶给耶给"跳了大半天。
>
> 第二天午后，楞子萨满用羊草缠成四支草鹤，准备跳神用。他支使本家把铡刀磨得亮而锋利，又告诉准备两个铁铧子。到了夜晚，楞子萨满穿好神衣，手拿神鼓下了地，走到

东屋三舅母的面前，嘱咐她不要害怕，头朝炕沿……一切准备就绪后就开始跳了……楞子萨满念了很长时间的伊若，不久，把灯火也全熄灭了，室内漆黑……端来烧红了的铁铧子，铧面冲上，放在患者头前，楞子萨满脱光了脚，在呼神声中，光脚蹬一下铧子，过后冒起一阵火，如此反复七八次。这期间，患者的头紧挨着地上的铧子，被烤燎惊吓得已经浑身是汗，湿透了衣裳。

然后，萨满又把大铡刀拎了过来，自己横倒在刀口下面，叫人们用铁榔头狠劲地敲。铁榔头"当当"地响，楞子萨满不见动静了，人们猜想楞子萨满被刀铡死了，刚要点灯，楞子萨满突然出声，制止点灯。这时老太太们走到我患病的三舅母跟前问，见好没，哪知患者已吓得不省人事了。大家见此情形，赶紧把几口凉水喷在患者的脸上，患者才慢慢缓了过来。最后该是驱鬼了……

楞子萨满有魔术吗？我从侧面发现楞子萨满在踩铧子时，是脚底沾满了油，未等脚接触铁铧前，油汁滴到滚热的铧子上，一遇到炽热铧子，油便燃成火团，脚部根本未接触到铧子上。铡身术原来是萨满卧在刀床后退了出来，侍从者垫上一根短木。事后我曾把所见说给别人，为此还被外祖母打了几个耳光，让我不准乱说，封住了我的嘴。①

二、萨满的社会地位

在达斡尔族社会中，萨满不脱离生产，仍然从事他过去的职业，也不能因当了萨满，在族内享受特殊待遇。他们给人们跳神治病时，没有固定的报酬，病人家里只是送些所献供的牛、羊的皮张、肉、酒、哈达及少量的布等作为酬谢。萨满不能管理莫昆的一切事情。

---

① 卜林：《达斡尔萨满跳神行巫见闻追记》，见齐齐哈尔政协文史资料研究委员会编：《嫩水达斡尔人》，402页，1989。

萨满的丧葬和一般人不同，在离屯子远些地方，把棺材用木架子架起来。萨满死后，给他的穿戴和普通人一样，殉葬品有他生前所用的念珠、护心镜和铜鼓。请萨满举行最后的送出仪式后，根据已故萨满的遗嘱，进行风葬或火葬，然后，把遗骨堆集在一起，上面用石头掩盖起来，在掩盖地的北边，高处立一斡包，叫尚德。因此萨满去世后，不说死而是说"上尚德"了。后继的萨满每过几年，必祭祀一次上一代的尚德。[1]

第三节 20世纪各地区达斡尔族萨满简介

近一个世纪以来，达斡尔族地区曾出现过数十名萨满，其中以男性居多，也有多名女性萨满。

一、布特哈地区

（一）乌尔科萨满（1920—?）

布特哈达斡尔族苏都尔哈拉著名的莫昆萨满，约生活于19世纪80年代至20世纪40年代。因其家住苏都尔哈拉聚居的乌尔科屯，故称"乌尔科萨满"，20世纪30年代末，日本人池尻登为撰写其《达斡尔族》一书中的《信仰》一章，曾采访过他，让其在炭火堆上跳神，并作各种驱赶病魔的动作。

---

[1] 参见内蒙古自治区编辑组编：《达斡尔族社会历史调查》，258页，呼和浩特，内蒙古人民出版社，1985。

（二）采访萨满情况

1956—1957年社会调查时学者曾采访过的萨满表

姓名	性别	访问时间	访问时年龄	访问地点	原籍
郭绿荣（萨满）	女	1956	60		讷河县
嫩登保（巴格其）	男	1956	58	哈力屯	莫旗
布库讷（巴尔西）	男	1956	50	阿尔拉屯	莫旗
孟德山（巴尔西）	男	1956	39	阿尔哈昌	讷河县
孟海山（巴格其）	男	1956	60	开阔屯	讷河县
郭恩保（萨满）	男	1957	75	阿尔哈昌	讷河县
鄂国永	男	1957	62	阿尔拉镇 阿尔拉屯	莫旗
巴音	男	1957	55	西瓦尔图 托尔苏屯	莫旗

注：表中的嫩登保（巴格其）、孟海山（巴格其）识满文。

二、海拉尔地区

（一）嘎胡查萨满（清乾隆朝后期至嘉庆年间人）

嘎胡查萨满，男，传说是达斡尔族迁居海拉尔地区后，郭博罗哈拉满那莫昆人从新巴尔虎人那里赎买的一个名叫阿多诺诺（放牧娃）的家奴。① 成年后他便成了该莫昆的霍卓日·萨满，人们称他为"嘎胡查萨满"。这位嘎胡查萨满的本事很大，传说有一年春天他施展法术，使已解冻流凌的海拉尔河重新封冻，使他主人的畜群从冰上安全渡过了河。他的护心镜的法力很大，有一次在他铜镜的帮助下，抓到了偷窃呼伦贝尔总管衙门文件的妖怪。传说南屯广慧寺就是在嘎胡查

---

① 据传，满那莫昆在布特哈地区时就有叫做"乌兰·巴日肯"的祖神，迁居海拉尔地区后，先后有过五名霍卓日·萨满，他们都以"乌兰·巴日肯"为神灵。其中，第一代即为阿多诺诺，或称嘎胡查萨满，他死后被供奉为神（蓝布上贴一个皮质人形）；第二代名叫托庆嘎；第三代名叫义顺；第四代名叫那逊锡迪；第五代名叫斡尔该布，是莫和尔图屯人，约1930年去世。此后莫昆再没有出现过霍卓日·萨满。

萨满帮助下选的地址。当时,他在海拉尔城南跳神拿出一把战刀,将它打了三个结,然后扔向空中,那把战刀向南飞去,落到一个地方,就在那个地方修建了广慧寺,这是清嘉庆七年(1802年)的事情了。以后满那莫昆的人住在庙东,登特克莫昆的人住在庙西。① 后来嘎胡查萨满的铜镜传给了苏克岱萨满了。

(二)托庆嘎萨满(约清道光年间至咸丰年间人)

托庆嘎萨满,男,海拉尔郭布勒哈拉满那莫昆著名的莫昆萨满。传说在19世纪90年代的某一天,托庆嘎萨满在去给妹妹治病的路上,护心镜掉落在地上,并一直向西北方向滚去而没抓住。他回家后,被七间房屯的巴尔虎家奴依克歹萨满害死。他死后,家人按其吩咐给他穿上神衣并放在套牤牛的车上,拉到哈尔嘎那扎拉嘎那地方。三天三夜以后,他又跳着神、敲着鼓回来了。据说,是他把自己的尸体用乌鸦换回来后,又跳进伊敏河将身上的污物转嫁给一条五尺长的大鲤鱼。后来,他活到了70岁。

(三)黄格萨满(1888—1972)

黄格萨满,女,于1921年当萨满。她以苏木·巴日肯和翁胡尔·巴日肯(鄂温克族的神)为其神灵。她当萨满的过程是这样的,她嫁给登特科莫昆的富兴后,过了几年,在民国六年(1917年)得了很重的泻痢病。病刚好就开始神经错乱,经常突然看见各式各样小动物进入屋内,于是,便神魂颠倒,精神失常。这样一直闹了5年,屡请萨满治疗,都说由于神灵要她必须当萨满,才叫她患神经错乱的。最后,她许愿当萨满,病才痊愈。在民国十年(1921年),她认阿尔哈昌莫昆的霍卓日萨满富楞成为师,由他引导传授,以"苏木·巴日肯"和"翁胡尔·巴日肯"为其神灵,当了萨满。采访她的时候(1957年),她已69岁,其患病23年,领神25年。

---

① 登特克莫昆的祖神叫博霍勒带和博恒绰,该莫昆迁居海拉尔地区后,出现过四名霍卓日·萨满:义格·尚德(大尚德,名不详),乌其肯·尚德(即小尚德,名不详),丁萨满(名不详),平果(登特克莫昆南屯人,男,1904年,调查时53岁)。

第二章　历史上的萨满及其宗教活动 ‖ 57

图 2-1　黄格萨满①

图 2-2　黄格（中，头戴白头巾者）幼时的照片

① 图 2-1 至图 2-3 由奥登挂先生提供。

图 2-3 黄格及"阿巴嘎勒岱"

（四）平果萨满

平果，女，原名多彩花，1937年生，原住齐齐哈尔郊区芒阿里图一个小屯子。后迁居现内蒙古鄂温克族自治旗巴彦托海镇（南屯）一带。从小父母双亡，跟爷爷度日。平果的祖父系本莫昆的第七代萨满，会接骨、治病，医术很高，能隔着襟衣摸出脉象凶缓程度，人称德先生。她的爷爷于20世纪50年代初病故，终年74岁。

多彩花小的时候，曾领妹妹给牧主放牛、放猪。11岁突发重病，时常出走野外，后患结核病，水米不进。邻居请富裕县境内的一位达斡尔族女萨满（民间称为赖萨满）给她看病，多彩花拜这位女萨满为师，学习当萨满，成为其娘家萨满，据说是她爷爷的魂把她接走了，并传医术，让她继承，必须当萨满。当时，她躺着像死人一样，醒来后就想吃东西，还想接骨，又能识字、算卦。爷爷一连梦授几年，她便成了本莫昆的第八代萨满。当时禁止萨满教活动，故她未能举行正式的领神仪式，只是借别人的萨满服学跳神，也只有三个晚上，便使她成为名医名萨满了，并用爷爷起的小名——"平果"为自己命名。迁到南屯后，成了深受牧民好评的萨满。平果擅长正骨，常为外伤病人患者治疗。除此之外，有时也为病人祭神、治病，据她本人讲述，她诊治外伤之所以有奇效，主要得益于她的神灵之助。

1956—1957年社会调查时，学者们曾在海拉尔市鄂温克旗采访过拉玛（男）、平果和黄格等萨满。当时，拉玛79岁、平果55岁、黄格69岁，都已出马为萨满。

三、齐齐哈尔地区[①]

（一）杨文生萨满（1921—?）

杨文生萨满，男，德都勒哈拉人，幼年丧父，后随继父姓杨，住齐齐哈尔市富拉尔基区全和太屯。年轻时患病约23—25年，头几胎孩子亦相继死亡。请萨满占卜认定除非继承其祖父当萨满，否则无法免除灾害。杨氏无奈，于1946年拜请哈拉屯康福生萨满为师，举行25天的基本训练，随后又举办第一次"斡米南"仪式，成为正式萨满。其有一定的文化功底，能唱很多萨满"伊若"。他本人的神灵是祖父的"哈热·哈勒津"[②]神。还有被疯狗咬伤致死的冤魂作祟附体的疯狗神。

1947年民主革命后，杨氏从未进行宗教活动，曾担任村干部，并加入中国共产党。在"文化大革命"中因曾当过萨满而被揪斗。杨文生的老师康福生于1947年参加中国人民解放军，是年32岁，后编入中国人民志愿军赴朝鲜作战，牺牲在朝鲜战场。

（二）敖仁萨满（1935—?）

敖仁萨满，男，达斡尔族，原住齐齐哈尔市梅里斯区哈拉屯。20

---

① 以下齐齐哈尔地区的萨满情况均引自满都尔图主编：《达斡尔族卷》，见吕大吉、何耀华主编：《中国各民族原始宗教资料集成卷·萨满教卷》，327~328页，北京，中国社会科学出版社，1999。

② 哈热·哈勒津：原指前额有黑色的鼬鼠类动物，此处的特定含义不详。

世纪 50 年代初曾患病三个月，承诺当萨满后才能痊愈。由于当时已禁止萨满活动，故未正式拜师当萨满，但熟悉萨满祭祀活动的习俗和礼仪，会唱各种萨满祷词。

（三）多铁保萨满（1939—?）

多铁保萨满，男，达斡尔族，原籍齐齐哈尔市梅里斯区，初中文化程度。根据他本人讲述，刚上高中时因体弱多病不得已而退学，在20岁时精神失常，后拜请哈拉屯的康福生萨满为师而成为萨满。据说，多铁保是其莫昆的第七代萨满，上一代萨满是其爷爷。他至今保存着爷爷的萨满服。

（四）徐萨满（1914—1991）

徐萨满，男，原住齐齐哈尔市梅里斯区卧牛吐村。1942年（时年28岁）始，因精神失常久治不愈，经三个冬天学跳神后于1944年当萨满。据他本人介绍，他的神灵除女性祖先神外，还有成精的狐狸和獾子。1990年10月调查人员前去访问时，他已患病卧床。1991年去世。

（五）图木热萨满（1902—1974）

图木热萨满，男，齐齐哈尔达斡尔族陶木哈拉人，又名乔永山。从18岁起当陶木哈拉图沁莫昆萨满，直到1947年民主改革时止。1952年起他曾在某种马场当职工。20世纪三四十年代，图木热曾是齐齐哈尔达斡尔族地区有名的萨满。传说他善于治愈精神病患者，在病人身上放置烧红的犁铧，然后赤脚踩在犁铧上做"法术"驱赶作祟的病魔而不使病人烫伤。他在"神灵附体"后躺在地上，两只手能把百余斤的石磨左右上下翻滚，同时还唱诵驱魔祛病的咒语。传说他跳完神后，不用解开萨满服的纽扣，巧用"法术"便能从萨满服中脱身而出。

（六）满宝萨满（1905—1977）

满宝萨满，原名为德满宝，男，齐齐哈尔市梅里斯区德都勒哈拉嘎尔多斯莫昆人。满宝萨满不单靠其神灵为患者治病，同时学习运用行针、正骨、气功等疗法,为患者治病。

(七) 铁宝萨满 (1920—?)

铁宝萨满,原名金铁宝,男,齐齐哈尔市富拉尔基区罕伯岱屯精奇里哈拉人,20世纪40年代初当的萨满,据传系本莫昆的第七代萨满。他除了祭神治病外,针对患者的症状,还用中草药或拔罐等方法给患者治疗,深受当地群众的欢迎。1957年因曾进行"封建迷信活动"被判刑。

(八) 何兴山萨满 (1933—?)

何兴山萨满,男,齐齐哈尔市梅里斯区人,年轻时因精神失常,拜康福生当了莫昆第七代萨满。

据传,新疆塔城地区曾有过两个萨满,第一代是女萨满,名不详;第二代是男性,叫夏克太,其后无传人。

第四节 萨满宗教活动及其用具

一、萨满仪式

(一) 斡米南仪式

每一位萨满在一定时间内,都要举行一次祭祀或跳神仪式,达斡尔语称"omina:n"(斡米南)。斡米南仪式每隔三年举行一次,大约在旧历三四月举行,这是萨满教的盛典,其目的是要给诸神献礼,给本人及族众消灾求福,并向神灵祈求狩猎及各种生产丰收。同时,检验上次斡米南以来本人的举止、是非等,所以它同时也是培训萨满的盛典。届时,通知莫昆族众和曾让萨满看过病的人,男女老幼都带礼物来参加，礼物大的有牛、羊，小的有酒、香、哈达等。

举行仪式之前，主祭萨满先聘请一个富有经验的萨满陪祭和指导。跳神地点在院内或屯子附近，架起蒙古包或谢林格一座。谢林格是由几个车辕支起的大车轮，上面盖上苇席，然后，在里面竖起两根桦树，达斡尔语称作"gəri toːroː"（室内的神树）。在这两根并立的神树上，横拴三根木杆，一般用稠李子树，使其形成梯状。在横木上挂"霍卓日·阿彦"（祖）和"阿巴嘎勒岱"铜制的假面具（熊）。在离神树六丈远的南方，竖一根桦树，称"bədi toːroː"（室外的神树）。在它上面挂吉雅其、代莱勒和克依登等神偶。

需要特别说明的是，这三棵桦树都必须带有青枝绿叶，在举行斡米南仪式前一两天就把树拿来，竖立时不能把树埋在土里，而是绑在一个木橛上，达斡尔人称这个木橛为"alt muŋu gatː"（金银橛）。在两棵神树之间再拉上一根红棉绳，称"suanna"（拴那），并把系有五种颜色绫绸的铁环串在其上。第二天的跳神分上午、下午、晚间三次进行。在每次跳神的时候，由萨满敲鼓念"伊若"（祭词），请主祭萨满的各神依次降临，来参加盛典。然后，两位萨满站起来，领祭的萨满在前面引导，主祭萨满在后面跟随，绕着屋里神树，敲击神鼓忽左忽右地跳动。同时，围观者中安排专人敲神鼓助兴，并合唱跳神曲。这样，反复几次，跳得正激烈时，主祭萨满忽然仰倒，在后跟随的人接着用双手扶持其腋部，让他在地上打滚几次，表示主祭萨满的神灵已降临，并已附在他的身上了。

当萨满坐起来时，降临的诸神借萨满之口叙述自己的来历和地位。然后，还愿的人们和有疾病祈求神助者，在小木碗里盛酒或牛奶跪在萨满面前，叙述自己献祭（牛或羊）还愿、酬谢神灵、或者要求消灾除害的情由。此时降临的诸神通过主祭萨满的口，叙述曾对莫昆族众和治病许愿者给予过何种帮助，并指出某某人将有灾难，应怎样消灾避难等。最后，神灵还通过主祭萨满，叙述自己在何时给何人治病时的失误，或曾受了某神或萨满的阻挠而未能完成某些意愿，并告诫族众应当如何防备灾难等。说完这些话，附在萨满身体上的神灵便离去，两个萨满跳欢送舞，就此请神仪式便告结束。祭祀仪式完毕，羊肉由所有参加仪式者共餐。

在斡米南仪式的第三天白天举行"库热"仪式。前来参加仪式的人们（孕妇和经期的妇女除外），在外面集中站立，两个萨满用皮绳（用整张牛皮割成没有结节的长约 12 个围的皮绳）把他们围住，然后各拿皮绳的一端，用劲拉一次，然后放开，量皮绳的长短，如此反复三次。每次量绳时如皮绳长度增加了，这是人口增加的象征。围住人们拉三次量三次后，把皮绳绞成一股，两个萨满各拿皮绳的一头，围在皮绳内的人们由皮绳下面钻出来。据说，这样可以避免疾病。之后，两个萨满一前一后，由室内神树到室外神树，来回跳三次绳。在外面地上铺白毡一领，摆上盛牛奶的木碗九个，供献四面八方的天和山川诸神。然后，再由室内神树到室外神树，两个萨满由人扶着，来回打三次滚，意思是上升三层神殿，接着念诵祷词祭祀。

当日白天，杀一头三四岁的牛，取点牛血，掺上牛奶、奶酒，并加上九小段香和九小块牛肺子，盛在木碗里，以供当晚举行吃血仪式。夜间举行吃血仪式时，由两个萨满跳神，请诸神降临吃血，他们模仿布谷鸟的叫声（意思是神灵们变成布谷鸟来吃血），并且给主祭萨满的神灵诸神（九个依斯尔、三个曼嘎勒多尔和十二个杜瓦兰）的神像涂抹牛血。如此，斡米南仪式告终，之后把三个神树挪开埋在他处，主祭萨满把人们献祭的马或绸缎、布匹等物，送给陪祭的萨满。[①]

卜林先生曾对齐齐哈尔地区的斡米南仪式进行了追忆，在此摘选其片段，可窥当时齐齐哈尔地区的斡米南仪式之一斑：

> 1932 年 8 月，正是早秋黄金季节，龙江县敖宝屯乌力斯哈拉氏名叫寿铁的萨满在老百姓的恳求下，组织了为期三天的祭神萨满跳神会。那两年，日本帝国主义发动"九·一八"事变，侵占了东北。地方上兵荒马乱。趁着天下动乱，胡匪、棒子手四方蜂起，天花、鼠疫夺走了几十条人命。各

---

① 参见满都尔图主编：《达斡尔族卷》，见吕大吉、何耀华主编：《中国各民族原始宗教资料集成·萨满教卷》，338~339 页，北京，中国社会科学出版社，1999。

种灾难连连临头，村民提心吊胆，将一切不幸之根源都归咎于老天爷和神佛。"天不求不应，神不祭不保"，于是，就求助于萨满跳神，希望能驱逐潜伏着的妖魔鬼怪，把他们重新打入地狱，争得天下太平和粮丰畜旺人安。教宝屯是有近七十户人家的大屯，居民90%以上全是达斡尔族，他们信奉萨满教。每家都供奉有十几种神，仅供神驱鬼的烧纸烧香一项支出，就足占一匹骏马的好价钱。外加供神的猪、牛、羊、鸡的花销，更是令人吃惊……寿铁和千寿吃过午饭后，嘱咐侍从者（达斡尔语：伊若达嘎奇）要搞个萨满神衣的开箱仪式（达斡尔语：扎瓦诺古），至于采用了什么样的开箱仪式，我没在场。

进行完开箱仪式后，萨满的侍从人员一一检点两个萨满神衣和神具，其中包括神帽、神衣、神鼓、鼓槌等。神帽很像《西游记》中唐僧的帽子。帽周围着许多穗子，帽顶有铜质树雀。神衣是白里红面，衣外正面饰有数百个海贝壳和一行行小铜铃，前胸后背挂有一对直径约半尺的铜镜，衣背用横棒挂有两小一大的圆形铜镜，最大的约8寸直径，神衣的两肩上相向立着两只鸟形制品。神鼓是用木圈围住成约2尺直径的单面皮鼓，鼓皮背面中心位置有个用皮条系结固定的银圈，是鼓的握柄。鼓槌也是用皮子制成，槌把短，槌尖柔软较长。……

举行斡米南仪式时在室内外各立两棵带枝叶的树，称为托若（神树）。室外两棵相距约3尺，有7棵横条木相连。神树顶部挂有用铁片制作的雀，是萨满神灵的象征，是萨满的神灵应邀降临时的第一个落脚点。第二根横木条挂萨满神灵的神像，再下层的两侧各挂九男和九女的神像。

斡米南祭典的高潮是吃血仪式，把献祭的牲物的鲜血盛在木碗中，并置于神树下，主祭的萨满模仿飞鸟俯冲下来吃血的姿势。神通大的萨满吃血，嘴不沾碗边，就能够把碗中的鲜血吸吮一尽。盛典中使用的木碗在祭典后藏起来，以备下次斡米南时再用，直到该萨满死后随其埋葬。

在斡米南祭典的末尾吃血仪式之前，还有"库热"仪式，"库热"意为"围圆圈"。先用皮绳把围观者围成一圈，让众人从皮绳下面钻出来，认为能免灾。"库热·克库"是家长把体弱多病的孩子拜托给萨满以保护其健康成长，每当斡米南仪式时家长要带他来参加库热仪式，并献祭羊或小猪等供物，在神树上系彩布条。

斡米南仪式的第三天夜晚：在最后，把体弱多病的孩子都叫到寿铁萨满的膝前，规规矩矩地跪下，由一个能说会道的侍从者祈求附体的神保佑这些失兄少弟的孤儿和久病缠身的孩子，他们家庭的长者也跪在一侧，烧香磕头、低声祈祷。记得有一名齐齐哈尔屯的壮年妇女跪在寿铁前，一边合掌拜祭，一边哀求上神说道："我本为守寡人，唯有独女幸免病灾，祈求神爷保佑她长命百岁，为答谢神的恩赏和保佑，献上活羊一只为祭。"当晚共有四名少年男女要求入神怀，都有大小不同祭物为礼。接着，棚内桌椅全被撤掉，寿萨满围着那几个小孩开跳。夜间的鼓声响彻天空，萨满绕着四个小生命在跳，神鼓摇转带起的风使小家伙们的头发一扇一扇地起伏着，在侧面的家长不时地嘱咐小孩"别怕要忍住"，小家伙们跪在地上也摇摇晃晃地，有人说这是要把潜伏在小家伙们体内的鬼魂撵出体外。①

（二）依尔登仪式

斡米南仪式是萨满最大的盛典，除此之外，每年或隔年还举行依尔登仪式。举行时间也在三四月间，多在家里举行，有时也在野外举行。和斡米南仪式同样，通知莫昆及尼玛嘎尔特的人们，也请一位老

---

① 卜林：《达斡尔萨满跳神醒悟行巫见闻追忆》，见黑龙江省齐齐哈尔市政协文史资料研究委员会编：《嫩水达斡尔人》，402页，1989。齐齐哈尔地区称"斡米南"仪式为"tooroo tuobəi"。

萨满陪祭和指导。依尔登仪式同斡米南仪式一样竖托若（神）树，但不用桦树，而用柳树；斡米南仪式杀牛，吃牛血，而依尔登仪式杀三岁羊，吃羊血；人们所敬的礼物比斡米南仪式少，很少敬牲畜，只敬酒、香、哈达和布匹等。

依尔登仪式共分四段跳神：第一段，请主祭萨满自身的主神灵降临；第二段，请萨满当年主祭的神灵降临；第三段，请所有各神灵降临；第四段，跳神吃羊血，仪式结束。

依尔登仪式不举行库热仪式。仪式完毕，将族众所献羊肉及内脏煮熟，用羊头、胸骨肉及肝、肾脏和横膈膜肉等供献诸神。

（三）洁身祭仪式

大约在农历年初（在正月里），萨满们在家里举行小型祭祀，其目的是年初祭神和用神水洁净法衣及萨满本人的身体。

祭祀时有的杀羊供献，有的仅用酒和果食供献。在大锅里放护心铜镜和各种卵石，倒满干净的水烧开，这叫阿尔山（神水）。跳神结束前，用锅刷子蘸神水，洒拂于萨满全身，然后给参加者洒拂，借以洁身去灾。

二、萨满服饰

（一）萨满神帽

萨满神帽用铁或铜做帽架，架顶有直径约 1.5 寸的圆铜片。铜片上有仿鹿角做的叉数不等的铜角一对，在两角中间有铜质小鸟一只，是萨满神灵的代表。帽架内套有黑色大绒，帽头帽边两侧钉有布带，以备戴后系于领下。帽顶是一只鹰，它是萨满所领的 oŋgoːr（神灵）的象征，据说达斡尔族的萨满是鹰的化身，鹿角的叉数标志萨满的资格。

初学当萨满者无权戴神帽，跳神时只用红布包头，如此经过 3 年。举行第一次斡米南仪式后，可戴有 3 个角叉的神帽，经过 3 次斡米南仪式后,才能戴有6个角叉的神帽,这样的萨满被认为是可以和神灵"通达"的萨满。在铜角上系有很多各种颜色的哈达和约长2尺多的绸绫,戴上帽子后哈达和绸绫耷拉在背后,它象征着彩虹。人们每次请萨满跳神后,为了酬谢萨满,都会在萨满神帽的铜角上系一条绸绫。因此,萨满的资格越老,神帽后边的绸绫越多。神帽前面钉有长约一寸的黑色丝绶,戴上神帽,丝绶挡住萨满的双眼。

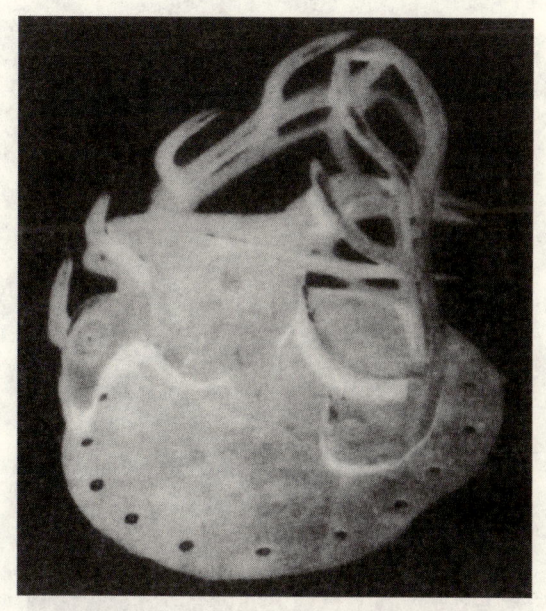

图2-4 萨满神帽(满都尔图摄)

(二)萨满神衣①

萨满的神衣在布特哈地区达斡尔族称其为"samaːʃki",海拉尔地区达斡尔族称其为"dʒawaw"。布特哈地区的萨满神衣用柔软的犴达犴皮裁制成对襟长袍,袖子和腰身下摆都很瘦,扣上纽扣后不能迈大

---

① 内蒙古自治区编辑组编:《达斡尔族社会历史调查》,266页,呼和浩特,内蒙古人民出版社,1986。

步；海拉尔地区的萨满神衣，从长袍的领口至下摆均匀地钉有8个大铜纽扣。长袍前面左右襟上各钉有小铜扣30个，两边共60个，背部钉有铜镜5个（4小1大），其中大的是护背镜。在左右袖筒及长袍前面左右下摆上，钉有刺绣着各种花样的宽约寸许、长约5~6寸的黑大绒各3条，共12条。在左右下摆的每个绒条节上，钉有小铜铃10个，共60个。护背镜佩在衬衣外面。

图2-5　斡托西的服饰①

① 图2-5至图2-8均由赛音塔娜摄于莫旗萨满文化博物馆。

第二章 历史上的萨满及其宗教活动 ‖ 69

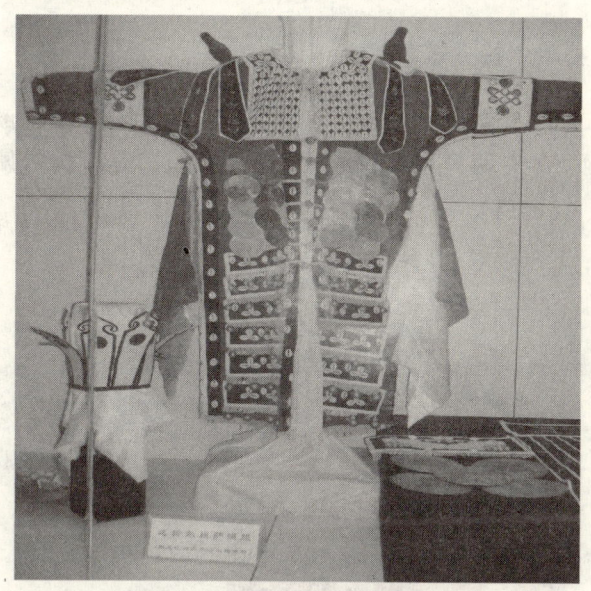

图2-6 齐齐哈尔地区的萨满服

图2-7 20世纪40年代达斡尔族的萨满服

(三)扎哈尔特(披肩)

在神衣上面套的披肩,达斡尔语称"dʒaxartə",上面嵌有 360 个小贝壳。两肩处有两只布质鸟形(一公一母),是萨满的使者,称为"bortʃoːkur"(神鸟)。

图 2-8 萨满的披肩

(四)神裙

达斡尔族萨满的神裙,称"alabanku",挂在神衣背面下半部,由 24 条飘带和绣有日、月和立在松树下边的鹿像的布片做成。上层的 12 条飘带长约八九寸,下层的 12 条飘带长约一尺七八寸。

(五) 阿萨朗

萨满神衣左右两旁钉的细皮条,达斡尔语称"asalaŋ",各9根,长约2尺多,在这细皮条综合处系"bodʒilədai"(博吉勒岱),它是用铜或铁做成的,其形状像铁勺的把,左4右5,共9个。在跳神时,所请神灵降临后,要通过萨满之口说话时,萨满不再敲鼓,而是两手拿着这两个"bodʒilədai"唱述神的旨意。

(六) 神鸟

达斡尔族萨满神衣两肩上各有一只鸟,左肩为雄鸟,右肩为雌鸟。这两只鸟是萨满的使者,据说它可以将神灵的旨意悄悄传达给萨满。

(七) 神镜

萨满服上的铜镜,达斡尔语称"toli"。达斡尔人认为它也是萨满的神灵的象征。现在莫旗萨满博物馆保存有一面"toli"真品,其直径约30厘米,是个护背镜。铭文上写"五登科子",镜体较薄,镜缘约0.5厘米。

图2-9 "状元及第"文字纹铜镜(鄂·苏日台摄)

图 2-10 萨满服饰上的铜镜"八卦文饰"(鄂·苏日台摄)

三、萨满神具

(一) 单面鼓

单面鼓由宽约寸余的榆树、杨树或落叶松板条弯成圆圈制成,其直径约2尺,由山羊、牛犊皮、狍皮或疯狼皮糊成鼓面。一般直径70厘米左右。在鼓的背圈上钉三个铁圈(三角位置),各系一根皮条,会合的中心处固定在圆形铁环上,作为萨满持鼓之用。神鼓对萨满的作用仅次于神衣,有时萨满不穿神衣,仅敲鼓也能跳神治病。每个萨满都有一或两面鼓。

下面介绍内蒙古自治区鄂温克族自治旗巴彦托海镇达斡尔族萨满斯琴挂使用的神鼓,其有三面,我们选择其中大小不一的两面鼓做了实测。

鼓面:狍皮或山羊皮蒙之,用圆头铁钉固定在鼓圈木框上。

鼓圈:木框,里面涂漆。

鼓绳:皮条,三根,两端连接着鼓框和抓环。

鼓环:由铜钱和小铜铃组成,镶嵌在鼓圈的内框上;还有三组小铜铃镶嵌在鼓圈的外框上,每组四个小铜铃。

抓环:铜质圆环,位于鼓圈中央;其中一面鼓是由三个铜质圆环组成的抓环。

(二) 鼓槌

鼓槌外裹布面，尾端缀以杂色布条为穗，布条上绣着图案并缝缀了三个小铜铃。由硬杂木削刻而成，用细藤条做心，用"kadig"（卡迪格）捆住，外面套用带毛的兽腿皮（也有的是用布）做成。槌柄穿眼，串皮条做带，为击鼓之用。

(三) 铜铃

达斡尔族萨满神衣上缀有铜铃，在跳神时能发出清脆的声响。一般一件神衣上能有60个铜铃。主要在神衣左右摆的每个绒条节上，各钉有10小铜铃，共有60个。

图2-11 斯琴挂萨满铜鼓上的铜铃（苏伟伟提供）

斯琴挂的神鼓上镶嵌了三组小铜铃，每组有4个铜铃。其形为扁圆形，铜质，下段带虎口，内含一金属弹丸。念珠珠数108个，不穿神衣祈祷时，挂在肩上。

第三章

历史上的萨满教观念及其崇拜对象

第一节 原始宗教观念

一、万物有灵的观念

人类最早的宗教观念,是具体的"灵"的观念,而不是比较复杂的灵魂观念。"自然是宗教最初的、原始的对象,这一点是一切宗教、一切民族的历史充分证明了的"①。人们对灵的普遍崇拜,表现在对它们的屈从、祈祷、禁忌、虔敬和感激,这就构成了原始自然崇拜最初的内容。随着生产力的发展及人类生活空间的扩大,"灵"的观念才遍布天上、地下和水中,几乎所有的东西都有"灵"。万物有灵的观念也随之产生。达斡尔族的萨满教观念中,仍保留着许多相关信息。因此,探讨达斡尔族萨满教的早期形态,不能不了解达斡尔族的自然崇拜观念。

---

① [德] 费尔巴哈:《宗教的本质》,见 [德] 费尔巴哈著,英震华等译:《费尔巴哈哲学著作选集》(下卷),436~437页,北京,三联书店,1962。

二、灵魂不灭的观念

达斡尔人认为,每个人都有灵魂,称为"sums",并认为人有三种不同性质的灵魂。

长生魂:人死后,虽然其肉体不存在了,但其灵魂并没死,而是去了另一个世界。故人死后,需陪葬其生前所用器具和交通工具,以供死者在另一个世界使用。还认为自己祖先的灵魂会护佑自己,因此达斡尔人特别崇拜自己的祖先,经常祭祀祖先的亡灵。即使在外地遇害、战死的将士的冤魂,也能回来给家人托梦,诉说冤情,表达心愿。

转世魂:人死后其灵魂便离开肉体到了"irmuːxan"(阴间世界),等待转世再生。冤死者的灵魂因为尚未到期,不能回到阴间世界,便游荡于人间,等待机会作祟,加害于族人。在达斡尔族民间故事和萨满传说中,有不少反映灵魂观念的传说故事,其中有许多叙述了亡灵在阴间游荡若干年后,转世再生的细节。达斡尔人坚信生前为善者会转世为人,作恶者转世则为猪狗之类。

暂时魂:人在睡眠时,其灵魂离开肉体后所经历的见闻,便是人在睡眠时的梦。达斡尔人认为,人在活着时,他的灵魂能暂时离开人体活动。这种灵魂多为小动物之类,有时能从人的鼻孔出来活动。

由于有这种观念,按达斡尔族的习俗,给一般死者送葬,并不需要请萨满举行送魂仪式。但有人因特殊原因死去继而在莫昆内闹灾,使人们不得安宁,便认为是死者的冤魂不散,作祟于族人的结果,于是便请萨满举行送魂仪式。当有人因暴病死去时,亦有举行送魂仪式的,以免给亲属带来灾害。

下面是满都尔图先生采录的一首送魂祷词,尽管因录音效果差,未能翻译、整理出祷词的全文,但仍可为我们提供珍贵的萨满教研究资料:

送魂祷词①

德尔德亚德额,
额乌色雅德额,②
瓦然莫昆③的后代,
在你的家里,
祭起你的祖先神灵,
述说你的家族身世。

瓦然莫昆的族众已聚齐,
扶起你亡故的遗体,
从你世居的家室抬起,
送到你安身的墓地。
牵着你年幼的孩儿,
备齐金钱和供给祭品,
选择好吉祥的日子,
祭请诸位神灵来享用。
不要为难活着的亲属,
不要苛求无辜的族众,
请你安心而去,
我们时时为你祭奠。

由于这种灵魂观念又产生了"irmuːxan"(阴间世界)的观念:

---

① 满都尔图:《达斡尔、鄂温克、蒙古(陈巴尔虎)、鄂伦春族萨满教调查》,39~41页,北京,中国社会科学院民族研究所民族学研究室编印,1992年。
② 德尔德亚德额,额乌色雅德额:达斡尔语,前半句意为飞起来吧,后半句意为升起来吧,与本祷词送魂远离而去的旨意相符。
③ 瓦然莫昆:系齐齐哈尔地区达斡尔族陶木哈拉的一个支系。本祷词提到的瓦然莫昆并没有特殊的含义。

"irmuːxan"是达斡尔人对阴间世界的称呼,认为那里是阎王和亡人的灵魂所居之地。如果有人因横祸早亡,神通广大的萨满还能到阴间世界把他的灵魂领回来,送还其躯体。这种仪式称为"sumslətʃibəi",或可直译为"追魂"。一般小孩闹病,认为是其灵魂离开肉体到处游荡,便要举行招魂仪式。①

三、神灵崇拜

萨满教的基本信条是相信人间世界以外还有鬼神世界,认为神灵赐福,魔鬼布祸。鬼神主宰宇宙万物、人世祸福。将自然界和某些动物加以神化,视为自然和人间的神灵。特别是在与疾病和灾难抗争中,祈求神灵保佑和祖先的亡灵护佑,这是萨满教神灵观念的核心。达斡尔族的神灵大概有四类:

第一类是动物类的神灵,如蛇、熊、狼、老虎、狐狸、鼬鼠等。

第二类是各种鸟类,如鹰、野鸡等。

第三类是萨满祖先的神灵,有一些萨满去了尚德,但是,他的灵魂仍然还存在。现在达斡尔族中出现的两个当代新萨满,可以很好地诠释达斡尔人的神灵观念。

第四类则是达斡尔族某些哈拉或莫昆祭拜的祖神。在达斡尔族中有祭拜特殊的氏族祖先的情况,其实所祭拜对象既非祖先,也非英雄人物,而是因各种特殊原因屈死者。如未婚先孕或未婚生子者,称"wuʃi barkan";还有据说是因惧怕被惩治,投江而死者,其冤魂成了"dubətʃiən barkan";又如家庭的奴婢成"dʒoːli barkan";另外,战死疆场,成为清政府穷兵黩武政策的牺牲品者,其冤魂转为祖神,称"manna mokon barkan"。总之,多为非正常死亡的冤魂。

---

① 参见满都尔图:《达斡尔、鄂温克、蒙古(陈巴尔虎)、鄂伦春族萨满教调查》,9页,北京,中国社会科学院民族研究所民族学研究室编印,1992。

四、三界观念

萨满教认为世界分为上、中、下三层世界。上层世界是圣洁的天堂世界,中层世界是人类生活的地方,而下层世界是死神聚集的地方,也是散布一切疾病、灾难的魔鬼聚集的所在,这就是"irmuːxan"(阴间世界)所在的地方。据《达斡尔族社会历史调查》介绍:古时,达斡尔人认为,在冬天被雷击死的人,才能当莫昆祖神,但并不是每个被雷击死的人都可变成莫昆祖神。被雷击死的莫昆祖神的肉体变成三种不同名称的神:尸体的上部变成"kəŋgər dailalə: bortʃoːkur"(肯格尔带拉勒·博尔绰克尔神),中部变成"xodʒoːr kəidəŋ"(霍卓日·克依登神),下部变成"xodʒoːr dolbur"(霍卓日·多勒布尔神)。

达斡尔族的三界观念与鄂温克族三界观念非常相似,甚至可以说是一脉相承。

第二节 原始崇拜对象

一、自然崇拜

自然崇拜在宗教史上占有重要的地位,它延续数千年,对人类文化的影响十分巨大。它不仅是萨满教崇拜的内容之一,而且都被后来的人为宗教吸收,并加以改造。它对古代哲学思想的形成也有很大影响。自然崇拜源远流长,在中国上至新石器时代,下至 21 世纪的今天,仍有遗留。同样,达斡尔族现实生活中,也保留着很多自然崇拜观念。

(一)腾格尔崇拜

达斡尔族称"天"为"təŋgər"(腾格尔),各地区的达斡尔人普遍祭"天",根据相关的祭词可知有"atʃaː təŋɡər"(父天)、"əwəː təŋɡər"(母天),还有"daliə katoː"(公主天)① 及"notor nojan"(主人天)② 等。祭天时没有供奉的偶像。也不叫它为神"barkan"(巴日肯)。

在达斡尔族自然崇拜中,对日月的崇拜占据极为突出的地位。实际上,所说的腾格尔即日月的形象。达斡尔族当代新萨满斯琴挂和沃菊芬主持的斡米南仪式中,室外神树上挂的就是日月的图案。

萨满的神裙,由24条飘带和布片做成,在布片上绣有日、月和松树下站着的鹿。由于这种观念,也产生了对日食和月食的解释,认为日食和月食就是天狗捕日头和天狗吞月亮了。此时,萨满告诫各家要敲打水桶、犁、铁盆等响器吓走天狗以保护太阳神和月亮神。

(二)雷电崇拜

雷鸣闪电往往会击死人,因此,对古人来说这是即惊奇又恐怖的自然现象。遇到剧烈的闪电和雷鸣,达斡尔人就认为是雷神发怒,在追击怪物。如有人被雷击身亡,则不能埋葬在氏族或家族墓地,需火化后埋葬他处。当遇到龙卷风时,达斡尔人则认为是天龙下凡,便烧香磕头,祈求赐予吉祥。

雷神的偶像是,在蓝布上贴9个金箔纸人形,称为"xajin"(哈音),并贴日、月型和两小块直毛皮,另有木质龙形为偶像,用菊花青马或铁青色牛作神。此神专司皮肤病等,用灰头绵羊祭祀。

(三)雨神崇拜

刮风下雨对古代人来说,是不能理解的一种自然现象。达斡尔人认为雨神发怒,雨水就会泛滥成灾。因此,要祭拜雨神。

---

① "daliə"系达斡尔语"海"之意,"katoː"系达斡尔语"未婚的姑娘"之意,"daliə katoː"应指海女神。
② "notor"系达斡尔语"天涯海角"、"边偶"之意,似可理解为"指一直到天涯海角的所有的地方",即广阔的大地。"nojan"系达斡尔语"主人"之意,其"官人"之意可能产生于后来的阶级社会。"notor nojan"应指大地的主人(神)。

图3-1　求雨仪式①

图3-2　莫旗阿尔拉乡达斡尔人在求雨

---

① 图3-1至图3-5由苏伟伟提供。

(四）北斗七星崇拜

在达斡尔族的自然崇拜中，对星辰的崇拜也极为突出。达斡尔人祭拜北斗星，认为它是主管小孩灵魂的神。当小孩体弱多病时，在北斗星升起后，点燃七盏油灯祭拜，这个油灯是用荞麦蒸熟后制作的。小孩闹眼疾时，则在晚间点九盏神灯，向西南方向磕头祭拜。但达斡尔人祭拜星辰时不特意杀牲供献。

多数萨满都在除夕夜晚观察北斗星，以预测年景好坏。

(五）彩虹崇拜

天空中出现彩虹时，达斡尔人认为是幸福的象征，这是上界神灵赐福。达斡尔族萨满的神帽顶部鹿角叉上系有象征彩虹的两尺多长各种颜色的绸绫。当看到彩虹时，达斡尔人忌讳用手指它。居住在新疆地区的达斡尔族至今仍称彩虹为"jadgən tərwul"（萨满之路）。①

二、土地、山石、树木、江河崇拜

(一）土地崇拜

以耕田获取粮食的人们，在庭院角落的小祠堂里供奉的土地神，叫做"gadʒir barkan"。这种神被认为是掌管天气顺调、五谷丰饶、家畜兴旺的。② 故达斡尔人每逢开垦新荒地临开犁前，都在现场临时堆积草皮堆以作土地神位，献酒祭拜。

(二）山石崇拜

达斡尔族民间信仰中敬奉那些奇异或巨大的山岩之石，最典型的要算位于莫力达瓦达斡尔族自治旗腾克乡霍日里屯屯西一座状似烟筒

---

① 参见奥登挂：《达斡尔族古代的萨满教信仰》，见《达斡尔族研究》，第6辑，呼和浩特，内蒙古自治区达斡尔学会编印，1998。
② 参见卜林：《达斡尔族萨满跳神行巫见闻追记》，见《嫩水达斡尔人》，黑龙江省齐齐哈尔市政协文史资料研究委员会，1989。

的山崖，故达斡尔人称其为"xorli ʧolː"（烟筒石），霍日里屯的屯名也由此而来。当地老百姓也尊敬地称其为"xorli jəːjəː"（霍日里爷爷）。他们认为此山石是他们屯的保护神，不管有什么事，常祭此石。

（三）斡包祭拜

达斡尔族的斡包一般在引人注目的地点，用山石堆成的呈尖塔形立于高处的石堆，多在山上，顶端插有树枝，上挂各种颜色的布条。达斡尔人过去每个莫昆或屯落都有自己的斡包，每年祭一次，以求五谷丰收、人畜平安，有时遇到大旱天气也祭斡包。祭斡包是对自然界综合性的祭奠仪式，包括对天地、日月、山川、风雨、气候等的祭祀。祭祀时，将牛、羊肉煮熟后供于斡包前，由主持人致祷告词，参加的人排成一行，按顺时针方向绕行斡包三周，众人给斡包添加山石，然后共餐所祭之肉。斡包祭结束后一般还举行赛马、摔跤等达斡尔族传统的体育活动。斡包特别受达斡尔人的崇敬，人们在平时如果遇到斡包，都要给它添加石头，以示崇敬。

达斡尔族的斡包有官方斡包、家族斡包等类型。清代以来，在达斡尔族各地区均立有官方主祭的斡包。

图3-3　布特哈八旗总管衙门斡包

1. 布特哈八旗总管衙门斡包

该斡包建于清康熙二十八年（1689年），位于莫旗境内，在辽金边壕"乌尔科"北部起端东北的山冈上。这是清代设置布特哈总管后设的官方斡包，距今已有300多年。其高约2米，周长近10米。其外围四周5米处各埋有一块巨石，此山冈民间俗称斡包山。

2. 尼尔基斡包

该斡包该斡包也是清代官祭斡包，一直保留了200年，位于今莫旗尼尔基镇东山头，原为布特哈正黄旗旗斡包。2001年因修尼尔基水库，尼尔基斡包迁址斡包山，与原布特哈八旗总管衙门斡包合址一处。

3. 宜斯坎斡包

该斡包位于今莫旗腾克镇宜斯坎屯东北山冈，似为清代布特哈镶黄旗旗斡包，曾由旗长塔日雅图领祭宜斯坎斡包。

4. 塔温斡包

该斡包位于今莫旗境内霍日里河上游，因由一座大型斡包和其周围四座小型斡包组成，称为"塔温"（意为"五"）斡包，今莫旗塔温斡包镇之名由此而来。

5. 海拉尔安本斡包

该斡包位于今呼伦贝尔市海拉尔区北山，今称北山斡包，是清代呼伦贝尔副都统衙门设立的官方斡包。

6. 登特克·华仁斡包

该斡包位于今巴彦托海镇南约2.5公里的公路西侧。"登特克·华仁"系达斡尔语，意为"敖拉氏登特克莫昆墓地"。这个墓地是清雍正十年（1732年）派驻呼伦贝尔地方的索伦部左翼正镶白旗敖拉氏先祖范察布后裔的墓群。墓地正北有一座低矮的圆形土冈，其上立有石碑，碑上刻有满文"天地山川诸神之位"。每年农历七月十五，全登特克莫昆的男女老少都来祭拜斡包一次，并供奉祭祀各自的长辈、亲属等。

另一个石碑上用蒙古文刻有"驻防呼伦贝尔地方达斡尔族敖拉氏范察布公之墓"，是1934年从海拉尔西松树林中迁葬遗骨时所立。土冈东南部有大型花岗岩石墓。石墓周围有雕刻精巧的花岗岩做成的栏板、基石、望柱、叠砌的围墙（现已破损）等。这里还有达斡尔族著名爱国诗人敖拉·昌兴之墓。登特克·华仁是索伦部兵丁驻防呼伦贝尔的历史见证，现在已被列为鄂温克自治旗的文物保护单位。

以往，达斡尔族各村屯均设有斡包，其他森林、山冈地带也有很多斡包，其数目和年代都无从查考。

家族斡包主要以哈拉、莫昆为主。如在鄂温克族自治旗巴音托海镇居住的郭博罗氏家族有一家族斡包，他们世代祭祀，已有一百年。据说斡包内埋的是一位汉族仆人。其来历是这样的，在郭氏家族有过一位将军，因其有功，清帝赏赐给他一个仆人。此人身材魁伟、心地善良，勤勤恳恳为这个家族服务了一辈子，大家都很爱戴他。等到他年老去世后，全家族的人为了感激他，给他立了一个斡包，期望他的灵魂永远保佑他们郭氏家族。该斡包至今还在，郭博罗氏家族的后人现在还每年杀羊，以五色布装饰祭奠这位仆人。

（四）"白那查"祭拜

达斡尔人进山从事打猎、放排时，都要恭敬"白那查"（山神）。在他们心目中，"白那查"是隐居深山绝壁、银须丈长、助人为乐的山神。山里的野兽和森林，全是他所饲养和管理的财产。猎获品的多寡丰歉，伐木中的安全与否，是由"白那查"的意志来决定的。遇到奇异的山洞或古树，便认为是"白那查"栖息的地方，一般都要磕头祭拜。每当人们野外营地就餐饮酒时，必须首先敬献"白那查"，并口述祷词，祈求其多赐给猎物，保佑平安，然后才可进食。鄂温克、鄂伦春等民族中也有"白那查"信仰。

在民间，"白那查"的形象演变成一位老人的形象，一般是在树林里将一棵树刮去一小块皮，在上面画一长须的老者形象。

第三章 历史上的萨满教观念及其崇拜对象 ‖ 85

图3-4 白那查形象

图3-5 猎人正在刻白那查

（五）河神祭拜

达斡尔语称祭河神为"doːd gɑrbəi"，意即到"河边求雨"，主要由妇女参与。参与者带着活鸡到聚会的河边宰杀，把鸡皮整个剥下来，挂在立起来的木架上，达斡尔语称"guɑːlɑːrs"。由主祭者祷告祈求河神降雨解除旱情，然后大家共餐所祭之肉。祭祀完毕，众人到河边用所带的盆舀水互相泼洒，以示降雨。放排木者和打鱼者，为了平安或祈赐丰收，也要拜祭河神。

（六）火神祭拜

火是人们生活中不可缺少的，是人类吃熟食、取暖、照明之源，因此，在自然崇拜中对火的崇拜占有很重要的地位。火具有一种力量，无论什么东西一旦被火吞没，就将化为灰烬，因此信奉萨满教的各民族视火为具有特殊力量之神，非常尊重火神。蒙古、达斡尔、鄂温克、鄂伦春等族都视火为家庭的保护神。火种不断，意味着子孙繁衍、人丁兴旺。若火种熄灭则是家庭绝嗣的恶兆。因此，这些民族过去都有保存火种的习惯。同时，他们又都把火看成是圣洁之物，认为它能除掉一切污秽之物并具有消祸免灾的神奇功能。所以萨满教中有许多用火燎烤物件，采用火攻法术、跨火入室的仪式。萨满每次跳神时要点燃香料植物燎烤神衣和神鼓祛污。达斡尔族萨满领神时在火池中跳神招领祖神、驱赶鬼神邪恶时，也采取诸多火攻法术，祭品也要敬火。

在达斡尔族民间，每当打猎、进食、饮酒时，必须先向篝火扔进一点食物，洒一点酒，以此表示敬火神，尔后方可饮酒进食。此外，民间还有不准用锐器捅火，不往火中抛洒脏物、泼水，不能用脚踩灭火，不得跨越篝火等禁忌，以示对火神的崇敬。①

三、动物崇拜

在民间信仰中，越是人们赖以生存的事物就越易受到崇敬。从远古时起，人类和自然界的动物之间关系就十分密切。特别是我国北方民族，由于长期从事狩猎、采集，在生产过程中经常接触兽类、禽类、虫类等动物，并对其中最有影响的动物加以崇拜，形成了动物崇拜习俗。

（一）熊崇拜

达斡尔语称公熊为"ətirkən"，即"老爷子"之意，称母熊为"atirkan"，即"老太太"之意。现在居住在新疆的达斡尔族语言中，称爷爷和奶奶分别为"ətirkən"和"atirkan"。由此推测，这也有可能就是清代达斡尔语"爷爷"、"奶奶"的俗称。

在达斡尔人的心目中，熊是奇异的动物。传说它的肩胛骨有孔眼，能偷听人们的谈话，能够预卜未来，所以，远出行猎的猎民发现熊洞

---

① 参见满都尔图：《达斡尔、鄂温克、蒙古（陈巴尔虎）、鄂伦春族萨满教调查》，8~9页，北京，中国社会科学院民族研究所民族学研究室编印，1992。

回到营地后,不能公开讲明发现熊洞的事,只能暗示给同猎的首领,由他带领同猎者前去堵洞射杀洞中的熊。

在斡米南仪式上,有一个吃血的程序,届时萨满会戴上熊神面具跳来跳去,请诸神降临吃血时,萨满戴上这个面具吃血就等于是诸神吃血了。可见阿巴嘎勒岱(熊神)在达斡尔族诸神中具有非常重要的地位。

图3-6 斯琴挂戴着阿巴嘎勒岱(熊神面具)
(斯琴挂提供)

斯琴挂萨满在接受采访时曾介绍,熊神面具在达斡尔族的萨满中,并不普遍使用。生活在内蒙古莫力达瓦达斡尔族自治旗、新疆塔城、黑龙江省齐齐哈尔地区等地的萨满几乎都没有使用过。在海拉尔地区的达斡尔族中，黄格萨满和拉萨满两人曾用过熊神面具，其中的拉萨满就是斯琴挂的太爷爷。目前在海拉尔地区只有斯琴挂在举行萨满教仪式时仍用熊神面具。

斯琴挂萨满认为，阿巴嘎勒岱是萨满的神灵，它在萨满的神灵中是最有力量的，是召集左右神的统治者。熊神面具用青铜制作，五官齐全，形象狰狞，面孔似人，有眉毛、眼睛、鼻子、嘴唇、头发、胡须等。过去一般都用黑熊的鬃毛制作它的眉毛、胡须、头发。由于现在找不到黑熊的鬃毛，就用其他动物的鬃毛来代替。

平时，熊神面具挂在家中被看作是重要位置的西墙上，供早晚供奉。熊神面具嘴夹一块肥硕的羊尾巴，据说其无论多久都不会变味。

海拉尔地区的达斡尔族萨满每年都祭祀阿巴嘎勒岱一次。一般是在天气变暖、草木变绿的季节进行。举行仪式的时候，要用9支蜡烛的佛灯和牛奶煮好的米粥祭祀。

在海拉尔地区的达斡尔族民间，认为阿巴嘎勒岱有两大作用：一是辟邪。认为其魔力无穷。一般只在举行重要的萨满仪式诸如多年没有祭祀的山、斡包、萨满墓以及举行萨满出徒仪式和斡米南仪式时才使用。偶尔在远行时也使用。二是祛病。可以用来治疗皮肤病和乳腺炎。另外，也可治疗牲畜的某些疾病，如母牛的乳房肿胀时，就用它嘴里夹着的羊尾巴涂抹病灶，会立刻见效。

（二）虎崇拜

达斡尔族民间崇拜虎由来已久。在达斡尔族中，虎是神圣的动物，也被奉为山神爷，能给猎民带来猎物。由于敬畏其，便称虎为"nojin gurəs"（兽王），忌讳直接称呼其名字。通常猎人们不以老虎为猎取对象，除非自卫，否则绝不招惹它。

达斡尔族有一则关于山神爷——白那查的神话《图瓦沁脱险》：

> 从前有一组猎人到深山里行猎打貂，运气很好，每天都猎获不少貂皮。有一天晚上狗吠马嘶，来了一只老虎，咬住一匹马的腰部将其叼走了。如此好几夜，几乎将猎马

第三章　历史上的萨满教观念及其崇拜对象 ‖ 89

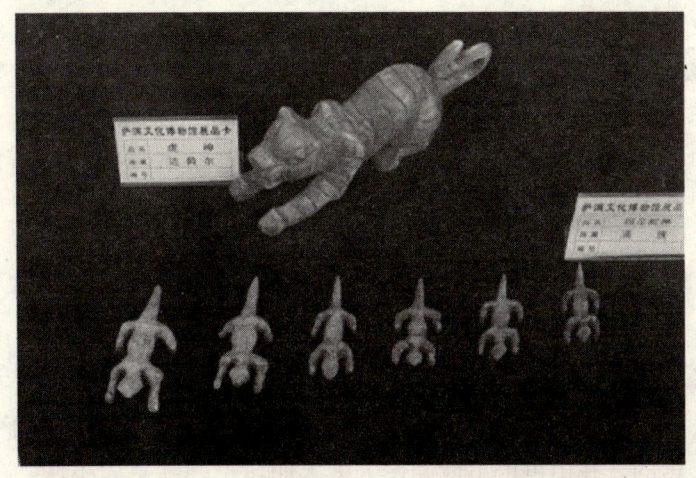

图3-7　虎神（莫旗萨满文化博物馆展品　赛音塔娜摄）

全部叼走，危及到了猎人的生命。猎人们无奈，商议当晚将每个人的帽子放在外面，如果谁的帽子被老虎叼走，谁就留下应付，免致全组遭害。结果老虎把图瓦沁（伙夫）的帽子叼走了。于是，其他猎人备好行囊，顺着老虎走过的脚印回家了（据说如果横过老虎的踪印，老虎发现后认为是有意和其对抗，而会追踪加害于人）。图瓦沁无奈泪别族人，孤身一人爬上了树。

　　老虎来了蹲在树下，低头闭眼，将前爪抬起打量着树上的图瓦沁。图瓦沁一看，老虎的掌上扎了个刺，自忖与其在树上被老虎吃掉或饿死，倒不如下去帮助这个兽王将刺拔掉，或许能死里逃生，于是就下来用猎刀将老虎的刺拔掉了。结果老虎在地上连打了三个滚，居然摇着尾巴扬长而去。图瓦沁不知如何是好，当时天色已晚，他准备第二天再离开这里。太阳快落山的时候，老虎又来了，背上驮着很多毛皮，卸在图瓦沁面前就走了。此后老虎每天都给图瓦沁背来很多兽皮。几天后，图瓦沁准备启程回家，将贵重兽皮都归拢在一起。这时，老虎又来了，并趴在他的身前，图瓦沁领会其意，把皮子驮在老虎背上，但老虎还不起来，等图瓦沁骑上后，老虎才开始走起来，一直走到屯子附近才停下。图瓦沁把驮的东西卸了下来，老虎摇着尾巴走了。

　　猎人们回到家把同伴图瓦沁的遭遇告诉其家属后，家里料其无活路，他老婆正戴孝举行丧仪时，图瓦沁却满载而归。家里人喜出望外，全家人又团圆了①。

　　在达斡尔族民间关于白那查的神话传说很多，这些神话传说反映了达斡尔族对虎神的崇拜心理。在达斡尔族中，进山打猎、江上放排都很注意言行举止。即使在野外用餐，餐后也都要收拾得干干净净、利利索索的。在山里也不能随便大喊大叫，不能随意大小便。在入山途中遇有白那查的神树，全体要叩头祭拜。到了采伐场后首先选择古老的树木，在树干的下段剥去树皮，刻画老翁头像，作为白那查神像加以祭拜。流送木排过程中，遇到急流漩涡时，要祭供水神爷，祈求保佑平安。

　　从白那查崇拜及其各种禁忌中，可明显看出动物崇拜观念已经深深渗透在达斡尔族的生产、生活习俗中，且经久不衰。

（三）狐狸和鼬鼠

　　达斡尔人认为长生的狐狸和鼬鼠能够成精并作祟，它能在居民的仓房中作窝，如不供奉，将加害于人。因此，人们不敢轻易猎取狐狸和鼬鼠，将狐狸称为"budun səuli"（粗尾巴）。尤其鼬鼠，除无嗣的老人可猎取外，一般人都惧怕遇到成精的鼬鼠，恐其招惹灾祸。② 一旦有人被上述动物缠绕害病时，就要请萨满跳神祭祀它们，如果此后继续作祟，萨满就请其权威神灵或猛兽神灵驱赶和制服它们。

---

① 内蒙古自治区编辑组编：《达斡尔族社会历史调查》，273～274页，呼和浩特，内蒙古人民出版社，1986。

② 参见满都尔图：《达斡尔、鄂温克、蒙古（陈巴尔虎）、鄂伦春族萨满教调查》，9页，中国社会科学院民族研究所民族学研究室编印，1992。

(四) 两栖类动物崇拜

在达斡尔族中,对两栖类动物的崇拜占有特别重要的地位。在霍列日·巴日肯的偶像中,有许多两栖类动物,如蛇、蜥蜴、青蛙、龟等。

(五) 鸟类崇拜

1. 鹰崇拜

达斡尔人认为萨满是神鹰的后裔,在萨满神帽顶端有一只鹰,这是他们的最高神灵。莫力达瓦达斡尔族自治旗达斡尔民族园里重要的位置上有鹰图腾柱,一只雄鹰俯冲向前。这个图腾柱很有气魄,象征着达斡尔族的民族精神,更寓含着深层次的萨满教文化内涵。

图3-8 莫旗达斡尔民族园内的鹰图腾柱(苏伟伟提供)

2. 其他鸟类崇拜

达斡尔、鄂温克、鄂伦春等族萨满服的双肩上钉有两只尾巴很长的小鸟。它被视为萨满的使者,执行打探信息、传达神灵旨意及实施萨满意愿等任务。在斡米南仪式的伊若中,在仪式结束之夜,举行吃血仪式时,黑暗中两个萨满跳神,模仿布谷鸟的叫声,意思是让神灵们变成布谷鸟来吃血,同时给主祭萨满的诸神(9个依斯尔、3个曼嘎勒多尔和12个杜瓦兰)的神像涂抹牛血。12个杜瓦兰中就有12个动物,其中就有好几种鸟,如猫头鹰、雕、乌鸦、布谷鸟、粟雀等。

图3-9 木雕布谷鸟(莫旗萨满文化博物馆展品 赛音塔娜摄)

平日里,如果有喜鹊在院落里叫,预示好的征兆。

在与斯琴挂的交谈中,她说起一件令她也惊奇的现象:在第一次举行斡米南仪式时,当巴特尔(她的爱人)立起五根神树后,忽然飞来了一群喜鹊落在树枝上,唧唧喳喳地叫起来。参加仪式的人们看到此情此景,无不惊讶。同时,大家也感到特别高兴,认为神灵高兴了。这种现象也充分反映了达斡尔族对喜鹊的崇拜心理。

(六) 树木崇拜

达斡尔族对树木的崇拜由来已久,从斡米南仪式中可以看得很清楚,如在举行仪式时,达斡尔族一般用桦树作为神树,室内立两根,室外立一根,这三根桦树均带青枝绿叶。另外,所谓的12个杜瓦兰,是盘栖在12种植物上的12种动物。这12种植物是:大柳树、杨树、粗柳树、刺木果树、稠李子树、白干红柳枝树、灌木柳树、枞树、白桦树、枳枳草、榆树、樟松。其中,盘栖在杨树、榆树、樟树上的动物分别是猫头鹰、鼠、雕、乌鸦、粟雀、布谷鸟、蟒,其他几种植物上盘栖的动物不详。达斡尔人认为,这些神树是萨满的生命树,在萨满通往神灵的路途上,一定要保持青枝绿叶,否则,萨满就会出事。

第三节 供祭的诸神

一、自然神

达斡尔族自然神系列包括天、地、山、石、江、河等自然界实体和雷、电、雨、火等自然现象等诸神灵。前面已对大部分自然神做了介绍。本节仅介绍关于祭腾格尔神的情况。

各地区达斡尔人普遍祭"天",根据祭词有"父天"、"母天",还有"公主天"及"官人天"等系列神。

祭天没有供奉的偶像,只在供祭时在院内设临时祭坛。一般祭天时杀两岁牛,或杀猪作为供物。据说早期以白牛为供物。在大门外挂上一双靴子,紧闭大门。没有木板大门者,在大门上挂上渔网或网状的绳子,禁止通过大门出入,须跳墙出入。在正房的西南角,横置木杆,用被子将横木盖住。供奉的牛或猪被杀了剥皮或去毛,在室外煮内脏,在屋内煮骨肉。主祭者念诵祭词,祭祀完众人吃肉,啃完的骨头用簸箕收拾好,扔在院外,把脖颈骨插在木杆尖上,挂在大门旁边。祭天时不跳神,不一定非请萨满主祭,能念祭词的"巴格其"或"巴尔西"都可以诵祭词。

讷莫尔地区①达斡尔族祭天和其他地区略有不同，通常在紧闭的大门上挂上布靴子，一个男人持弓箭立于房顶至祭祀仪式完毕才下来，院内置一座圆形包，用被子盖上横木杆。

这种祭天仪式在达斡尔族民间有以下传说和解释：古时，初次祭天的人，由于自己家没有牲畜祭天，便去偷别人家的小牛。因怕牛蹄印留在地上，容易被畜主找到，就给偷出来的小牛穿上靴子，牵到家里将牛靴子脱掉，挂在大门上，并紧闭大门，以防外人看见。用被子盖横木，据说是为了挡住"吉雅其"的眼睛，不让它看见杀牲畜祭天。在讷莫尔地区，拿弓箭的人站在房顶上，意为放哨，也是为了防备被人发觉。以后，虽然不偷牛祭天了，但这样的祭祀活动却一直流传了下来。

达斡尔族的天神祭祀可分莫昆（氏族）祭和家祭。

（一）莫昆（氏族）祭

莫昆祭主要是为了祈求苍天风调雨顺、保佑人畜平安，一般在夏秋两季之初进行。举行祭祀的地点视地形不同而有所不同，山区一般在斡包前举行，平原地区则大多在河边，这里被认为是有神树的地方。莫昆祭主要由男子参加。举行仪式时，要在神树前供献活牛或活猪，并在神树两边各栽两棵树。巴格其一边祷告，一边用木勺将木碗里的谷物撒向神树，所有参加者在一边跪着听祷告。祷告毕，众人向神树磕头，巴格其将酒洒在要杀的牛或猪身上。杀牲后，将取下的牛或猪的眼珠、唇尖、耳朵、尾尖及四蹄等用草包好挂在树上。将煮熟的肉供于树前，并割下头、舌、五脏的一部分盛在盘子上。巴格其一边祷告，一边把肉撒向神树。在第二次祷告后，再行磕头，巴格其把盘中剩下的肉分给每个人吃一口。大家同吃用肉汤做的稷子米粥。最后，巴格其将供神的肉分给本莫昆各家。

---

① 讷莫尔地区是达斡尔族原聚居地之一，因嫩江支流讷莫尔河得名，属今黑龙江省讷河县、德都县辖境。

（二）家祭

达斡尔族一般遇到病灾时要以家庭为单位祭天，祈求天神保佑病人康复。届时，禁闭大门，在正房的西南角置一木杆，上盖棉被，将献祭的牛或猪杀死后，内脏煮于院内，骨肉煮于室内，由巴格其主祭后，大家吃肉。啃净的骨头扔于院外，胫脊骨插在木杆尖上，挂在大门之旁。

关于祭祀的牺牲，过去有些讲究，据内蒙古社会科学院达斡尔族资深学者奥登挂先生说，她小的时候，常听奶奶唱一首问答体儿歌[①]，该儿歌说道：

nək joː?
一是啥？
nəktəti udʒiən xuːjəː aldanjəː?
见过面的人还能忘吗？
xoir joː?
二是啥？
xoir gariə xuainda dʒiagaːs gari ul amaran jəː?
两个胳膊往后背，不舒服吗？
guarb joː?
三是啥？
guarbilaːn ʃidərəːr ʃidərləːgəːr mori jaodʒi ʃadan jəː?
三个马绊套住马，它还能跑吗？
durb joː?
四是啥？
durbun xukurəːr tariə tariəs xoːnəi idwuə olbəi?
四头牛种地还不能得到一年的粮吗？
taːwu joː?

---

① 此儿歌曲奥登挂先生提供。

五是啥？
talti: ʃowo: orkiəsa: xo:nəi ʃilə: olbəi?
用膘肥的鹰打猎还缺一年的野味吗？
ʤirgo: jo: ?
六是啥？
ʤirgo: mori ono:so: bəi ul amran jə: ?
骑上走马身体还能不舒服吗？
dolo: jo: ?
七是啥？
doloo xod səuli? larkiəsini təŋgər ul gəin jə: ?
北斗七星甩尾巴后，天还不会亮吗？
naim jo: ?
八是啥？
narin gəku: ʧuaŋ ga:s larʧlawa: ul dəlgər jə: ?
布谷鸟叫时，树的枝叶还会不发芽吗？
is jo: ?
九是啥？
isən ʧiga:n xukurə:r təŋgər wə:gə:s guru:n taiban ul a:njə: jə: ?
用9头白牛祭天，国家还不会太平吗？

由此儿歌可推测，达斡尔人过去曾用九头白牛祭天。

此外，近年来，也有某些达斡尔族地区有组织地进行过祭天仪式，如内蒙古呼伦贝尔市民族古籍工作办公室在莫力达瓦达斡尔族自治旗达斡尔学会的协助下，邀请达斡尔族拉勒浅白萨满曾举行过一次祭天仪式，旨在保护达斡尔族非物质文化遗产。

二、始祖神

达斡尔族供奉的始祖神称"xoʤo:r barkan"，包括萨满始祖神和各哈拉、莫昆的祖神。随着时代的变迁，达斡尔族的始祖神可分为固有神和外来神。

（一）固有神

1. xoliər barkan（霍列力·巴日肯）

关于 xoliər barkan 的名称，我们曾采访过斯琴挂萨满，她认为该神不应叫"xoliər barkan"，而应称"ludʒur"，这种称谓我们还是第一次听说。另外，当问到达斡尔族和鄂温克族及鄂伦春族的始祖神的关系时，她认为这三个民族始祖神的情况差不多，只是名称不一样而已。

关于这三个民族始祖神的关系，清代文献的记载提供了部分信息，其中的神灵记录为"maloː barkan"（马罗·巴日肯）。康熙三十一年（1692年），将军萨布素分项所奏者载："一项：送上一等貂皮五百张，二等貂皮一千张。一项：不得途中抽换罕唇和貂皮，要择优选送。一项：索伦、达斡尔之规矩，为病人宰牛供祭，为死人亦宰牛舍弃、挂马皮。更有甚者，有的供祭所谓罗刹之神祇——格日克①马罗，屠宰无数之牛，达斡尔、索伦之贫穷，皆由此而生也。严加禁止所谓格日克马罗之祭祀，通令驻于齐齐哈尔之达斡尔、索伦一千兵，锡伯一千兵，如有违禁者，规定副总管以九头牲畜、佐领以五头牲畜、骁骑校以三头牲畜罚之。军人违者，责打八十鞭。上谕将军萨布素将一切事物诚心办理，尽以利兵之务，所奏之事，皆属得理。为嘉许云。"②

"xoliər barkan"是达斡尔人普遍供奉的神，但不同地区称呼上也略有不同：海拉尔地区称为"daː barkan"（达·巴日肯），爱辉地区称为"maloː barkan"（马罗·巴日肯）。此外，在布特哈地区，除了供"mərdiŋ əwəː"（孟尔丁·额乌）（即"孟尔丁·祖母"之意）外，多数达斡尔人家都供奉此神。关于布特哈地区霍列力·巴日肯的由来有两个传说。③

---

① "格日克"不详何意，在另一个手抄本里将其译写为"吉雅其"。
② 孟志东编著：《中国达斡尔族古籍汇要》，9 页，呼伦贝尔，内蒙古文化出版社，2007。
③ 内蒙古自治区编辑组编：《达斡尔族社会历史调查》，244～245 页，呼和浩特，内蒙古人民出版社，1986。

第一个传说：古代曾有一个特格·鄂伦春人（使用四不像的鄂伦春人）被雷击死，死前他曾用龟和蛤蟆等挡身，死后他和这些动物便都变成了神。最初被鄂伦春人所供奉，后来逐渐传到了居住于黑龙江北岸的达斡尔族中。

第二个传说：很早以前，在西藏的一座大山中，有一块很大的岩石。有一天，那块大岩石被雷击裂，从石头里走出来一只羚羊，这只羚羊一直走到了沈阳，由于其骚扰了四周的居民，当时的满洲朝廷把它捉住装在牛皮做的皮囊里，投入江中。这个怪物在江中漂流，遇到了水蛟。皮囊被水蛟的角划破，羚羊从皮囊里面钻出来，再一次上岸骚扰居民。满洲朝廷把它捉住再一次装在皮囊里，驮在马背上运走了。这匹马最后走到黑龙江上游时，被特格·鄂伦春人的一个部落捉住。特格鄂伦春人认为皮囊里肯定有好东西，便把皮囊打开，于是，羚羊跑进了附近的森林里。每当打雷下雨的时候，那只羚羊就到特格·鄂伦春部落躲避。有一次，该部落很多人被雷击死，但羚羊却幸免于难。最后跑到了布特哈地区诺敏河水流入嫩江的地方——额依勒尔、比台屯附近。当时有一个鄂温克农民正在耕地，那只羚羊跑到那个农民旁边时，突然雷声大作，把羚羊击碎成99块。从此，它的灵魂和因它而被雷击死的那些人和动物的魂灵合力作祟，初被鄂伦春人供奉，后在清宫内也被立为神。

霍列力·巴日肯是其总称，包括17种神，①它们是由若干个生物和物件组成，它们的名称和数目如下：

① maŋgiə（满盖）——9个

② ildəŋəir（九个头的伊利登格日）——1个

③ dəlgərdii（得勒格尔第）——9个

④ takagir（塔卡该尔）——2个

⑤ bukuogir（布库该尔）——2个

---

① maŋgiə（满盖）指九头蟒蛇；takagair（塔卡该尔）、bukugair（布库该尔）、kalani kaqani（喀拉尼·喀恰尼）、koltordi kaltardi（阔勒托尔迪·喀勒塔尔迪）等，均指被雷击身亡者残缺不全的躯体；alxanʃu kabil（阿拉坦书·卡毕勒）即金色的龟；meɲunʃu kabil（蒙滚书卡毕勒），即银色的蛙。

⑥kalani—kaqani（喀拉尼·喀恰尼）——1个
⑦kolutordi—kaltardi（阔勒托尔迪·喀勒塔尔迪）——2个
⑧kuli（库力）——数目不清
⑨altanʃu kabil（阿拉坦书·卡毕勒）——1个
⑩məŋunʃu kabil（蒙滚书·卡毕勒）——2个
⑪səimər kəntəl（谢米尔·肯特勒）——2个
⑫biərdʒi bitʃigu—bitʃiətʃin（毕尔吉·毕奇古·毕切沁）
⑬narin gəku tʃuaŋgalaːn（那林·格库·串嘎朗）——20个
⑭isəl—xoliə（依斯勒·霍列）——9个
⑮miautʃaŋ（鸟枪）——1个
⑯təːriː mudur təge；dʒuru mudur dʒugtəglən（特利穆都尔特格；珠如·穆都尔·珠格特勒格）
⑰isən kəukər marʃilaːn isən ugir lurgiələn（九童男童女跳民间舞）
以上17种神偶，前15种是木刻的，后两种在布上绘制（见下图）。

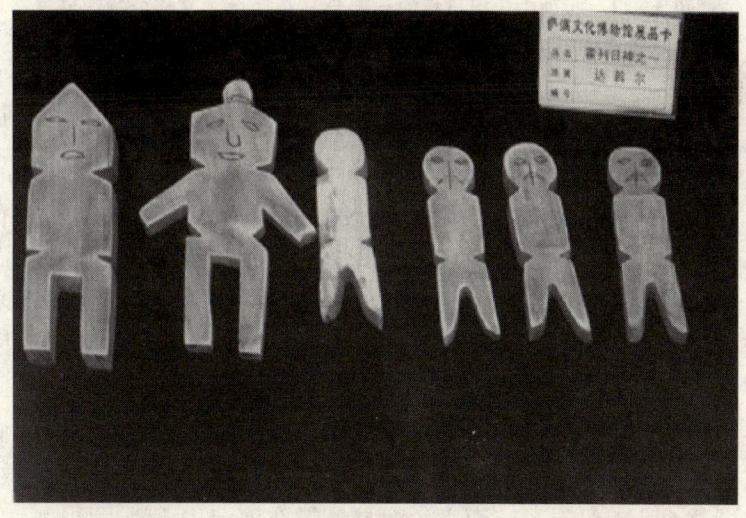

图3-10 霍列力·巴日肯的一部分（莫旗萨满文化博物馆展品 赛音塔娜摄）

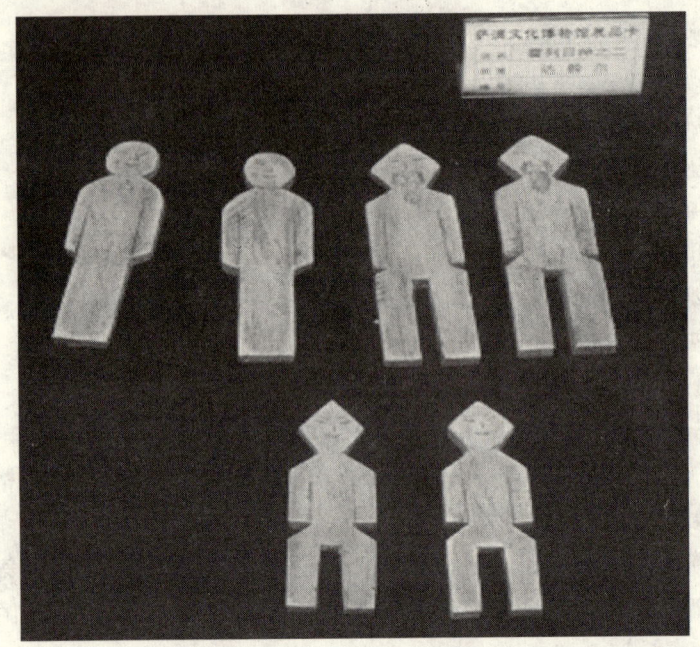

图 3-11　霍列力·巴日肯的一部分（莫旗萨满文化博物馆展品　赛音塔娜摄）

海拉尔地区达斡尔人祭的"daː barkan"（达·巴日肯）和布特哈地区的"xoliər barkan"（霍列力·巴日肯）是同一神的不同叫法。①

据说，达斡尔人由布特哈地区迁移到海拉尔地区时，未曾有过"daː barkan"（达·巴日肯）。在一百多年前的一个夏天，南屯的满那和登特科两个莫昆的青年们，在伊敏河里洗澡的时候，从上游漂来一个桦树皮小箱。由于好奇，大家把小箱捞上岸，互相争夺起来。因当时登特科莫昆的人数较多，将小箱夺过去了。打开看后，发现里面装着各种各样动物的模型，其中有蟒袍一领，蟒袍上还有血迹。他们认为这是不吉利的东西，就把所有的东西装回箱子里，扔进了伊敏河。可是，这个小箱没有顺流而去，而是停顿在河流中不动。同时，登特

---

① 参见内蒙古自治区编辑组编：《达斡尔族社会历史调查》，243～247 页，呼和浩特，内蒙古人民出版社，1986。

科莫昆的好几个年轻姑娘，开始出现神经错乱等症状。请萨满占卜的结果，说是那河里的桦树皮小箱在作祟。于是，大家又把小箱子捞了出来，并举行祭祀仪式。从此，登特科莫昆人便有了该神。而满那和其他莫昆的人们则不供奉它。"dɑːbarkan"（达·巴日肯）的祭词和布特哈地区的也略有不同，其中掺杂着较多的鄂伦春和鄂温克语，不易懂。据巴格其介绍，祭祀大致念诵神的座位和装饰。

"dɑːbarkan"（达·巴日肯）的祭祀仪式分大、小两种，大祭时供献如下："达·巴日肯"主神，用白顶枣红色公牛一头；"达·巴日肯"的"斡若克西"用栗色牝牛一头；"达·巴日肯"的"麻罗"用黄色牡马一匹。祭祀时由九个男子献酒敬烟，接着九男九女献舞。大祭一定要由萨满主祭。

爱辉地区的"maloːbarkan"（马罗·巴日肯）① 与布特哈地区的 xoliər barkan（霍列力·巴日肯）、海拉尔地区的 dɑːbarkan（达·巴日肯）一样，只是不同地区叫法不一样而已，也由诸神组成：

①totʃin mɑloː（托青麻罗）——4个
②jəsun dʒoləmin（耶孙卓勒命）——9个
③jəsun maŋgiə（耶孙满盖，即长方形卵石）——9个
④gəku（格谷，即布谷鸟）——1个
⑤kabil（卡毕勒，即龟）——1个
⑥tʃikairmula mɑloː（其凯尔木勒 马罗）——1个
⑦kuoləturidi（阔勒图尔迪）——1个
⑧kaltardi（卡勒塔尔迪）——1个
⑨kuli（库力）——1个
⑩takakair（塔卡凯尔）——1个

以上神像除"耶孙满盖"选用长方形卵石外，其他都用老柳木雕成，其样式与布特哈地区的近似。这些神像装在桦树皮篓内，供在住屋或仓房内。祭祀时用狍子或公鸡供献，由巴格其主祭。

---

① 内蒙古自治区编辑组编：《达斡尔族社会历史调查》，243~247页，呼和浩特，内蒙古人民出版社，1986。

有关"马罗·巴日肯"也有一则传说：达斡尔人在黑龙江流域时，与鄂温克人一同外出打猎，鄂温克人经常满载而归，而达斡尔人却一无所获。达斡尔人问其缘故，鄂温克人告诉说，我们有神灵帮助。达斡尔人问你们的神灵是什么样的，鄂温克人拿出一个白布口袋，说我们的神灵就在这白布口袋里，达斡尔人想要，鄂温克人说可以买。达斡尔人出钱把口袋买回来，从此外出打猎，也能猎取很多动物。白布口袋里装有各种各样的木头人、鸟、蛇等物。若家中有人生病，请巫师来祭它，用鄂温克语念祭词，并宰羊，把羊血涂在这些木头人、鸟、蛇的口上，羊肉分给大家吃，据说就可以消灾。①

不同地区的达斡尔族对"xoliər barkan"（霍列力·巴日肯）的称呼大致有五种：

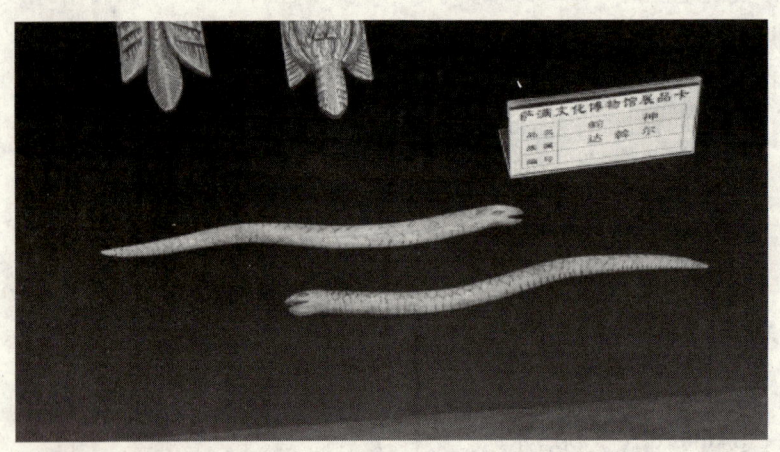

图3-12　霍列力·巴日肯（莫旗萨满文化博物馆展品　赛音塔娜摄）

（1）malo: barkan（马罗·巴日肯）

这是爱辉地区达斡尔人的称谓，"malo:"意指居室内门正对着的位置，按着达斡尔族的习俗，这是最神圣的位置。诸多其他北方民族

---

① 参见内蒙古自治区编辑编：《达斡尔族社会历史调查》，244页，呼和浩特，内蒙古人民出版社，1986。

也都有这种方位观，他们的这种方位观念和后来的观念是不一样的。古代，尤其在寒冷的北方，出于对太阳的崇拜，人们总是将所住帐篷或居室的门开向东方或东南方（启明星出来的方向），也即"东开向日"。这样，当太阳从东方升起时，最先照到的地方就是室内西北方位。所以，这个方位就成了居室最尊贵的地方。后来，有了神就将其供在这个位置上。在古代北方民族方位观念中，房子的门"东开向日"是朝向"南"边的，即我们现在所说的东边。而对着门的位置的西边或西北边，那时，他们认为是"北"，即我们后来认为的西。这种解释当是北方民族"以西为贵"的由来。因为"maloː barkan"（马罗神·巴日肯）是至尊至贵神，故被摆放在这个位置上。所说的"马罗"位置和"以西为贵"的意思是一样的。

（2）xuaimar barkan（怀玛日·巴日肯）

"xuaimar"一词系达斡尔语"西炕、上位"之意，也指居室内正对着门的位置。此称谓和"maloː barkan"（马罗·巴日肯）一样，均指至尊至贵的位置。

（3）daː barkan（达·巴日肯，是首席神、最高神）

这是居住在海拉尔地区的达斡尔族的称谓。"daː"系达斡尔语"首席、原来"之意。

（4）xodʐoːr barkan（霍卓日·巴日肯）

"xodʐoːr"系达斡尔语"根子、祖、始祖、妈妈的娘家"等意。在达斡尔语中，至今仍将母亲的娘家称为孩子的"xodʐoːr"。由此推测该词在古代只指母亲所在的氏族。后来，当母系氏族制被父系氏族制取代后，该词便一改初衷，专指母亲的父亲所在的氏族、部落、家族。不论其意如何变化，"xodʐoːr"一词专指母系亲属这一点是一致的。

（5）xoliər barkan（霍列力·巴日肯）

这是达斡尔族普遍的称呼。"xoliər"系鄂温克语"蛇"之意，由此可知"xoliər barkan"就是"蛇神"。

综上，上述五个称谓可大致归结如下："maloː barkan"（马罗·巴日肯）和"xuaimar barkan"（怀玛日·巴日肯）是从其放置的位置而言的，实指该神是"尊贵的神"；"daː barkan"（达·巴日肯）是从神的来源及职能角度命名的,"xodʒoːr barkan"(霍卓日·巴日肯)是指其氏族归属。而"xoliər barkan"(霍列力·巴日肯)则是从形象上认知的。

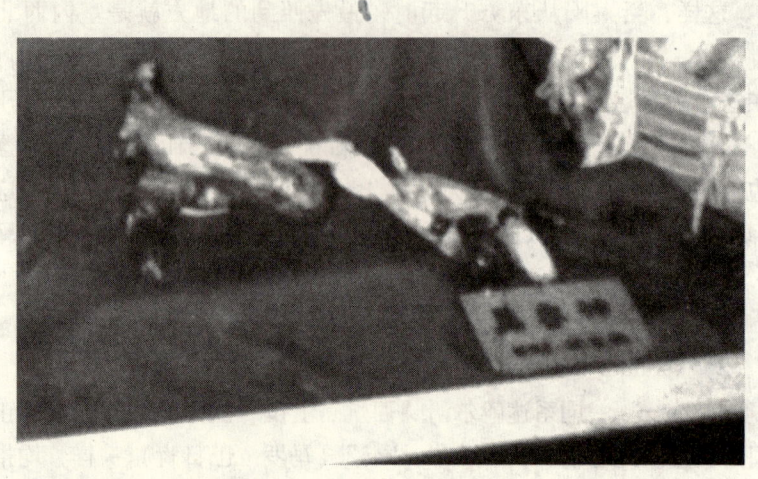

图3-13 鄂温克民族乡博物馆的马罗神偶像(赛音塔娜摄)

2. bogol barkan(博果勒·巴日肯)①

根据调查资料,达斡尔族古老的神"bogol barkan"(博果勒·巴日肯)由24位神组成,并以"kəidəŋ"(克依登)、"maloː barkan"(马罗·巴日肯)为副神。主神有彩绘偶像,副神有木雕、金箔剪贴的人形龙偶像。齐齐哈尔达斡尔人称为"瓦兰·巴日肯(多神位的神)",相传达斡尔人原来只有这个神。"bogol barkan"(博果勒·巴日肯)的24位主神又称为24个特格(神位),包括官人、铁匠、赖沁喇嘛、萨满斡米南仪式、钓鱼人、猎人、担商、三口棺材、狐狸精、宝恩(妖怪)、碾子、婴儿、托若树、斡列(乌鸦的一种)、布谷鸟、鹿(牡牝各一)、蜥蜴、敖雷·巴日肯、一个人形的娘娘神、九个人形的娘娘神、蚯蚓、两只狗、蛇等。

---

① 满都尔图主编:《达斡尔族百科词典》,234页,呼伦贝尔,内蒙古文化出版社,2007。注:神位实际数量应为25个。

从 19 世纪末，达斡尔人已停止供祭该神。①

3. dʒiaːtʃi barkan（吉雅其·巴日肯）②

传说很早以前，在蒙古地方有一个喇嘛庙，庙内有一个伙夫，遇见一个达斡尔人。那个达斡尔人对伙夫夸耀达斡尔人的生活如何富裕，牲畜怎么多。那伙夫信了，常常向往着达斡尔地方。最后，他由庙里逃出来，在到达斡尔地区的半路上，被雷击而死。后来，达斡尔人把他的灵魂立为神，叫作"dʒiaːtʃi barkan"（吉雅其·巴日肯）。这个神对人不作祟，专管家畜及财富。达斡尔人不分莫昆和哈拉，几乎家家都供奉吉雅其·巴日肯。它的偶像是用白布剪成一男一女的人形，贴在蓝色或黄色的布上，供在房外。供"吉雅其·巴日肯"的专骑不许女人乘骑。

祭吉雅其·巴日肯，要以羊为牺牲，将房屋扫除干净，用黄油或香油做"dʒual"（达斡尔族早期的照明物）点燃。

海拉尔地区的"dʒiaːtʃi dailalə"（吉雅其·带拉勒）和布特哈地区的"dʒiaːtʃi barkan"（吉雅其·巴日肯）是同一个神，也叫做"dʒuan"。其偶像是在蓝布上贴两个金箔纸制作的一男一女的人形，装在木匣子里，挂在南房檐下，是专司人畜两旺的神。据说它是萨满的鼻祖，用白色牡马做它的"oŋgur"。海拉尔地区的祭词多用蒙古语。

4. omie barkan（奥蔑·巴日肯）③

"omie barkan"（奥蔑·巴日肯）是达斡尔人供奉的子孙神。"omie"原意为"子宫"，后来演化为赐给子嗣和保护小孩的神，多为求子者供祭。奥蔑·巴日肯的画像很壮观，此神住在带有九层台阶和

---

① 关于"bogol barkan"（博果勒·巴日肯），我们有几点疑问：其一，作为达斡尔族古老的神，其神位中为何出现"敖雷·巴日肯"、"一个人形的娘娘神"、"九个人形的娘娘神"等达斡尔族迁居嫩江后才出现的外来神？其二，"maloː barkan"（马罗·巴日肯）本身就是一个很独立且重要的神，在此为何包括在另一个神中？其三，19 世纪末以后，达斡尔人已停止供祭该神，既然是"达斡尔族古老的神"怎么能就轻易停止祭祀呢？这些问题有待深入探讨。

② 吉雅其·巴日肯：吉雅为达斡尔语，汉译为"命运"。"吉雅其·巴日肯"系司命运的神。

③ 本章各神相关资料均引自满都尔图主编：《达斡尔族百科词典》，235~237 页，呼伦贝尔，内蒙古文化出版社，2007。

金银桩子的九顶蒙古包的正中毡房内。有三层院墙，院内有九印大锅，大门外有公母凤凰各一只。象征龙钟年迈的父母神的衣服下摆很长，在九口泉内生育着小孩，由泉内取出胎卵，宽阔的前胸后背簇拥着众多小孩。另有金银箔制的"嘎什哈（狍子后腿踝骨，达斡尔族儿童玩具之一）"供孩子们玩。奥蔑·巴日肯的乳房很长，喂奶时乳头由袖筒或两肩往后耷拉着，小孩们前后簇拥着吃奶。她用手掌在孩子的屁股上一拍，孩子就会降生到人间，所以，刚生下的小孩屁股上都有一块青斑。该神用白色牡马献祭。

图3-14　奥蔑·巴日肯（鄂·苏日台摄）

5. xajin barkan（哈音·巴日肯）

"xajin barkan"（哈音·巴日肯）是达斡尔人供奉的神。哈拉或莫昆的巴格其、巴尔西或扎列死后，其灵魂变成妖精作祟时，用羊皮或狍皮作成人形偶像，加以供祭，称作"xajin"，供祭时不烧香，而烧艾蒿，杀猪献供。

图 3–15　哈音神（鄂·苏日台摄）

6. uʃi: barkan（巫西·巴日肯）

过去，曾有一个达斡尔族寡妇和人通奸，生了私生子。为了名誉，她把婴儿杀死。被害婴儿的冤魂作祟给孕妇及幼儿，使其招灾。它没有"oŋgur"（神灵）。在院内小庙里供祭。祭品为猪、鸡和酒、果品等。神像左侧的小人像为主神，两个大人是他的亲生父母，右侧两个人像是给寡妇接生的产婆及产婆的丈夫。

7. oŋxuər barkan（翁胡尔·巴日肯）

又名——guarban xajin。传说，从前在诺敏河旁有一个杜尔塔勒屯，住有居民七十多户。有一天，突然来了一个穿绿衣服的姑娘，很有法术，可是屯众都不认识她，就认为她是妖精，请喇嘛念经镇压她，可是念经的喇嘛死了，他的灵魂和那个姑娘合成一对作祟。当时，鄂伦春族萨满雅勒巴·旺沁来到该屯，屯众又请他跳神，想降服这两个妖怪。雅勒巴·旺沁跳神后，也死了。从此，三个妖怪对屯人作祟，死了很多人，全屯仅剩七户人家。于是他们便祭拜他们为神，后来雅勒巴·旺沁的灵魂成了"oŋgur"，也有了领这"oŋgur"的萨满。

8. 哈拉、莫昆的 xoʤoːr barkan（霍卓日·巴日肯）

"xoʤoːr barkan"（霍卓日·巴日肯）是达斡尔族以哈拉和莫昆为单位供奉的祖神，并非都是本族的祖先，而是被雷击、被虐待或战死疆场等非正常死亡的冤魂，大部分是女性，个别为男性。

（1）mərdən ətəgu（莫日登祖母）

据传，很早以前，一位莫日登哈拉尼尔基莫昆人，曾在关内当兵多年，回家乡的时候，由北京带来一个汉族婢女。到布特哈以后，她因受虐待，神经错乱，疯疯癫癫，在莫日登哈拉各莫昆里胡闹。于是，该哈拉七个莫昆开会，把她扔进嫩江淹死了。当时，把她带到布特哈的那个人，正在北京城，经她的冤魂作祟，得病死亡。此后莫日登哈拉七个莫昆的人，把她的灵魂供奉为神，叫做莫日登祖母。她的偶像是用布剪成的人形，贴在布上供奉。贴的人形脱落了，也不补充，等到自己家里生小孩时，再增添一个人形。她的灵魂没有变成"oŋgur"，只是有时通过萨满显灵。传说她的神灵在北京时，曾经和"xoliər barkan"约定，不在同一个家内同时供奉。这两个神的祭品为小猪、狍子肉、荞麦粥等。

（2）xoliər barkan（霍列力·巴日肯）

莫尔登哈拉舍倭尔托尔苏莫昆的"xoliər barkan"（霍列力·巴日肯），传说，过去舍倭尔托尔苏莫昆成员的婢女出嫁以后神经错乱，婆家的人为了给她驱邪，将她的小拇指砍断。她在跑往娘家的途中路过嫩江江叉时，淹死在沙滩旁的深水中。淹死后，她的灵魂变成神。婆家把砍断的指头装在她的梳妆匣内，七天后打开那个梳妆匣，由匣内飞出一只金色小鸟。小鸟飞到她淹死的地方，看见她的尸体被鱼啃吃着。她的灵魂也随之在舍倭尔托尔苏莫昆内作祟，于是，该莫昆便将其立为莫昆的霍列力·巴日肯。同时，她的灵魂变成了"oŋgur"。

(3) nainiː taitiː barkan（奶尼太提·巴日肯）

郭博罗哈拉·莫昆的"nainiː taitiː barkan"（奶尼太提·巴日肯）的起源传说是这样的：嫁给现在的黑龙江省甘南县郭博罗哈拉莫热莫昆的一个女子，在回婆家的路上被雷击死，其母闻讯赶到现场，亦被雷击死。从此以后，该莫昆的人经常闹病，后立其为莫热莫昆的祖神祭祀之。

(4) wəntʃin wuʃi niaŋniaŋ（温沁巫西·娘娘）

温沁巫西·娘娘由诸神组成，包括"osui wuʃi niaŋniaŋ"（斡苏亦巫西·娘娘，这是九个投河而死的女人），"atʃaŋ niaŋniaŋ"（阿昌·娘娘），"barʃi"（巴尔西），红色瘸腿耕牛一头，拴在神树上绵羊一只，九条蛇，另有狐狸精、石洞和森林等。祭献灰色马为"oŋgur"马。偶像是用金箔纸制成的人形和双龙。祭品为山羊。

(5) dʐauli barkan（笊篱·巴日肯）

这是达斡尔族供奉的奶牛神，以保佑奶牛及牛犊的安全。偶像为一尺见方的木板上绘制的画。画面上有奶牛和牛奶，一位妇女正在挤奶。男女二神坐于桌后，桌子上置有餐具。神像挂于中屋门对面，每年所产下的牛犊之蹄膜剥下后用线串起来，然后挂在该神脚下。祭品为初乳粥。

图3-16 "dʐauli barkan"（笊篱·巴日肯）（莫旗萨满文化博物馆展品　赛音塔娜摄）

(二) 外来神

1. niaŋniaŋ barkan（娘娘·巴日肯）

娘娘·巴日肯又名"xig əwəː atʃaː"（喜格额沃阿查）、"utʃikən əwəː atʃaː"（乌其肯额沃阿查）等，意为"伯父伯母"、"叔父叔母"。传说该神出自《封神演义》一书中名叫云霄、琼霄、碧霄的三姐妹，她们与姜子牙交战而阵亡，后被封为神。偶像是一副彩画和神龛，摆于室内西窗之上，以猪、鸡和果酒祭之。它的"oŋgur"代表的是"斡托西"。

据相关资料，娘娘·巴日肯共有六位神，它们各有名称，主司儿童事宜。神像自左至右，按大小辈排列是："omie"（管生育）、"əwətʃa"（瘟疹）"suidə"（眼光）、"kəku"（子孙）、"udʒ iwu"（送生）、"tədʒəːwu"（养育）等。

图 3-17 娘娘·巴日肯（莫旗萨满文化博物馆展品 赛音塔娜摄）

第三章　历史上的萨满教观念及其崇拜对象 ‖ 111

图 3-18　（当代）娘娘·巴日肯（莫旗萨满文化博物馆展品　赛音塔娜摄）

2. auləi barkan（敖雷·巴日肯）

（1）布特哈地区的"auləi barkan"（敖雷·巴日肯）

敖雷·巴日肯是清朝末年在达斡尔族民间被发现的，据说是由狐狸和鼬鼠（黄鼠狼）变成精的。因它修道年限短，不能进出官衙。达斡尔族每个氏族的人们都供奉它，它没有温果尔（神灵）。它作祟使人罹灾时，多数神经错乱。一般人家用木板做一个小庙，供在家园的一角，没有小庙者则供在仓房内。祭品为猪、羊、鸡肉等及酒、果品等。

（2）齐齐哈尔地区的"auləi barkan"（敖雷·巴日肯）

齐齐哈尔地区的敖雷·巴日肯包括清朝时期的齐齐哈尔城供奉的"三太爷"（据说"三太爷"在沈阳、"二太爷"在吉林），"哈里提·陆朱如"（成精的獾子），"依其肯则热基·陆朱如"（成精的黄鼠狼）和"喜格巴日肯"（成精的狐狸）。其中，"哈里提·陆朱如"（成精的獾子）又分"斡伊·巴日肯"和"铎·巴日肯"。这些都供在园内的小寺里，以猪、羊、鸡、酒祭祀。

（3）爱辉地区的"auləi barkan"（敖雷·巴日肯）

爱辉地区的敖雷·巴日肯被当地汉族人叫"大仙家"，是成精的狐狸。达斡尔人用木板做成小庙，供在菜园里，在住宅的西北或者正北方。由于供在菜园里，也叫"克尔哲（即菜园）·巴日肯"。偶像是白布上描绘穿黄色长马褂的一个男子，穿蓝色旗袍的一个女子，两侧有立着的童男童女各一。农历每月初一、十五日上香磕头，闹病时杀鸡或猪供奉。乌其肯·巴日肯被当地汉族人叫"小仙家"，是成精的鼬鼠（黄鼠狼）。偶像是在白布上描绘穿蓝色旗袍的男女各一名，童男童女各一名，放在小神龛里，在东仓房内祭祀，平时初一、十五上香磕头，过年供酒及馒头，有病时用鸡献供。

（4）敖雷·巴日肯的传说①

据传，过去有个达斡尔族的接生婆，一天正在家睡觉，忽然从门外来了一辆车，车中有一小孩步行而入，接生婆从梦中惊醒，问其来意。小孩说："家父命我前来请老婆婆为我嫂嫂接生，劳驾前去。"老婆婆同意，随车而去。到了一个好像是衙门的地方，进门见一熟人成"十"字形被钉在墙上，老婆婆大为吃惊，不知其故。随入中堂，见一白发老人下阶迎接，说儿媳妇难产，有危险，请老婆婆救她。老婆婆进入房间，开始接生，发现妇女有一条尾巴，老婆婆知道遇见了狐仙，帮助妇女安全生下小孩。白发老人向她道谢，问她需要什么。老婆婆要求放了钉在墙上的人，白发老人同意了，又给她一颗珠子，叫她妥善保存，若家中死人或生育时，必须拿出来，不要让晦气侵入，老婆婆高兴地回来，出了大门口回头一看，不见了院落，更加确定遇到了狐仙，从此就信仰狐仙了。

3. sumu barkan（苏木·巴日肯）②

此神供在院内小庙里，据说是由千年的黑、万年的白的狐狸变成的神，与一般的敖里·巴日肯不同的是，它有自己的神灵，偶像上划有十二个帖戎（白色，像小鼠的动物）和一只腿的托云（黑花色的小

---

① 内蒙古达斡尔族社会历史调查组编：《新疆达斡尔族情况》，26～27页，北京：中国社会科学院民族研究所民族学研究室，1980年油印本。

② 《巴彦托海索木达斡尔族情况——达斡尔族调查材料之二》，全国人民代表大会民族委员会办公室，1957年油印本。

野兽）。领这个神的萨满，能使唤这些小动物。大祭用牛或小马驹。比供祭敖里·巴日肯的仪式隆重。

4. tuwa: barkan（图孔·巴日肯）

灶神，又名"gali: barkan"（火神）。灶神的画像通常是从集市上买来的，贴在灶房锅台上方。每年农历十二月二十三日进行大扫除，换新的灶神画像。先把旧画像拿下来，在灶王爷嘴上粘麻糖，封住其嘴，以免他到天王面前说主人的坏话。等到晚上，将旧画像放到灶坑焚烧，意思是将其送上天。传说在焚烧灶王画像时，如果站在烟筒旁边还能听到灶王车马的响声。待贴上新的灶王画像之后，还需吃饺子。

5. koton barkan（阔屯·巴日肯）①

"koton"系达斡尔语"城市"之意。这里指城市来的神，也就是军营神。相传此神为狐狸精，常在军营内显灵，后通过在内地当兵的达斡尔族将士传到达斡尔族地区。立小龛祭祀，以猪或羊供之。

三、其他宗教的影响

（一）藏传佛教

达斡尔族于清初由黑龙江北岸移至嫩江流域，编入清八旗军后，朝廷因达斡尔族从来都信奉萨满教，故未对他们采取藏传佛教之信奉政策。萨满教在一般达斡尔族民间极为盛行，一旦有疫病及灾难发生时，就宴请萨满，为之祈祷、治病驱灾。因此，达斡尔族乡僻民间信仰萨满之精神安慰者，比于良医信之甚。至于藏传佛教，清廷虽未明令达斡尔族信奉，但以与其他蒙古民族风俗习惯大致相同，故于清初藏传佛教盛行后，藏传佛教亦渐次转入达斡尔族民间。如请喇嘛念太平经及医疗疾病，或为小儿种痘等事时所恒有，因其医术文化长于萨满教。长此以往，齐齐哈尔、海拉尔、伊犁等地区的达斡尔人都不同

---

① 满都尔图主编：《达斡尔族百科词典》，238 页，呼伦贝尔，内蒙古文化出版社，2007。

程度地受到了其影响。如何布台先生著《达古尔蒙古嫩流志》中载：
"齐齐哈尔附近五家之吴氏门小儿，至七岁被接至为活佛之转生等事实，以及达斡尔族人往泰来等有喇嘛庙之地，愿为出家充当喇嘛者，亦不乏其人，足证喇嘛教之渐次流布于达斡尔族社会之过去事实也。"① 据卜林先生《达斡尔族萨满跳神行巫见闻》② 一文中介绍，在1934年举行"斡米南"仪式时，就已看到穿着红色萨满服以及八瓣帽子的萨满。满都尔图先生在采访何兴山萨满时也曾看到过。

在海拉尔地区，③ 达斡尔族除信仰萨满教，供奉上述诸神外，还不同程度地受到了藏传佛教影响。由于和蒙古族的巴尔虎、厄鲁特人长期一起生活在一个地区，藏传佛教对当地达斡尔人也有一定的影响。过去，索伦左右两翼（等于两个旗）都有喇嘛庙，但是清廷为了保持兵丁来源，一直禁止达斡尔、鄂温克族子弟充当喇嘛。因此，这些庙由新巴尔虎左右两翼聘请一定数量的喇嘛来维持佛事。每年秋季，有度牒的喇嘛们来到这里，念经祭佛约一个星期，事毕，返回原籍。在庚子年事变之际，索伦右翼的喇嘛庙被毁，再没有重修，剩下的索伦左翼的喇嘛庙，就是现在南屯的广慧寺，重建于嘉庆七年（1802年）。每当举行庙会，喇嘛们念经的时候，当地达斡尔族男男女女也前往上香拜佛，有时也请喇嘛念经和祭火神，丧葬时也请喇嘛念，但多数人并不信奉藏传佛教。他们把所供的神龛总称为"沙日巴日肯"（黄教的神），并认为这些神佛都是保佑人们的，而不像"哈热巴日肯"（黑教的神，萨满教的神）作祟惹灾。总的来说，达斡尔人对藏传佛的信仰不如蒙古族信徒那样虔诚。

达斡尔人迁居新疆后，与一部分蒙古人来往较多，逐渐信仰藏传佛教，而藏传佛教是佛教的一个支派，所以，达斡尔人称为"佛教"。

---

① 何布台：《达古尔蒙古嫩流志》，见孟志东编著：《中国达斡尔族古籍汇编》，呼伦贝尔，内蒙古文化出版社，2007。

② 卜林：《达翰尔撒满跳神行巫见闻》，见《嫩水达斡尔人》，402页，黑龙江省齐齐哈尔市政协文史资料研究委员会，1989。

③ 参见内蒙古自治区编辑组编：《达斡尔族社会历史调查》，257页，呼和浩特，内蒙古人民出版社，1985。

民主改革前,达斡尔人如有疾病,除请萨满跳神看病外,有时也请喇嘛来看病。特别是家境富裕的人家,人死后还要请喇嘛来念经。①

(二) 道教的影响

清后期,由于受汉族的影响,一般达斡尔族人家也供奉关帝。清代达斡尔族成年男子均有服兵役的义务,认为关羽是武神,能够保佑和帮助他们打胜战。过去爱辉地区达斡尔族每个屯落都有木板结构的小型关帝庙,每年农历五月初五,由屯众杀猪共同祭祀关帝。②

---

① 参见凯英:《新疆达斡尔族情况》,36页,中国社会科学院民族研究所民族学研究室编印本,1980。
② 清代布特哈总管衙门所在地等均有关帝庙,民间称为老爷庙。

第四章

萨满教与达斡尔族民俗

第一节 自然崇拜的遗存

宗教的发端之根已永远失落在遥远的历史尘埃之中。今天，宗教是确立价值和是非准则的重要力量源泉之一，故宗教在现代仍然影响着社会行为，在社会主义国家和资本主义国家中都不例外。达斡尔族信仰萨满教由来已久，同样也不例外。

达斡尔族的萨满教信仰包括自然崇拜、神灵崇拜及祖先崇拜，这些观念在达斡尔人中的影响是根深蒂固的，有些观念及习俗仍遗存至今。正如吕光天先生所说："人类历史这一早期的意识形态是后来文明历史发展的基础，不仅可以了解现代各民族文化发展的由来，而且对于现代的宗教、文学、艺术以及医学、哲学等的起源都具有很重要的价值。""因为萨满教的世界观渗透于原始社会的各个方面：渗透于人们赖以生存的生产活动中，渗透于当时的社会组织中，渗透于当时的习惯传统和道德中，渗透于流传的口头文学和艺术创作中；不研究萨满教，就无法完整理解原始社会。"[①] 当我们认真研究当代达斡尔族的思想观念时，就可以看到这些萨满教观念遗存的痕迹。

---

① 参见吕光天：《北方民族原始社会意识形态》，259页，银川，宁夏人民出版社，1979。

一、祭斡包

祭斡包是对自然界综合性的祭奠仪式，包括对天地、日月、山川、风雨、气候等的祭祀和崇拜。达斡尔族祭斡包仪式非常隆重，为祈求神灵保佑人畜平安、风调雨顺、五谷丰收、牲畜兴旺、避免灾害、人间幸福等，要由德高望重的老人或萨满专门主持仪式，宰杀牲畜敬献斡包。

当代达斡尔族的斡包祭祀，反映了萨满教观念的遗存及其演变。

现在，达斡尔族地区多在每年的五六月举行斡包会，一般多由当地达斡尔学会主持操办。届时，达斡尔、蒙古、鄂温克、鄂伦春等各族群众都前来参加。如莫力达瓦达斡尔族自治旗达斡尔学会曾主持过多届祭祀斡包的活动，旗领导也非常重视，并已将传统的"斡包祭"定为"斡包节"，定期按一定的程序进行：首先由各位有关领导、学会的负责人讲话。之后进行各种活动，包括参与者绕斡包走三圈，给斡包添石块、敬酒，举行野餐，唱歌，跳鲁日格勒（民间舞），还进行赛马、摔跤等民族传统体育活动以及各种文化娱乐活动。斡包节已经演变为各民族最欢快的节日。

（一）莫力达瓦达斡尔族自治旗斡包节简介

莫力达瓦达斡尔族自治旗境内原有布特哈八旗总管衙门和尼尔基哈达的斡包。布特哈八旗总管衙门斡包建于清康熙二十八年（1689年），距今已有三百多年的历史。尼尔基哈达的斡包在尼尔基东边的老山头上。2001年8月，考虑到由于尼尔基水利枢纽工程的开工，原来尼尔基哈达的斡包地址将被淹没，故进行了搬迁仪式，搬到了原布特哈八旗总管衙门斡包处（登特科南石场村南山）。按传统习惯每年五月举行斡包祭祀活动。现在，虽然按传统风俗定期举办斡包节，但是达斡尔人的思想观念已经发生了很大变化。过去，只是祈求苍天给予风调雨顺、五谷丰登等，现在，达斡尔族人业已跨入市场经济的时代，斡包节已经成为发展民族经济、宣传民族文化的绝佳机会。同时，也是教育年轻一代继承和发扬达斡尔族优秀文化遗产、展示莫力达瓦的美丽河山以及招揽八方来客投资的平台。

图 4-1　西博荣的斡包（孟慧英摄）

图 4-2　在斡包前念祭文（苏伟伟提供）

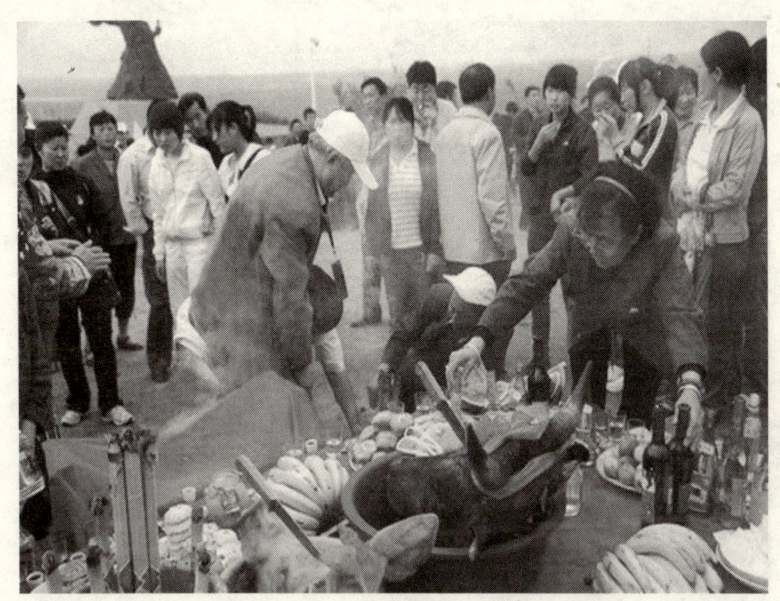

图4-3 居住在新疆的达斡尔族回家乡祭斡包（苏伟伟提供）

图4-4 新疆达斡尔族同胞绕斡包许愿（苏伟伟提供）

图4-5　各族群众在绕斡包许愿（苏伟伟提供）

图4-6　萨满在斡包前跳舞（苏伟伟提供）

斡包祭文[①]

天神、斡包神请听！

今天，莫力达瓦达斡尔族自治旗尼尔基地区达斡尔、鄂温克、汉等各族人民一千多人、外宾二百多人，来斡包山祭祀来啦！按祭祀的老规矩：宰杀了1头牛、3只羊、40只鸡、300斤重的猪，还有各种酒类、糕点、水果，供在了您的面前。祈天神、斡包神多下好雨，避邪风和各种灾害，让草木茂盛，牲畜膘满肥胖，庄稼颗粒丰满，恩赐个丰收年吧！

天神、斡包神！供品摆在您面前，恭请您享用吧！

在祭祀即将结束时刻，我们再一次敬三盅酒。

念诵人：那顺达来为首的十位老人（十个人中有一位鄂温克族老人）。

请您收下吧！

我们亲历了2009年6月28日的斡包节。

初夏的莫力达瓦山清水秀人欢笑，达斡尔族传统的祭祀活动斡包节在莫力达瓦达斡尔族自治旗中国达斡尔民族园内举行。达斡尔族的斡包节有着悠久的历史，如今已经成为达斡尔族盛大的节日，2009年的斡包节在保留传统的曲棍球表演、摔跤、赛马、扳棍等民间体育项目的同时，还增加了不少民俗活动，如围鹿棋、萨克、哈尼卡比赛及泼水求雨仪式等。这是有史以来规模最大、项目最多、民俗表演最丰富的一次，吸引了近万名观众前来观看。这次的活动与往年不同的是，恰逢全国曲棍球冠军杯赛和全国曲棍球锦标赛在莫旗召开，节日逢盛事，显得格外隆重与喜庆。从早晨6时许，四面八方的群众都穿着节日的盛装云集到中国达斡尔民族园，民族园内彩旗飘飘，气球飞舞，

[①] 收录于莫力达瓦旅游网2005年5月21日达斡尔斡包节，地点在莫力达瓦达斡尔族自治旗斡包山。

歌声高亢，人潮涌动。达斡尔族传统文体表演和竞技活动异彩纷呈。

先是在斡包山祭斡包，许多人都纷纷拿起石头放在斡包山上，希望山神能保佑风调雨顺、国泰民安。随后，大型文体表演拉开了帷幕，有《祈福》、《乌春》等节目，特别是传统的老年曲棍球表演吸引了许多旗内外游客，他们中年龄最大的80多岁，最小的60多岁，身着鲜艳的民族服装，在打曲棍球的技巧表演上还是那样灵活、沉稳。玩萨克（嘎拉哈）、制作小时玩具哈尼卡、围鹿棋等民间体育项目也吸引了众多民众观看，亦是斡包节活动的组成部分。各乡派代表队参赛，并比出等级发奖，几乎成了全旗的民间运动会。这次斡包节活动吸引了北京、黑龙江省等地上千名游客，凤凰卫视等国内近10家媒体争相采访。各级领导及来宾还参观了萨满文化博物馆、曲棍球场地等。晚上，在文体活动中心举行了大型文艺演出，在伊兰广场举办了篝火晚会，人们尽情地载歌载舞，抒发热爱祖国、热爱家乡深深的民族情怀。

（二）新建斡包的过程图解

斯琴挂、沃菊芬两个当代达斡尔族萨满在莫力达瓦达斡尔族自治旗新建了一座斡包。

图4-7 建斡包前，三位萨满在唱伊若请神①

---

① 图4-7至图4-17，建斡包的整个过程的图片由苏伟伟提供。

图 4-8　沃菊芬萨满在选斡包地址

图 4-9　沃菊芬与孟利州为斡包奠基

图4-10 粗具规模的斡包

图4-11 点香祭斡包

图 4-12　三位萨满在斡包前唱伊若

图 4-13　立斡包的中心杆

图4-14 准备的牺牲

图4-15 宰牺牲

第四章 萨满教与达斡尔族民俗 127

图4-16 煮牺牲

图4-17 斡包前祭品：将牛的整个骨架按原样摆在架子上

二、山石崇拜的遗留

在达斡尔族民间仍有山石崇拜观念的遗留。最典型的是前述的莫力达瓦达斡尔族自治旗腾克乡霍日里屯的"xorli ʧolɒː"（烟筒石）。由于此观念而使当地老百姓将其视为村屯的保护神而尊称其为"xorli jəːjə"（爷爷）。2004年因修筑尼尔基水库工程的需要，全村百姓离开原来的屯址迁往霍日里新村时，曾在烟筒石前举行了隆重的告别仪式。

图4-18　2004年腾克乡群众举行祭祀仪式，告别"霍日里"爷爷（苏伟伟提供）

图4-19 在霍日里新屯新建的"烟筒石"(赛音塔娜提供)

第二节 神灵观念的遗存

在我们做达斡尔族萨满文化遗存调查时,斯琴挂萨满提供了部分音像资料,其中一个是关于2004年举行的斡米南仪式,另一个是带布利亚特徒弟的仪式。由于所提供的音像资料的效果不甚理想,尤其是斯琴挂萨满的唱词听不太清楚,未能很好整理。本节主要根据相关内容的访谈及所了解的情况,简单介绍之。

据斯琴挂萨满和她的徒弟沃菊芬萨满都介绍说,她们的主要活动是举行斡米南仪式、祭祀斡包、给病人治病等。一般大的活动每三年举行一次,目前她们主持举行了多次斡米南仪式,第一次是在2000年,第二次是2004年9月,第三次是2007年9月,国际萨满教研究会主席霍帕尔先生也参加了。沃菊芬萨满按道理应在2008年主持第二次斡米南仪式,但由于种种原因未能如时进行,后延至2009年的6月才举行,在这些仪式中都有神灵附体的现象,充分反映了神灵崇拜的遗存。

2004年在内蒙古呼伦贝尔市鄂温克自治旗巴彦托海镇，举办了一次较为隆重的斡米南仪式，有达斡尔、鄂温克、蒙古族萨满教信众自发地来参加。这个仪式主祭萨满是斯琴挂，陪祭的有她的几个徒弟。整个仪式共有七次神灵附体。

第一次：在斡米南仪式的第一天清晨。神灵早早就下来旨意让萨满代言如何安排整个仪式，包括祭祀的内容、时间、祭祀用具、供品等，吩咐一切都要按神的意志准备，若事先准备的不符合要求，需重新安排。仪式的整个过程包括从开始部署到具体操作细节，甚至到最后的总结，事无巨细，皆有神灵来安排，并通过萨满神灵附体后传言于信众。

第二次：在斡米南仪式的第一天下午。斡米南仪式的目的是为族人和参会的人们祈祷。前来参加仪式的信众们将各色哈达绑在托若树（神树）上，并献酒、点心、水果、牛、羊等。下午时分，萨满击鼓向祖神说明每位信徒所献礼品及个人情况，并祈求神灵保佑他们。当神灵附体后，萨满代神传言，为提出要求的每一位信徒预测近期的吉凶祸福，并指明如何避灾躲祸。参加者叩头致谢，感谢神灵的保佑。

第三次：附体的神灵是郭博罗哈拉满那莫昆的嘎格查。萨满唱着伊若讲述了该神的来历。然后，分别对前来祈福的郭博罗家族的每一位子孙告诫近期应注意的事情。

第四次：这次附体的神灵是斯琴挂萨满的神灵，她戴上面具，为参会者禳灾驱邪。

第五次：在晚上举行驱邪仪式。祭典一只黑山羊，之后将其送到西方，意思是说将邪的东西送走了。

第六次：附体的主要内容是为参加者祈福和占卜。

第七次：在仪式的第三天上午，为祭神灵杀一头牛，将牛头和四肢按牛体的形状摆放在准备好的案子上。神灵附体后，萨满唱伊若，还有九男九女围着萨满在供案前跳舞。

从上可以看到，当代达斡尔族萨满在祭祀时，也都有神灵附体现象，有许多人也很相信其存在。

斯琴挂萨满祭祀仪式与达斡尔族早期传统的萨满教斡米南仪式已有所不同。一是参与者身份的不同，过去的斡米南仪式的参与者主要是本哈拉、莫昆的人以及看过病的人,现在已打破了氏族、民族的界限,不同民族的萨满共同参与祭祀仪式,除达斡尔族外,参加斡米南仪式的还有满、蒙古、鄂温克等族信众,另有慕名来访的国内外专家学者。二是当代萨满的服饰与传统的萨满服饰也有些不同。我们也亲临了沃菊芬萨满主持的斡米南仪式,这个仪式后,她从戴三叉神帽的萨满升级为戴六叉神帽的萨满。

通过斯琴挂萨满和沃菊芬萨满举行的各种仪式,尤其是斡米南仪式的情况,可以看到她们都出现了神灵附体的现象,从中我们也可以看到达斡尔人中神灵观念遗存的情况。

第三节　祖先崇拜的遗存

达斡尔族祖先崇拜的遗存主要表现在葬仪、续写家谱、尊老敬老习俗等方面。

漫漫人生路,每个人都要通过几个关键的过渡阶段——诞生、成人、婚恋、死亡。为郑重起见,在人生的不同阶段都有相应的仪式和礼节,以便从一个阶段向下一个阶段过渡。这些礼仪在民俗学理论中称为"通过礼仪"或"过渡礼仪"。这些礼仪都有不同的内容、含义。诞生礼仪表示婴儿脱离母体来到人间;成年礼仪标志一个人已发育成熟,被接纳为社会的正式成员;结婚仪式,表示社会承认一对男女的婚姻关系,他们将承担起家庭和社会的义务;丧葬仪式则标志一个人走完了自己生命的里程,告别社会,告别亲人。在这些人生旅途中,充满各种复杂的民俗事象。由于各种原因,各民族中的风俗习惯、信仰不同,具体的做法也不同。萨满教对达斡尔族的深刻影响体现在达斡尔族生活习俗的方方面面。①

---

① 内蒙古自治区编辑组编:《达斡尔族社会历史调查》,234~238页,呼和浩特,内蒙古人民出版社,1986。

一、萨满教与丧葬礼仪

达斡尔人的祖先崇拜观念的遗存，突出地表现在丧葬礼仪中。

（一）墓地和葬制

达斡尔人以往普遍实行土葬，每个莫昆都有公共墓地，叫做"mokon kuaaran"。如果迁居别处，就随之建立新的莫昆墓地，原来的墓地称"da kuaaran"或者"da munɲa:n"，即原墓地。后来，随着人口的增多及各哈拉和莫昆逐渐杂居，莫昆内便有了家族墓地。选择墓地时，需请风水先生看地形，选山水优美、地势开阔的地方。墓位的安排有一定的讲究，山坡高处埋先辈，往下世代相接，平辈兄左弟右，夫妻相并，夫左妻右。

```
         墓位的安排次序
            ×    ×
            祖父  祖母
        ×   ×    ×    ×
        父   母    叔    婶
        ×   ×    ×    ×
        兄  兄妻  弟   弟妻
```

葬制主要是土葬，但在个别情况下也进行火葬或风葬等，如孕妇死了，怕妇女以后生孩子时坐起来，就用火葬。萨满死后要风葬（由萨满死前自己选择地方），过几年后，所剩遗骨埋入土中。还有，将死于天花的小孩放在木架上风葬。孕妇、死于天花者和未出嫁的女孩，都不能埋在莫昆公墓。

另外，在葬制方面还有以下几点习俗：埋葬单身汉时，在其坟旁挖一深坑，里面埋一块木头；另选墓地移灵时，在原坟坑旁挖一深坑，里面埋一只公鸡并撒些小米（因原先埋葬时，烧香叩头供过那里的土地神，祷告在那里埋葬，移墓后不能留空地，故埋一只公鸡）；人在外边死亡后，在棺材上放一只公鸡，直接拉到墓地埋葬；把因出天花、麻疹死的小孩装在筐内，挂在山脚下的树木或特意搭的木架上，过一百天后再埋。留不住小孩的人家，则把死去的孩子装在口袋里，同时还装糖、饼干等东西，扔在岔道边或河边，予以风葬。

（二）葬仪

按达斡尔族的葬俗，人死后首先要举行停灵仪式，达斡尔语称ʤuldbəi。老人刚断气，家人一边给其更换衣服、洗脸、剃头，一边派人将死讯通知本莫昆各家和娘亲、姻亲。然后将死者的尸体头南脚北地停放在屋地上垫的木板上，并用白绸哈达盖在死者脸上。死者头前放一案桌，上供鸡、饭菜、果物等。在尸体的左侧放一个装满烟的烟袋，儿子和儿媳时而给换装新烟。女儿蹲坐其头前，儿子、侄子和儿媳跪于其侧日夜守灵，直到出殡。出殡前，每天举行数次哭灵和烧纸仪式，直到入殓。同时在庭园大门上挂一块红布，以示哀丧。莫昆亲属及死者生前好友前来吊丧、哭灵。

出殡前还要举行祭灵仪式，达斡尔语称"kisaːlbəi"。祭灵时由领祭致祭灵词，然后奠酒、烧纸、叩头。参加守灵的长子、长媳及其他子女和晚辈亲友都磕头哭灵，一昼夜举行数次哭灵仪式，每次都烧纸上供。在出殡前，要日夜守灵，特别是长子。

祭灵要祭牺牲牛马。杀马时，把马拴在灵前，长子跪于马前，在马蹄上洒酒，尔后宰杀。在出殡前晚开吊，由一位年事较长的族人诵读祭文，其内容包括死者的姓名、年龄、籍贯、得病和亡故的日期及送葬用金银箔、牺牲和亲友奠祭物的数目等，其他人在棺前或灵位前跪着倾听。另在其生前坐卧之处铺褥子、放枕头、摆桌上供，作为灵位。当晚，以牛、马肉招待亲友，称作"吃告灵饭"。接着，全体亲友守灵。

在整个葬仪过程中，祭灵仪式是较为重要的一环，对辈高年长的死者祭灵尤为隆重。届时，与死者同辈和晚辈的同莫昆成员、娘亲和姻亲，都要携带献祭金银箔纸和捐祭的现金前来参加。娘亲献祭的物品尤其讲究，一般都带一头活猪，现场宰杀献祭。

（三）入殓和出殡

1. 入殓

停尸后第三天入殓。尸体要从东向西循太阳转向连转三圈而后出门，抬出房门时，长子跪在地上，把一个饭碗摔坏后，将尸体装入棺材里。棺材一般选用木质坚硬的木料，做成房梁式尖顶的棺材，内粘贴金箔纸剪成的日、月等图案。死者身下铺红褥子，并随葬小锅、小木锹、烟袋、火镰、船桨等。

2. 出殡

出殡安葬要选择吉日。起灵后，长子走在灵车之前，将马的缰绳背在肩上，其他人跟在车后，长者骑马或坐车，哭嗨而去。灵车出屯途中所经过的各家都要在灵车前面洒酒，烧金银箔纸，意为送葬。在去墓地途中，遇有河水，则进行祭灵，以示灵魂安全渡过。到墓地，把棺材放入事先挖好的墓穴内，先由长子挖第一锹土，尔后大家在墓穴上堆成一小土堆。

安葬回来后，死者的家族将献祭的牛肉、马肉和猪肉的大部分做手扒肉，少部分做菜，并准备大量的酒，招待宾客。死者的长子、长媳向宾客敬酒，散席时，还要给娘亲长者叩头，以示谢意。当宾客离去时，主人要送客至大门外，还要送带骨熟肉。

在整个葬礼过程中，娘亲的地位最为显要，可以当场挑剔葬仪的毛病，办葬礼者对娘亲（尤其是长者）的招待最为勤谨。

（四）服孝

从葬事开始起，死者直系晚辈开始服孝，达斡尔语称为"ʃiənigi əmsbəi"，吊时起服孝，因死者辈分及亲疏远近之不同，孝服样类及服孝期限也不等，大致可分为三种：

一是全身孝服，死者之妻、亲子和亲侄子穿全身白布孝衣，其中长子外套白马褂，服孝期为三个月，脱下孝衣后，穿素服三年。女子头上戴白布条孝帽，穿白鞋。

二是死者的第三代叔伯侄子和弟弟服孝两个月,把白布叠成三层(约3寸宽)长条系于腰间,布头由背后跨左肩(女子右肩)下垂至脚踵。

三是五代内的莫昆近亲服孝一个月,孝服只是一个白带,系于腰间下搭前面,与衣服下摆对齐。

(五)周年祭

在一周年、二周年、三周年忌日和春节时,都要举行祭奠仪式。一般服孝的都是成年人,十几岁以下的儿童不戴孝。

(六)设灵位

灵位设在死者生前躺卧之处,模仿老人的样子,靠炕边铺半截褥子。但只铺到炕的中间,并在褥子一头放枕头。还要摆放桌子以及酒、肉、烟袋等。在死者去世的一、二、三周年及春节,都要设灵位来祭祀。

达斡尔族的葬仪中充满了萨满教的观念。达斡尔族民间认为,人的死亡,只是去了另一个世界,并没有消失。因此,便产生了以上的各种礼仪。关于这种观念的来源可看一则萨满教神话:

> 最初,在地球上住着两个人,哥哥霍带和妹妹米亚门迪,谁也不知道他们是从哪儿来的。有一次,妹妹米亚门迪咬伤了手指,血流了出来。可是,血滴刚一落地,从地里立刻出现了三个人:一个男人和两个女人。女人开始生儿育女,目前在地球居住的所有人都是由此而来的。但是,太阳最早不是一个,而是三个,地球上极其明亮而炎热。妹妹米亚门迪就对哥哥霍带说:"你怎么不拿弓箭把多余的太阳射掉?难道你没看见人们在受罪吗?"霍带听了妹妹米亚门迪的话,抓起了弓箭就上了高山。他将弓拉开,朝一轮太阳射了一箭,于是这轮太阳便熄灭了。霍带又朝另一轮太阳射了一箭,另一轮太阳也熄灭了。从此以后,人们的生活变得轻松了,并且生出了更多的孩子。最后,人繁衍得越来越多,住的地方

开始拥挤起来。这时,妹妹米亚门迪便说:"你为什么不去打开另一个世界的大门呢?"老霍带于是开始去找通往另一个世界的大门去了。他走了很久,最终找到并打开了这个大门。人们开始死亡,在地球上堆积了好多尸体,但无人进行埋葬,因为当时还没有萨满。

夜里老霍带做了个梦,梦见一个很吓人的"谢沃"来到他跟前并对他说:"我想让你当个萨满,以使你能为人举行葬仪并把他们送往阴间。你到树林里去,找一棵长着托里(圆盘)、铃铛和角的萨满树。从这些东西中选出一些你想要的东西,你就会变成一个萨满。"早晨,老霍带来到树林里,很快便找到了上面所说的萨满树。他挑出许多托里(圆盘)、铃铛和角,放入口袋并带回家中。但到了夜里,所有这些物品都响了起来并说起话来:"你怎么一个人把我们抢来了?你一个人用太多了。"而当老霍带解开布带之后,萨满用品便呼啸着从口袋里飞出来,并通过钦口(果尔特人窝棚墙上的小圆孔)朝四面八方的不同氏族——尤喀敏喀、乌第堪、毕尔达、乌扎拉和另一些氏族的堪称萨满的人那里去了。

这样一来,一下子就出现了很多萨满。于是,老霍带便和他们一起开始为死者送葬,并将他们的灵魂引渡往阴间。但是由于老霍带没有确定人应当活多大年纪,因此人们也不知道,谁能活多大年纪。一些人活的年岁大一些,另一些人则在年轻时就死了。①

从这则萨满教神话中可以看出,萨满教产生于兄妹婚时期,即排除辈分间性关系,但是仍属于群婚制的母权制时代。这则萨满教神话给我们研究萨满教提供了宝贵的资料,尤其对研究达斡尔族的丧葬礼仪,具有极其重要的参考价值。

---

① 吉林省民族研究所编:《萨满教文化研究》,第2辑,72~73页,天津,天津古籍出版社,1990。

二、续写家谱

达斡尔人缮修族谱,始于清朝康熙年间。在达斡尔族中的名门望族学会满文之后,在清廷高官贵族的影响下,开始编修族谱。达斡尔语称"giɑːb nəːbəi"、"giɑːb",由汉语"家谱"一词音转而来。缮修族谱梳理世袭,还与各哈拉中世袭佐领的传袭有关。达斡尔人在达斡尔族各哈拉中开始普遍辑修哈拉族谱,以此教育本族子孙后代铭记祖先,永不忘本,凝聚哈拉内部的亲族之情。

达斡尔族的哈拉修谱会,每隔 10~20 年才召集一次,莫昆也有修谱的职能,不过隔五六年就开一次会。哈拉的续谱会以其所属的莫昆族谱为基础举行哈拉总谱的会议,与莫昆进行的会议议程和祭祀形式基本一样。

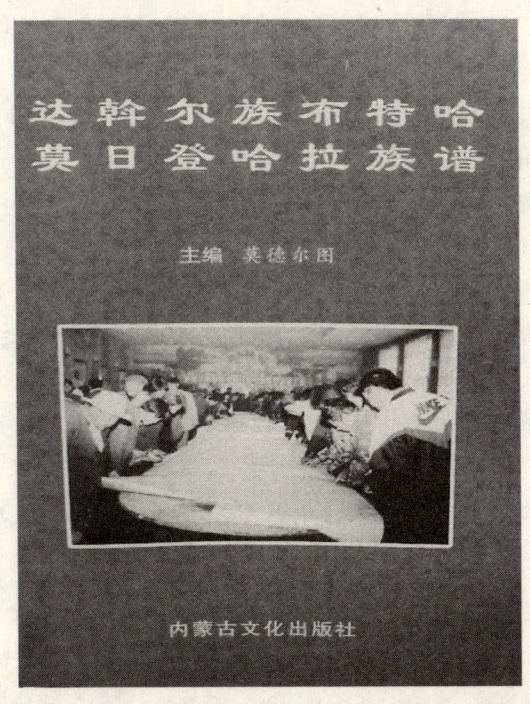

图 4-20　布特哈莫日登哈拉族谱

当开哈拉的修谱会时，各莫昆都要派出德高望重的长者和莫昆达来参加哈拉族谱缮修会。所有参会者均携带本莫昆近期缮修过的莫昆族谱以及捐交的款项等。开族谱会是一次缅怀本族之始祖和各代先人的大事，因此，是一件异常庄严隆重的族内大事，会议筹备和各环节进程安排都很精心，所有参与者也都非常严肃认真。首先要杀猪宰牛，设香坛，供奉祖先和祖谱神位，与会者叩头拜祖。之后才能将哈拉族谱打开，开始填写各莫昆自上次族谱会后，所生、亡男性族人之名。新出生者用红色笔墨填写在其父名下，亡者之名在原用的红笔的上面用黑墨盖上。续完族谱后，摆设筵席方告结束，盛宴后举行各种文体活动。在达斡尔族中至今仍保持着续辑家谱的传统。

以莫日登哈拉为例，据了解，莫日登哈拉于民国十九年（1930年）举办过修谱会议，于1954年4月和1998年6月举行过续缮全哈拉族谱会议，并编撰、出版了《达斡尔族布特哈莫日登哈拉族谱》[①]一书。此次修谱，已改达斡尔族的族谱只记男性、不记女性的传统做法，还新增民俗介绍、孟氏名人的介绍等内容，更增加了家谱的史料价值和科学价值。

下面是莫尔登氏族1954年所缮修家谱之序[②]：

> 盖闻木重有本，水重有源，人重其祖先，故历代士庶人家，大部分各刊完谱，以时修辑，垂示后裔，这是崇本也。家者由先祖以迄子孙，世世相承，历久弗替，不致散而无纪。又建祠祭祖，使子孙尊宗敬祖，不致远而遗忘，这是重孝也。是故谱牒谨藏宗庙，后世子孙绵远相继，勤修谱牒，敦睦周亲，凡为子孙应知忌讳，并识老人生故年月，与夫埋藏山阳等……俱得详明而辨其亲疏也。所以达斡尔族每一秩必召集

---

① 莫德尔图主编：《达斡尔族布特哈莫日登哈拉族谱》，呼伦贝尔，内蒙古文化出版社，2002。

② 内蒙古自治区编辑组编：《达斡尔族社会历史调查》，193~195页，呼和浩特，内蒙古人民出版社，1986。

同族老人们，择日举行祭祖修谱会，重修谱牒，出生者名字在其父之，以朱笔加填，死亡者名字，以墨笔写之，而辨其男性家族成员之生死区别。同姓则每二三十年以内择日定适中地点，召集同姓各族之代表，携带支族家谱，参加重修总谱大会，对照家谱。如有异动变更者，随时订正。每当祭祝开谱时期，追忆过庭之训，弥深各族之思。查找达斡尔族世居黑水之北，以男性血缘团体所居之山地河流之名称而得姓氏。达斡尔族之祖先，性格忠勇，体格强壮，重礼貌，好孝悌，爱劳动与俭朴，好团结与互助，善于骑射，又好游艺运动等特殊性情。以打猎游牧耕种为业，以氏族割据，自然生活，尚无本民族之文字。迨至清太祖天命八年五月达斡尔部长巴尔达齐率众归附满清，进贡貂皮。太宗崇德二年（1637年）闰四月，索伦达斡尔部长博木博果尔等进朝贡皮，后于崇德三年（1638年）十一月间聚众叛清。满清遣诸兵征之，博木博果尔等转战年余，终以寡不敌众，被清师所获，其部众遂全体投清。世祖顺治六年（1649年），俄军吞并尼布楚，又东窃据雅萨城，索伦达斡尔诸部皆被其侵略，不得安居，遂由黑水之北，携老扶幼，渡江越岭迁到嫩江、讷莫尔、诺敏、格尼、阿荣、雅鲁等处，分族落村居住，并无混杂异姓人家。当时是尚未分设黑龙江省，所部军务皆属宁古塔副都统管辖。顺治十年（1653年），俄军占西勒喀河流域时，达斡尔酋长罕帖木尔（根帖木尔）率领本部落人民和俄军战斗多年，因俄军所迫，领众乞清保护，清廷不善待遇，达族单独抵抗俄军，没有打退敌人，财产和人损失很大。罕帖木尔于康熙六年（1667年）离清投俄境，所遣部众后来归清者很多。自康熙二十二年（1683年）归于黑龙江将军萨布素管辖，编入满洲旗内，受满清之文教感化，始学满洲文字，才有了近世史记档案记载。先辈不忘本源，而立氏族家谱，以遗后世，实为美举。但立谱时能记忆前三代之名者，皆以追述，其不详者以立谱之祖先为始，及其祖先之兄弟叔伯等几人名字，或分几个穆昆也未详细记载，所以后世核对谱牒发生了困难。嗣经数代后，人口繁殖，遂分居数村，又被满清政府统治，以达、索两族编设旗佐，以十五岁以上的壮丁，有进贡貂皮、强征兵役的义务，因守边界，分散驻防。达索两族内于康熙二十二年分驻瑷珲，二十四年及二十九年分驻墨尔根，三十年分驻齐齐哈尔，雍正十年分迁呼伦贝尔，乾隆八年分居呼兰，二十八年及嘉庆十八年间移居伊犁等处。临分别时，将原谱带去者抑或有之。因分隔年久，亦未闻举行修辑总谱之事。与民国七年间，在布特哈之孟氏同族在会图孟尔丁屯，曾开过重修总谱大会。以支族家谱核对总谱时，其祖先的名字有的稍差，有的其祖先之名未列总谱内，或世系相差，先辈父老们，仅以各个本族祖名为标准，不追历来根源，也不细心核对家谱，族内排斥，骨肉相弃，总谱终未修成。这是氏族团结的主要障碍，诚可浩叹。从此以后，历36年之久，未经修谱。吾孟氏同族，散居各村，同族父老兄弟多有互不相识，更不能辨其亲疏，殊觉遗憾。现下祖国光复，在中国共产党和人民政府的领导下，实行民族政策，国内各民族友好合作成为一个大家庭。因此，我们孟氏同族为尊敬祖先，和睦宗族，增强氏族内的团结起见，于1954年暮春望日在大孟尔丁屯召开重修家谱大会。在莫旗内孟氏各宗族均派代表参加，长幼列序，聚会一堂，熙熙攘攘诚为天伦之乐事。当时各支族之家谱与总谱核对时，大部分符合外，有的祖先之名稍差，有的祖先之名未列，此皆立家谱时，祖先之名各以记忆而述，记载笔误，或记忆不确，其名和别名相混也未可知。当时各立家谱，以本族立祖先为根据，其他近族名字不详遗漏者实所难免。在查大孟尔丁屯保管之总谱，系光绪二十几年间重修的家谱，并无详细说明根源，上几代仅列罗布硕迪（即前述康熙初年人）之祖先及其兄弟五人和伯父及侄子等二十余人之名，由黑水一同迁来同族人等之名多未列入，这是非包括孟氏全部之总谱，是一大支族之家谱也。这是前次未能修好之主要原因之一。今则我们由族内搜得孟氏祖先归清编佐之满文记载一轴，是由兵部发给的。今摘录于下：在甘（根河）孟尔丁地方之孟氏一族，经罗布硕迪为首，于康熙六年间，率领族丁共投满清皇帝，按丁进贡貂皮。于康熙六年十二月十五日经理藩院大臣绰克托等尊旨将编制达斡尔之达力胡等十一佐时，居于甘地方之罗布硕迪，甘岸之达如干这两伙共一百一十九丁，议定编为一佐，放罗布硕迪为佐领，萨拉尔岱袭之，奏请后，是月十七日奉旨准如所议采用等谕，载入档案。嗣后罗布硕迪病故，子忠苏岱袭之，其病故后，子图松阿袭之。因其年老修职后，于乾隆五年（1740年）将佐世袭至其子罗尔贲太时，经其父图松阿将奏文与同族人等回览后，在布特哈及呼伦贝尔两处，放佐领有份之族人图松阿等36名均行画押外，在布特哈、齐齐哈尔、呼伦贝尔、北京等处放佐领无份之族人骁骑校吉力德等121名，共称均与佐领罗尔贲他为同一族，我等祖先与罗布硕迪，共同投诚进贡，初设牛录（佐）时，放罗布硕迪为佐领，伊家世袭佐四世为实在。我等并无争讼情事，均各心服，情愿具结画押等情，经该管臣员等亲阅各个名下画押，并议请罗尔贲太之现袭之佐领为世袭，连同造具家谱一并谨呈阅览，与乾隆五年十一月十一日奏。嗣由镇守黑龙江将军博迪等奉令查办达斡尔之古隆保、罗布贲他等世袭之佐，据该佐内佐领及佐丁等均各详述根源具结画押，并无争讼情节等情，又与档案查核，尚属相符，并无问题，所有查办情形具奏后，复经办理佐源王大臣与八旗王臣等会同协议奏请将罗尔贲太等之佐，均照在京城之佐世袭之条例办理。奏请文件于乾隆七年十二月二十日呈递，奏本官三等侍卫吴喜奇转奏后，奉旨准如所请各在案。以上事实已昭垂记载，历经二百一十余年现仍珍藏，实为不可磨灭之铁证。由此看到分住各处之孟氏同一祖先，由黑水迁来，首在布特哈地方，比邻而居，共管一佐，更为确凿，毫无疑义的。这是我们一致认为追溯孟氏来源和总谱根据之证实宝鉴。我们本着氏族团结的精神，以实事求是的态度，兹经各支族代表们共同协商，以此记载为根据，收各族之家谱，逐一核对，按其祖名，对其世系，一律列入，以期完整。今后以此谍作为孟氏的总家谱。这次修谱时，其他各处族人未能全部参加，难免有遗漏之处，俟有机会时，再行给予补修，或遇有事变、灾害、腐烂、虫蚀而损者，也给设法弥补列入，氏内其祖名未列总谱者，可按其家谱之来源，或以同宗之世次，在总谱内并列一支填入，不得借词拒绝，俾免骨肉之亲向隔之感。这是本族内部之事，任何人不得干涉，并注意不良分子在氏族内部进行挑拨离间，制造纷争的行为。谱牒是前以满文填写，近来满文多有不识者，兹以满汉两文合注，以遗后世，而便认识。唯达斡尔族家谱则着重父亲血统，而母氏并未填入，人由父母而生，对其父母之尊敬，理以平等，岂可重其父而轻其母耶。故希望以后修缮时，应该追填母氏，以示尊敬父母之义。此次修缮大会蒙莫旗党政公安局及博兴怒图克公所和孟尔丁氏嘎查政府方面各派代表莅会参加给予指导和帮助，此会得以圆满成功，表示谢意。今后中国共产党和毛主席的民族政策照耀着我们前进的道路，应该进一步促进民族间的团结。在各个生产战线上，继承先人之勤劳互助的优良传统，百倍努力，增加生产，厉行节约，使我们生活过得更好，同时族内亲密团结起来，加强学习，力求进步，积极参加社会各种活动，大力支援国家社会主义工业化的伟大事业，为实现国家过渡时期的总路线合纵任务而奋斗。

×××　等谨序

孟希舜起草（满文）　　　　孟荣连（汉译）

2000年6月20日，楚尔哈苏都尔哈拉在鄂温克旗巴彦托海镇举行了第六次续谱仪式，将原满文谱牒译成汉文。20世纪80年代后，有更多的哈拉、莫昆都纷纷举行修谱会，以使他们祖传的祖谱延续下来。其中，敖拉哈拉奎力浅支系、海拉尔登特科莫昆等莫昆的族谱都经整理后登载在《达斡尔族资料集》①中。

2008年11月在莫力达瓦达斡尔族自治旗举行了郭博罗哈拉塔温浅莫昆族谱会，本课题组成员丁石庆作为会议筹备组成员参与了全过程，并对此进行了专题调查。

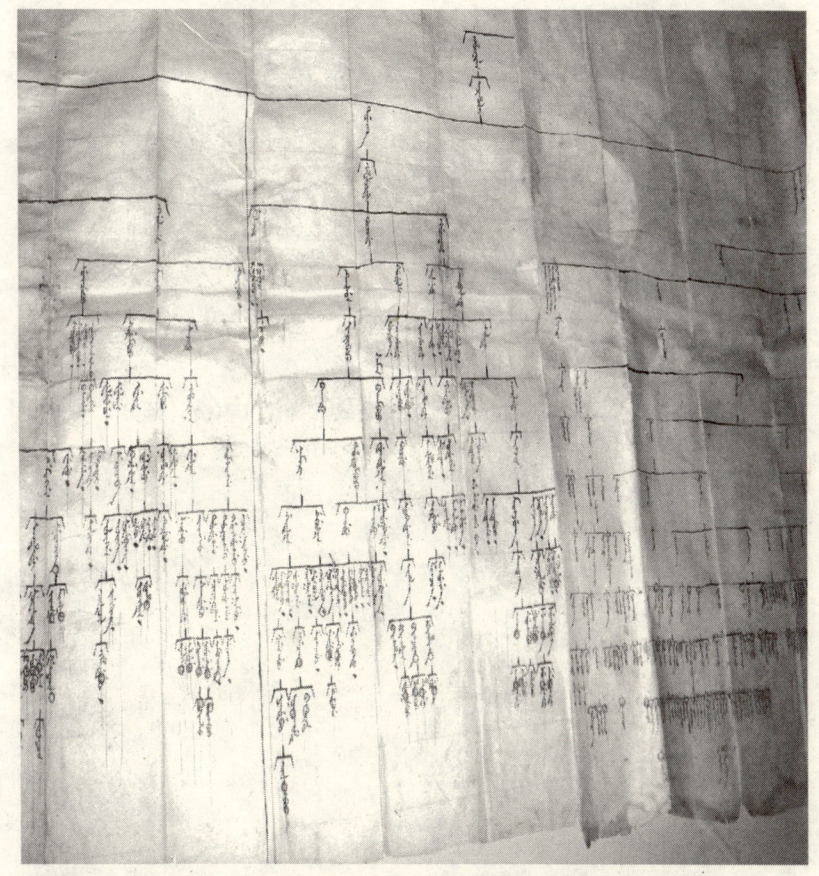

图4-21 郭博罗哈拉塔温浅莫昆满文家谱（部分）②

---

① 《达斡尔资料集》编辑委员会、全国少数民族古籍整理研究室编：《达斡尔资料集》，第五集，北京，民族出版社，2004。
② 图4-21至图4-36由丁石庆提供。

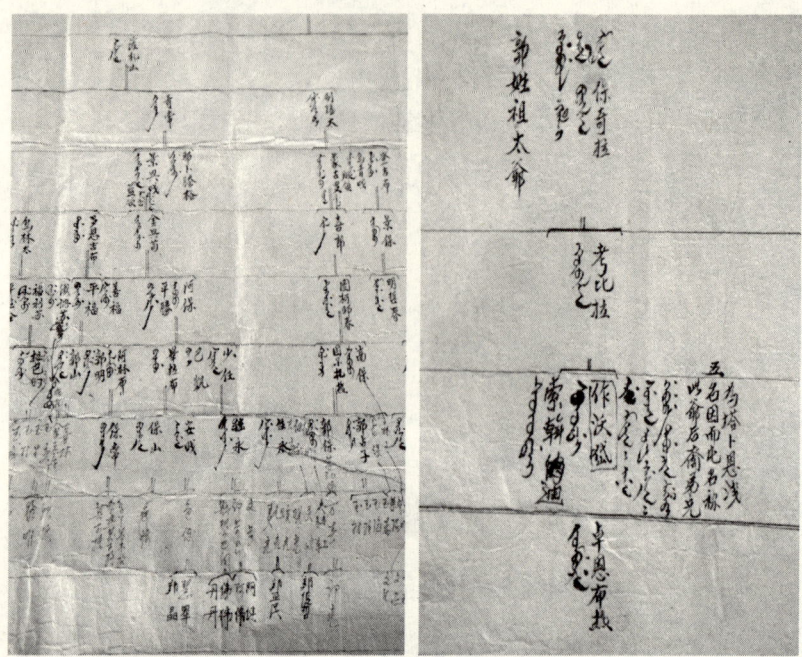

图 4-22　郭博罗哈拉塔温浅莫昆缮续的满汉文家谱（部分）

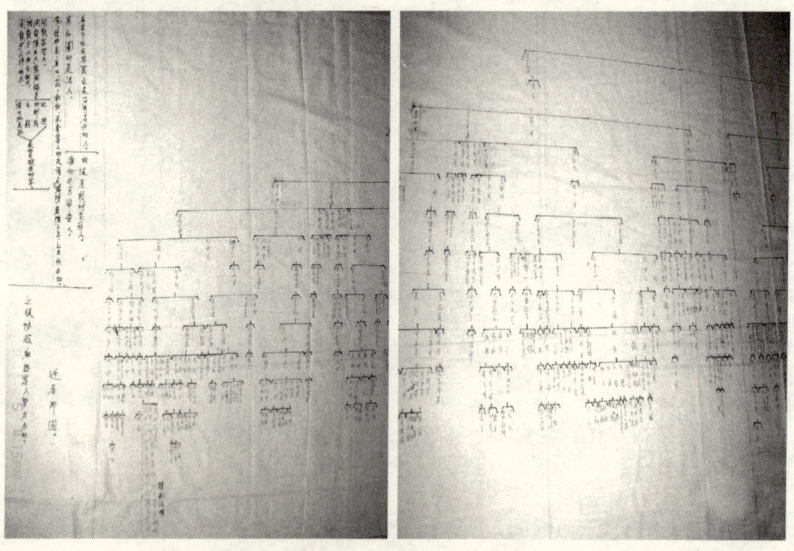

图 4-23　郭博罗哈拉塔温浅莫昆缮续的汉文家谱（部分）

第四章 萨满教与达斡尔族民俗 145

图4-24 塔温浅家族各村村名

图4-25 丁石庆教授与保存满文家谱的胡热（郭胜）老人合影

图 4-26 郭博罗氏塔温浅家族家谱大会

图 4-27 前来参加家谱大会的新疆郭博罗氏塔温浅家族代表

第四章 萨满教与达斡尔族民俗

图4-28　郭博罗氏塔温浅家族同胞查找家谱

图4-29　新疆郭博罗氏塔温浅家族代表查阅家谱

图4-30　郭博罗氏塔温浅家族故地龙河镇纪念碑揭碑仪式前

图4-31　郭博罗氏塔温浅家族故地龙河镇纪念碑

图 4-32 郭博罗氏塔温浅家族故地龙河镇纪念碑碑文

图 4-33 在纪念碑前诵读祭文

图 4-34　在纪念碑前跪拜

图 4-35　部分家族同胞在纪念碑前合影

第四章　萨满教与达斡尔族民俗 ∥ 151

图 4-36　郭博罗哈拉塔温浅家族举行晚宴

　　据中国达斡尔网报道，2009 年 5 月 2 日，索都尔哈拉百年续谱大会在莫力达瓦达斡尔族自治旗召开。来自海拉尔、牙克石、扎兰屯、大杨树、阿荣旗等地周边的四百多索氏族人参加了续谱大会，大会期间还进行了祭索都尔哈拉斡包活动。索都尔哈拉斡包也是刚刚建成，斡包前摆放了各种祭品，由德高望重的长辈依次向斡包磕头，并围着斡包转三圈，每个索氏族人手中拿着一块石头向斡包添石头，祭祀结束后，索氏族人进行了合影并填报《达斡尔民族索都尔哈拉族谱》，整个续谱大会圆满成功。

图 4-37　索都尔哈拉新建的斡包①

图 4-38　斡包前的各种祭品

① 图 4-37 至图 4-40 均引自中国达斡尔网。

图 4-39　索都尔哈拉全体族胞在斡包前跪拜

图 4-40　族胞在斡包前敬酒

另外，定居于新疆约两个半世纪的达斡尔族的《新疆达斡尔族总族谱》初稿及征求意见稿已经整理、修订完毕。该族谱涵盖了居住于新疆境内达斡尔族 10 个哈拉、39 个莫昆的所有达斡尔族成员。

上述各哈拉、莫昆缮修族谱的活动，进一步证实了祖先崇拜观念仍然留存在达斡尔人的思想观念中。

三、尊老、敬老习俗

在达斡尔族的传统礼仪中，尊老、敬老是一个非常重要的习俗。在日常生活中，达斡尔族特别注重以诚相待，厌恶一切虚伪、狂妄和放荡不羁的行为。家里的重要事情要征得老人的同意后才可以做出决定。在饮食起居中，晚辈要给老辈让路、让座，不能随便到老人坐卧的地方坐卧。早晨起床后要给老人叠被、送洗脸水。吃饭时，长者在南炕摆桌吃饭，晚辈在北炕或西炕吃饭。晚辈在长者就餐后，晚辈才可以吃饭。不能骂老人，不能和老人并排坐，路遇老人要让路。在一些场合，给老人行敬烟礼、打千请安或行磕头礼。

第四节　其他民俗事象中的萨满教观念遗存

一、节日祭祀

（一）春节

春节，达斡尔语称"ɑniə"（阿涅）。达斡尔族过年从除夕开始。"butun"（腊月三十）清晨就要起来，男人打扫庭院，女人清扫屋内。然后张贴年画、对联及各种彩色的挂签，同时把门窗上的洞口、缝隙都堵好，这是为了防止鬼怪进来。除夕以手扒肉为主，晚上祭天供神，祭品为点心、奶皮子和酒，还要烧香叩头，直到正月初五，有的地区甚至到正月十五。三十晚上要给老人敬酒叩头，祝长者健康，老人预祝晚辈幸福，大家燃放爆竹作乐。当晚也有观察天象等活动，以测年景丰歉或吉凶，整夜点灯不眠。除夕下午晚饭前，每家在大门外点燃烟火，一直燃烧到正月初九才熄灭。

正月初一，天亮前起来，妇女准备早餐，男人烧香拜天神及诸神位。院中偏西处放一桌，烧一把香拜天：北斗星烧七炷香，娘娘神烧九炷香，灶神烧一炷香，其他各神均烧三炷香，乞求天神和诸神恩赐太平丰年。拜完神，向长辈敬酒叩头，接受老人的祝词。吃完早餐（水饺），穿新衣服，莫昆近亲男女聚集一起，由长辈年老者带领，按辈分高低依次到各家拜年。长辈死去未过三年者，由除夕开始在南炕头摆灵位并放桌供各类食品，家人早晚叩头祭拜，拜年者也要向灵位请安、敬烟叩头。接着进行各种娱乐活动。初一或初二乘马或雪橇去外屯拜年。

（二）元宵节

正月十四晚上，向诸神烧香叩头。正月十五，穿新衣服，吃"watʃi"（猪尻背肉），吃手扒肉、饺子。

（三）清明节

清明节，达斡尔语称"xanʃi"，当日上坟，扫墓添土，摆供叩头。

（四）端午节

五月初五，早起到江河沐浴，或以露水擦脸，采艾蒿塞耳朵。据说这样身体健康，不容易得病。吃馅饼、水饺。

（五）抹黑灰日

达斡尔族称正月十六日为"xuə udur"（抹黑灰日），到这一天，人们一大早起来，争相给那些还没起来的人抹锅底灰。这既是年轻人相互取乐的活动，也是年长者勉励年轻人的一种方式。据说抹黑灰象征吉利，所以家长也给家里每个人的额头上抹一点黑灰，以示对全家人的关怀。①

二、禁忌

（一）生产方面的禁忌

猎人在出猎期间不能说熊和老虎的真名，把熊称为"ətirkəːn"（老头儿）或"atirkan"（老婆婆），把老虎称为"noj in gurəs"（兽王）。

不许妇女去渔场，认为妇女去了会把鱼冲走，影响渔人的收成。
在渔场不许拿鞭子来回走，认为那样会把鱼赶走。
禁止戴孝的人到渔场，认为打鱼是喜事，戴孝的人去了不吉利。
在渔场不许背着手走，认为那样渔网会被拖到河里。
萨满不能去渔场。
忌在鼠日和火日开犁播种。
不许砍倒祭祀过的树木，不许烧"ʤuldəŋ"树。
不用白桦和榆木盖房子，不用白桦做木排之舵，在房子上不许用刀"拉"出痕迹。
三岁的母马下驹时，就把它卖掉，认为饲养这样的马不吉利，不过要把它的尾和鬃剪一部分留下，以免将福气带走。但献给神的马不能出卖，也不能宰杀。

（二）婚丧方面的禁忌

女子不能在偶数年龄结婚。
送亲喜车要在日落前赶到，万一在日落后到达时，要在大门的西

---

① 参见内蒙古自治区编辑组：《达斡尔族社会历史调查》，238页，呼和浩特，内蒙古人民出版社，1986。

侧挂一面镜子，以代替太阳，否则婚后不顺利。

套送亲车之牛马，必须是去势的。

不许在别人家结婚或生小孩。

人将咽气时，全家人都不准睡觉，怕死人把睡觉人的魂带走。

停灵以后，禁止猫接近尸体，以免使尸体坐起来。

忌用铁钉子钉棺材。

外姓人死后不能从门抬出尸体，必须从窗户抬出。

莫昆的墓地不能埋葬患传染病死者、没儿没女者、姑娘和小孩。

（三）日常生活中的禁忌

不许妇女从车后边上车；不许妇女坐套"wengu"马的车。

不许妇女上房顶；不许妇女睡在西炕上；不许妇女面对灶坑坐着；不许妇女往灶坑里看。

不许孕妇铺熊皮，怕流产；不许孕妇吃驴肉，怕生出的小孩的嘴像驴嘴。

产妇一个月内不许出大门，怕污染了门神；不许到屋内西北角去，怕污染了神龛里的神；不许到井边，怕污染了井水。

产后三天内，夫妇都不许上烟囱脖子；院内不许进来驴，不许推碾子，不许移动室内的缸罐。

妇女生产后忌门，在门前横放车轴作为标志，外人不能擅入屋内。如非进不可时，在屋门外边放一铲子火，让进来的人从火上跨过；忌门期间外地来的车马或出汗的马，都不许牵入院内。

囤底和囤顶的粮食，不得给别人；日落后，不得把粮食运出大门。

夜晚不许小孩在炕上顺着炕洞睡觉；小孩不许坐在门槛、坐在窗台上或走着吃饭，怕长粗脖子，怕乳牛立着下犊。

不许用刀、剪子、筷子等尖的东西指点人。

不许把锅放在地上拉着走（不管远近），怕马拉不动载。

闹伤寒或天花时，不许把这一灶门的火移到另一灶门里去，不许炒菜，不做针线活，不抓虱子，不打猫狗；孩子出天花期间夫妇不合房。

在供神时，不许背向神像坐着；在供神的神龛里不许放别的东西。

不许在火盆上烤脚，怕受穷。

不许把自己的东西放在别人家过年。

除夕天黑前，将门窗缝隙糊好，不许从外边向里边召唤人的名字，怕魔鬼附体于被召唤的人，或摄去被召唤者的心灵。

初一清早自动起来，不能让别人叫，否则，会懒一年或生许多虱子。

初一到初五，不许把垃圾扔出去，怕把福气扔掉。[1]

三、以西为贵习俗

按达斡尔人的传统习俗，达斡尔人的住宅以西为贵，南、西、北三面连炕，如果是三间房，则东屋为子媳妇的住处。海拉尔达斡尔人的住房结构比布特哈地区稍复杂，东西屋各间隔为两个住屋，西屋为上屋，是长辈的住处；东南屋次之，是叔父的住处，西北屋是子女的住处；东北屋是家奴和下人的住处；中间的屋是厨房。神龛置于房屋西墙的西北角上。

近几年，我们在调查中看到某些达斡尔人家的西炕上仍供有神龛。有的已住进楼房，还是将神龛放在西南方向。如此以西为贵的习俗仍保留在民间居住习俗中，反映了萨满文化观念深埋在达斡尔族人民心里，流传至今。

---

[1] 参见内蒙古编辑组编：《达斡尔族社会历史调查》，239~241页，呼和浩特，内蒙古人民出版社，1986。

第五节　莫力达瓦达斡尔族自治旗
萨满文化博物馆简介

莫力达瓦达斡尔族自治旗政府领导非常重视非物质文化遗产萨满文化的建设，他们采取各种措施对达斡尔族萨满文化遗存加以挖掘和保护。

萨满文化博物馆于 2005 年 8 月开工建设，2007 年 6 月竣工开馆。为了保护和弘扬萨满文化，推动民族旅游文化产业的发展，莫力达瓦达斡尔族自治旗先后共投资 1200 多万元，建设了萨满文化博物馆和以"从远古走来"为主题的萨满铜像。博物馆面积为 740 平方米，集中展示了达斡尔、鄂温克、鄂伦春、蒙古、满、锡伯、赫哲、朝鲜 8 个北方民族的萨满文化风貌。展厅共分为 6 个单元，搜集复制了不同款式的萨满服 27 件，神偶、神鼓、面具等百余件。萨满文化博物馆的标志性建筑是高 21 米的萨满铜像，现在已成为莫力达瓦达斡尔族自治旗一道令人注目的风景。

由于莫力达瓦达斡尔族自治旗政府在挖掘及保护萨满文化方面的成绩，国际萨满教学会副主席白庚胜先生代表国际萨满教学会主席霍帕尔先生，于 2007 年 10 月给上海大世界基尼斯总部写了一封推荐信，信中高度赞扬了莫力达瓦达斡尔族自治旗为萨满文化保护、传承方面所做的贡献，极力推荐他们的成果列入上海大世界基尼斯之最。推荐信如下：

推荐信

基尼斯上海总部：

　　内蒙古自治区莫力达瓦达斡尔族自治旗境内新建的萨满文化博物馆及萨满巨像均属全球唯一，是国际萨满学重要展示场所及重要标证物。我及霍帕尔先生都为中国萨满学界，尤其是莫力达瓦达斡尔族自治旗干部群众为萨满文化保护、传承作出如此重大的贡献及承担而钦佩万分，这是口头与非物质文化遗产保护在中国东北地区的一次重要实践。我相信，莫力达瓦达斡尔族自治旗申报萨满文化博物馆及萨满巨像基尼斯纪录不仅条件详备，而且意义重大，有助于国际萨满学者的团结、凝聚，有助于全国各地口头与非物质文化遗产的保护，更有助于肯定达斡尔族人民对萨满文化的创造、保护、传承作出的巨大贡献。

　　故，特此推荐莫力达瓦达斡尔族自治旗萨满文化博物馆及萨满巨像为基尼斯纪录。

　　特此

国际萨满学会副主席白庚胜
2007 年 10 月 2 日

2007年12月,一份由上海大世界基尼斯总部负责人王以卓、蔡丰签发的上海大世界基尼斯总部钢印记录证书,寄到了莫力达瓦达斡尔族自治旗政府。证书如下:

大世界基尼斯之最

保留萨满文化宗教仪式最多的地区——莫力达瓦达斡尔族自治旗

数量:26种

莫力达瓦达斡尔族自治旗位于内蒙古呼伦贝尔大兴安岭东麓,自古至今仍保留着萨满文化仪式。其中有敖拉氏、鄂嫩氏、孟日登氏、吴力斯氏、苏都尔氏、精奇里氏、克勒特西氏、库尔替氏、吴然氏等。

2007年6月在内蒙古呼伦贝尔莫力达瓦达斡尔族自治旗中国达斡尔民族园内建造一座高21米的萨满铜像造型。

NO:02035
2007.12

王以卓 蔡丰

图 4-41　上海大世界基尼斯之最证书

图4-42 莫力达瓦达斡尔族自治旗中国达斡尔民族园入口（丁石庆摄）

图4-43 莫力达瓦达斡尔族自治旗萨满文化博物馆萨满铜像（丁石庆摄）

第五章

萨满教与达斡尔族文学艺术

第一节 萨满教与文学

达斡尔族文学与萨满教有着千丝万缕的联系,在达斡尔族的英雄史诗、神话、传说、故事、诗歌中都渗透了萨满教的观念。达斡尔族所祭祀的神灵、所崇拜的各种自然神,都有其来历及职能,并有各自相关的神话和传说故事。它们形象地解释了各种自然现象及其变化的情况,于是产生了萨满教文学,同时也诠释了萨满教的神灵观念、灵魂不死观念、祖先崇拜观念。

本节仅结合收集到的部分相关资料对达斡尔族的萨满教文学作简要介绍。

一、萨满教与英雄史诗

在《达斡尔族文学史略》中,作者将达斡尔族的莫日根故事从内容上分成了三大类:第一类是目前学术界公认的莫日根故事——英雄史诗,这类的代表作有《阿勒坦嘎乐布尔特》[1]和《绰凯莫日根》;第二类是散文化的莫日根故事,即散文化的英雄史诗,如《库楚尼莫日

---

[1] 《内蒙古歌谣集成·达斡尔族歌谣》,858 页,2007。

根》、《洪都尔迪莫日根》、《昂格尔莫日根》、《德洪莫日根》等；第三类则属于衰变期的莫日根故事，这类作品有《德莫日根和其尼花哈托》、《珠贵莫日根》、《阿尔塔尼莫日根》、《哈热勒岱莫日根》、《哲尔迪莫日根》等。

（一）达斡尔族英雄史诗反映的宗教信仰

达斡尔族信仰萨满教，"腾格尔"和"灵魂不灭"的观念在达斡尔族英雄史诗中多有体现。

先说腾格尔观念。达斡尔族普遍有祭天的习俗，"腾格尔"是突厥语族和蒙古语族最早崇拜的对象，在达斡尔族中延续时间很长，已经渗透于人们的心理以及各项民俗中。在《阿勒坦嘎乐布尔特》中，一对老夫妻"向天求子"，说明达斡尔族早期社会就有了腾格尔观念。另外，英雄阿勒坦嘎乐布尔特的出生，非凡间正常孕育，而是腾格尔派小女儿下凡降子，可谓"天之骄子"。因此，英雄的人生历程也非同一般，从出生就开始被神化了。英雄降生就会跑，5岁就能射杀大雁、黄羊，打死公野猪，10岁选取神马金黄骏，18岁一顿饭能吃一头牛，这些都显示了阿勒坦嘎乐布尔特非同凡人的成长历程。阿勒坦嘎乐布尔特获取珍木是梦中得到头发苍白、飘着长胡须的老人指点。阿勒坦嘎乐布尔特遇难时，苍天屈指而知并给他喂了神药，使他得以死而复生，这一切都是腾格尔相助。可见，从达斡尔族早期社会开始，人们就开始崇拜腾格尔。

再说"灵魂不灭"观念。在《绰凯莫日根》中，有两个绰凯莫日根死而复生的情节。第一次复生描写得比较具体：绰凯莫日根死后，未婚妻安金卡托给他吃神药、跳舞。实际上，这就是萨满教的仪式，跳舞是追魂跳神。安金卡托能追魂、跳神、治病，俨然是一个萨满，在充当英雄的保护神。这死而复生的情节具有萨满教的意味。可见，英雄求婚的对象既是人，又是一个女萨满。绰凯莫日根另一次死而复生又是神仙和仙女救了他，还救活了安金卡托和斑马。在史诗中，安金卡托和仙女都是女萨满的形象。关于死而复生，萨满教认为人若想复生，尸体不能腐烂。据说尼萨萨满在阴世碰到亡夫，亡夫哀告求救，雅僧萨满庄重地告诉他："你已经死好多年了，且尸体已腐烂，灵魂无法附体了，我确实不能救活你。"① 这类情况在《阿勒坦嘎乐布尔特》中也有记载，阿勒坦嘎乐布尔特死后，金黄骏看守主人的尸体，为防止尸体腐烂，把自己身体变为墙，遮挡太阳的热量，用尾巴当作扇子甩动，使他凉快，这是在为后面苍天施法术救活阿勒坦嘎乐布尔特做准备。也就是说，只要尸体不腐烂，死者的灵魂尚存，萨满施法术，仍能够让死者重返人间的，这就是灵魂不灭的观念在文学作品中的遗存。

此外，两部英雄史诗，都有英雄征战的情节。这实际上是莫日根与神魔之间的战斗，并不是人间的战斗，是萨满与萨满之间或萨满与神魔之间在神灵领域展开的战斗。这是一场神力的较量，是一场双方神灵助手间的较量。在《绰凯莫日根》中，绰凯莫日根和耶勒登给尔莽盖、狮子、纳日勒托莫日根的战斗。人与神的交往，反映了达斡尔族的原始信仰，也是神话色彩在史诗中所保留的痕迹。

《阿勒坦嘎乐布尔特》② 分为英雄降生、英雄获取神通、英雄死而复生、英雄征战四部分。《绰凯莫日根》分英雄遇害、假英雄比武求亲、英雄复生比武求亲、英雄结义、英雄再次死而复生、英雄复仇六部分。两部英雄史诗都紧紧围绕着彰显英雄主义这一主题。死而复生的情节，在诗中得到了热烈的赞颂，表达了达斡尔族人顽强的生命意识。就是被野猪吞了都能把它的心掏出来，还有什么凶险能够难住达斡尔族人?! 这两部长诗给人们提供了观察这个民族过去和现在的窗口，从这两部长诗中，人们加深了对这个民族的历史足迹、生活习俗、文化蕴涵和宗教信仰的了解，充满了敬意。诗中所塑造的阿勒坦嘎乐布尔特和绰凯莫日根两个英雄的形象，正是这个民族的象征。

（二）腾格尔与英雄史诗

我们仅以《阿勒坦嘎乐布尔特》为例进行简单介绍：史诗中，主

---

① 乌力斯·卫戎：《齐齐哈尔达斡尔述略》，88页，齐齐哈尔市社会科学学会联合会齐齐哈尔市社会科学研究所编印，1987。
② 《内蒙古歌谣集成·达斡尔族歌谣》，858页，2007。

第五章　萨满教与达斡尔族文学艺术 || 167

人公有奇特的出生和成长经历。他是由仙女为无嗣的老两口投生的儿子，是从温恭呼兰老妈妈长在左膝上巨如牛头的肉瘤中蹦出来的，刚落地就能跑动，他的前胸后背都有碗大的金瘩子，能将整个屋子照得金光灿烂。史诗中这样描述：

> 相传很早很早以前，
> 在辽阔丰饶的草原，
> 有两位老人相依为命，
> 放牧的牛马满山遍野。
>
> 老头子非常忠厚，
> 名字叫做乌勒迪；
> 老婆子心地善良，
> 名字叫温恭呼兰。
> ……
>
> 天气不总是晴空万里，
> 白玉也常常有着瑕点。
> 老夫妇俩一直没有儿女，
> 像蔚蓝的晴空乌云一团。
>
> 每当想起这件事情，
> 心里的忧愁总难消散。
> 老两口为了得个儿子，
> 就烧香磕头祈祷苍天。
> ……
> 就在这一天的后晌，
> 一个小伙子来到老两口的房间。
> 老婆子高兴地拿起坦古拉（桦木碗），
> 一边倒奶茶一边开言：

"你是谁家的漂亮儿子,
到我家来有何贵干?"
小伙子说了个屯子和人名,
老妈妈相信了他的坦言。
……
小伙子一本正经地说:
"你们的夙愿就要实现。
我把二老祈求的宝贝带来了,
不是玩笑也不是谎言。"

小伙子哈哈笑了一阵,
神情依旧十分坦然;
他拍了一下老人的左膝盖,
霎时间踪影不见。

老妈妈不知道是仙女下凡,
心中的疑云久久不散;
更奇怪左膝盖长了个肉瘤,
几天后就跟牛头一样!
……
说罢,从腰带间拔出猎刀,
猎刀锋利寒光闪闪。
"哧"地一声割开了肉瘤,
一个赤身男孩跑出房间!
……
在你搂我抱的时候,
他们发现了一个奇观;
孩子胸背上有个碗大的金痦子,
竟照得满屋子光彩耀眼!

>老两口认为这是吉祥的征兆,
>这孩子一定奇特不凡。
>他们起名叫阿勒坦嘎乐布尔特,
>意思是这个儿子金光闪闪。
>……

他的力气和饭量都特别大,长得也非常快。长大后偷偷去了北方,杀死了经常危害百姓的千年花野猪,后又射死遮天盖日飞来的巨凤,救活了黄骠马的金黄色马驹。他骑上金黄色马驹,身背用西海宝树精制的大弓箭,带领自己的人马,奋战数载,经过一次又一次战斗,终于消灭了来自西方的吃人恶魔,使各部落百姓得以安居乐业。

该史诗中反映的就是腾格尔崇拜观念的遗存。莫日根是腾格尔送来的,因为是腾格尔托付而生,所以他的身体具有日月的光辉,闪闪发光。

二、萨满教与神话

萨满教与达斡尔族的神话密不可分,萨满教是神话的重要载体。达斡尔族神话根据内容可以分为两大类,第一类是自然崇拜神话,第二类是天地开辟神话。

(一)有关腾格尔崇拜观念的神话("太阳之子"神话)

据《辽史·太祖本纪》载:"太祖大圣大明神烈天皇帝,姓耶律氏,讳亿,字阿保机",又有"唐咸通十三年。初,母梦日坠入怀中,有娠,及生,室有神光异香,体如三岁儿,既能匍匐"。这是与达斡尔族族源有关的神话。

关于达斡尔族族源问题的研究,目前仍有异议。但认为达斡尔族是契丹的后裔者占多数。持这种观点的学者认为,12世纪辽朝灭亡以后,契丹族的一支远迁黑龙江北岸地区,走上了形成单一民族的发展道路。但是，他们的传统文化中仍保留着对太阳崇拜的观念。王禹浪先生①通过研究认为："'契丹'一词的词义，就是'东方太阳神'之意"。这个说法对我们的讨论，可能会有一定的启示。

"契丹"一词包含着集团的心灵和民族精神。因此他们在生活习俗中有很多崇东拜日之俗，不难看出他们的宗教神话中太阳神占有重要的位置。关于契丹人的敬日习俗，文献中也有明确记载："至元魏时，自号契丹。五代末，称太阳契丹。"②这是当时汉族人对契丹人的称呼。上述论点，比较符合达斡尔族崇东拜日的习俗。

在阿尔泰语系与蒙古语族的语言里，təŋgər（腾格尔即"天"）一词的读音比较接近。腾格尔崇拜在北方民族中由来已久，它是萨满天体崇拜的核心。在阿尔泰语系中，从文献记载来看，最早崇拜天的是匈奴，在《史记·匈奴列传》中记载，匈奴人称其君长为"撑犁孤涂单于"，这里的"撑犁"一词是"腾格尔"的汉语音译。这个事实证明，腾格尔崇拜很早就存在于北方民族中。突厥语族的突厥、回纥也崇拜"腾里"、"登里"。关于蒙古人崇拜腾格尔一事，早在13世纪中期，东西方文献中便有明确的记录。如南宋彭大雅《黑鞑事略》及约翰·普兰诺·加宾尼《蒙古史》中都有关于蒙古人崇拜腾格尔的相关记载。达斡尔族和蒙古语族其他民族一样自古以来就崇拜腾格尔。

那么"腾格尔"的形象是什么呢？据蒙古族学者阿尔丁夫先生的研究，③"təŋgər"一词指的是物质的天，它在高山、高树之巅，其名称是 təŋgər（腾格尔），其相为"日"、"月"。他的论述无疑可以帮助

---

① 王禹浪先生在《契丹称号的含义与民族精神》一文中阐述到：从历史语言学的角度考察，"契丹"的"契"与"奚"、"析"、"赤"、"震"等是同音相假的现象。"震"其本意为"东方"之意。"析"也是商代甲骨文中出现的四方神（东西南北四方神）之一的东方之神。在上古音韵中"东方"之"东"并不发"东"音，而是如"析"或"奚"音。可以看出它们之间除了语音相近外，其本意也是相通的。又认为"丹"又通"旦"。远古的"旦"字在山东大汶口文化中已经出土，其字形为日出的状态……"丹"正是太阳神的神体之色。该文收入《中国北方古代文化国际学术研讨会论文集》，120~143页，北京，中国文史出版社，1995。

② 《辽东志略》卷97。

③ 阿尔丁夫：《"腾格里"探源》，载《内蒙古大学学报》，2005（3）。

我们揭开达斡尔族中"aʧaː təŋgər"（父天）、"əwəː təŋgər"（母天）之谜，可以认为"父天"就是太阳，"母天"是月亮。这一说法，给我们的研究一个重要启示，帮助我们从新的角度思索达斡尔族的英雄史诗中的腾格尔崇拜。

（二）关于民族起源神话——代尼乌音和莫日根①

在那遥远的古代，在苍松翠柏环绕的一座山脚下，有这么一家人，一位老太太和她的两个儿子，大儿子叫库如古热，小儿子叫卡热古热。他们每个人都有一匹神马，哥俩每天到山上打猎。打猎的时候，还领上他们那可爱的"库如卧"狗，又带上那只雄健的"库如新"鹰。由于哥俩都是神箭手，又有这么好的鹰和狗，打起猎来，那可是没的比，几乎天天满载而归，不愁吃不愁穿，一家三口过着安静而富裕的日子。

哥俩每天出去打猎，老妈妈留在家里给儿子们看家、做饭。奇怪的是，等儿子们走了，每天都有代尼乌音飞落到房顶上唱：

> 色依肯，色依肯，
> 库如古热，卡热古热在家吗？
> 库如卧（狗）在院里吗？
> 库如新（鹰）在不在？
> （老太太回答）不在了。

于是她们就脱下"guɑlərsi"（整张带皮的羽衣）走进家里，帮老人收拾屋子，做可口的饭菜，干完活儿就急急忙忙地飞走了。时间一长，老太太寻思过来了，为啥这两个仙女天天来呢？莫不是相中我的两个儿子了？对！我若是能有这么好看、这么麻利的两个儿媳妇该多好哇！有一天，老太太把仙女的事情告诉了两个儿子。然后，母子三人又商量，如何把两个仙女留在人间。一天，兄弟俩假装出去打猎，

---

① 赛音塔娜编著：《达斡尔族民间故事选》，6页，呼和浩特，内蒙古人民出版社，1987。

两个仙女又飞来了，又落在房顶上，唱起来。老太太说："快进来吧！他们不在。"等她们脱下羽衣，哥俩悄悄爬到房顶上，拿下羽衣烧掉了。两位仙女没办法飞走，只好和哥俩分别成了亲。据老人说，现在的达斡尔人就是那两位仙女生下的后代。

从《代尼乌音和莫日根》中记载的神话中也可以看到达斡尔族对腾格尔的崇拜，故事中讲到达斡尔人是代尼乌音（仙女）和莫日根（神猎手）的后代。两位代尼乌音和两位莫日根，正如柯思文在《原始文化史纲》中所说："关于人的起源神话，其最原始的神话，其最原始的说法充满了图腾主义的意味，荒诞地把一个部落的人说成是起源于这种或那种动物，这种或那种自然现象等等。这类神话中较晚的说法则夹杂有图腾创造者的因素，说图腾创造者用泥土、黏土等照着图腾自己的形象造人。在反映母权制的神话中，这位图腾创造者都被赋予以'老祖母'、'母亲的母亲'的形象。神话中又添枝加叶地说：这位老祖母有两个孩子，他们是兄妹，同时又是夫妻，他们是人类的第一配偶。后来，在反映夫权制的神话中，兄妹二人被兄弟二人代替了。神话对于兄弟二人（常常被说成是孪生兄弟）的故事，通常予以这样的解释，他们是'英雄'，是各种文化因素的创造者，这种由很早的两兄妹变为兄弟的说法，反映出我们早已成熟的社会结构的最早形式——两合组织。"①

这个神话不仅说明达斡尔族的来源——腾格尔，即达斡尔族是"天之骄子"。当然在各个民族的各个历史时期，太阳和月亮的关系也不一样。有的说太阳是女性，月亮是男性；后来太阳是男性，月亮是女性；再后来，两者又成了姐妹或兄弟。

达斡尔族的神话也充分证明了腾格尔对他们来说具有图腾主义的色彩。

---

① 柯思文：《原始文化史纲》，196页，北京，人民出版社，1955。

(三) 关于太阳和月亮的神话①

据说太阳是男性,所以光焰强烈,威力无比。它每天从东边出来,一天就能走到大地的尽头。而月亮是女性,所以文弱淡雅,走得也慢,一个月才能走完太阳一天走的路程。

(四) 人类起源神话

1. 泥土造人的神话②

传说开天辟地的时候,天神是捏泥土造人的,所以,人出汗时往身上一搓,泥垢就掉下来了。泥人捏成后,男人都是跪着的,由于地面湿冷,所以男人的膝盖骨都发凉。泥人刚做完时,天上卷起黑云,眼看要下雨了,天神慌忙用耙子把泥人耙在一起,不慎将有些泥人的腿弄断,有些泥人的眼睛弄坏,所以,人间有瘸子和瞎子。

2. 再造人类的神话(洪水的神话)③

曾有母子俩,家里很富。有一天,来了一个要饭的,母子俩见到后赶紧把他请回屋里,让他喝水又让他吃饭,非常热情。

这个要饭的是算卦先生装扮的,他临走时告诉母子俩说:"以后要发大水,你们把房子、仓库都拆了,做个大大的船,再把牛、马这些牲口都杀死,晒成肉干,把粮食都磨成粉。我看你们娘俩是老实厚道的人,才告诉你们,再不要跟任何人说了。发大水时,看见动物可以救,看见人可不能救。"

自从那个人走后,母子俩就依照吩咐忙起来,拆了房子、仓房,做成大船;杀了一批牲口,把肉晒成干;又把粮食进行了加工。这样折腾了几个月,把东西全装进了船舱,母子俩就上了船。

---

① 呼思乐:《达斡尔族文学》,见《达斡尔族研究》第2辑,123~141页,内蒙古达斡尔历史语言文学学会编印,1987。
② 内蒙古自治区编辑组编辑:《达斡尔族社会历史调查》,271页,呼和浩特,内蒙古人民出版社,1986。
③ 赛音塔娜编著:《达斡尔族民间故事选》,222页,呼和浩特,内蒙古人民出版社,1987。

有一天，真的来了一场大洪水。水涨到齐山腰那么高，不少小山都被淹没了，船也都漂起来了，到处是汪洋一片，看不见一个活着的人。母子俩就这样在洪水中漂着。漂啊！漂啊！他们看见了一窝蜜蜂，就把它们救上来了；继续漂了一段，见到了一窝蚂蚁，也把它们救上了船；之后看见一窝小老鼠，也把它们救上了船，就这样漂着，忽然听见一个人在喊"救命啊！""救命啊！"，不一会儿这个人游到船边，抓住船舷就要上来。儿子想起算卦老人的劝告，使劲把他推下水。那个人第二次想爬上船，又被儿子一拳打下去了。这时，母亲看见自己的儿子这么狠心，有些生气了，说："你也真够狠心的，你再不救他，我也栽进水里去算了！"儿子没办法，怕惹母亲生气，只好把那个人救上来，并认了个弟弟。这样，三个人就坐在船上漂呀，漂呀！也不知道过了多长时间，洪水退了。于是，他们找了一个地方住下来。

……

（五）解释性神话

1. 创世神话

天为什么下雨和降雪？① 据说，世界刚形成的时候，天很低，人们都不敢抬头，一抬头就要碰到天。

那时，人们的生活过得可舒服了，大地一片繁荣景象。四季按顺序轮换，该热就热，该冷就冷，一点儿也不出乱子。据说，禽兽和人类都是好朋友，互相爱护、互相帮助。人类一天到晚无忧无虑地生活着，他们根本用不着干活儿，大地上到处都是油和白面，是恩都热赏给人们的。下的雪就是白面，下的雨就是油。

大地上的人们这样生活了好多年，慢慢变得懒惰起来，也不知道爱惜这些油和白面。女人们更是大手大脚，浪费、糟蹋东西。有一次，恩都热看见一个女人在糟蹋粮食。她用油和上白面，擀成薄片，给孩子擦屁股，擦完一扔，正巧贴到恩都热的脸上，这一下可惹恼了恩都

---

① 赛音塔娜编著：《达斡尔族民间故事选》，222页，呼和浩特，内蒙古人民出版社，1987。

热。他寻思：看来世上的人舒服得过分了，继续这样下去，人类要变成什么样子了?! 得让他们受点苦才行。想着想着，恩都热就往高处飞走了。天一下子高起来，成了现在这样子。从此，天再也不下油和白面了，只下雨和降雪。

人类受到恩都热的惩罚，实在没有吃的东西，只好学着干活，慢慢就学会了种地。同时，也知道爱惜粮食了。

为什么会发生地震？达斡尔族民间流传着解释地震的神话：达斡尔人认为，人类居住的地方是一只仙鹤用后背顶着的。仙鹤站累了就换一下脚，于是就发生了地震。

2. 关于天体的神话①

达斡尔人认为天体是圆的，它就像一口锅倒扣在大地上，它的边就是天际，达斡尔语称为"ʤaoʤaaləi ʤabk"。天际不断地一张一合，当它离开地面张开时，人可以钻出去，就到了天上。

3. 三界形成的神话②

据说，并不是每个被雷击死的人，都能成莫昆的祖神。古时，只有冬天被雷击死的人，才能够当莫昆祖神。而被雷击死的莫昆祖神肉体，能变成三种不同名称的神：尸体的上部变成肯格尔带拉勒·博尔绰克尔，中部变为霍卓日·克亦登，下部变成霍卓日·多勒布尔。

根据我们的研究，在这里所说的祖神就是霍列力·巴日肯、达·巴日肯、马罗·巴日肯、霍卓日·巴日肯，所谓的祖神也就是蛇神。蛇神的身体被雷击，变成了宇宙的三界。

在鄂温克族中，也有类似的关于三界形成的神话。③

这些神话都不太长，但是都很好地反映了达斡尔萨满教宇宙观念，对理解萨满教的教义都有很高的参考价值。

---

① 满都尔图主编：《达斡尔族百科词典》，421 页，呼伦贝尔，内蒙文化出版社，2007。
② 内蒙古自治区编辑组编：《达斡尔族社会历史调查》，251 页，呼和浩特，内蒙古人民出版社，1986。
③ 参见内蒙古自治区鄂温克族研究会编辑：《鄂温克族研究文集》第二集（上），41 页，1991。

4. 关于神灵之间的争斗——德莫日根和齐尼花哈托①

俄国文化人类学家史国禄曾谈到过萨满之间展开这种"神圣战斗"(奇特的搏斗方式)的情况。认为这是一种并不使用武器而靠互派神魔来侵害对方的"战斗"。《德莫日根和齐尼花哈托》的故事中记述的,正是以萨满英雄为主人公,使用不同于实际生活的交战方式,反映达斡尔族英雄神话史诗真、善、美战胜假、恶、丑的斗争。

梅花哈托害死德莫日根后,德莫日根的未婚妻齐尼花哈托到阴间取回德莫日根的灵魂,救活了他。但是梅花哈托不甘心,两个哈托(萨满)之间发生了激烈的争斗,齐尼花哈托的神灵离开了身躯,带领众精灵奔向梅花哈托那里……梅花哈托知道大难临头,于是也把众精灵聚拢来,向她的妈妈交代后,她的神灵也离开躯体,带众精灵走了。

齐尼花哈托和梅花哈托的神灵,都来到虚无飘缈的世界里,互相对峙,准备交锋。

梅花哈托先放出一对梅花鹿,冲向齐尼花哈托。齐尼花哈托迎面放出两只金钱豹,金钱豹毫不费力就吃掉了梅花鹿。

梅花哈托又放出两条飞蛇,飞蛇对准齐尼花哈托的胸口"嗖嗖"飞射过来。齐尼花哈托放出一条白蛇和一条黑蛇,可是飞蛇穿透了白蛇和黑蛇的肚子。这两局没有胜负。

这一次梅花哈托放出了一只独角水山羊,齐尼花哈托放出一只水鹿。两只犄兽交锋,头顶头,角碰角。水山羊伺机竖起坚硬的独角,用尽全身的力量,以水底破冰之势狂奔过来。水鹿也摆出刚毅坚韧的架势等待招架。当水山羊冲过来靠近的时候,水鹿将犄角猛力一甩,水山羊突然受了一惊,抬起两腿高高跃起。就在这当口,水鹿将犀利的犄角尖猛力插进水山羊的体内,向上一挑,把水山羊的身子从中间剖开,解为两半。

梅花哈托急了,放出了一对野雉。这时齐尼花哈托已经看出梅花

---

① 呼思乐、雪鹰编著:《达斡尔族民间故事集》,201~218页,呼和浩特,内蒙古人民出版社,1981。

哈托精灵的拙劣，于是放出了两只金凤凰。两只金凤凰闪耀出一片金光，从野雉的上方俯冲下来。野雉也不肯示弱，张开五彩缤纷的翅膀迎上去，四只飞鸟在空中追旋相啄，万道金光划来划去，五色彩虹忽隐忽现。这时齐尼花哈托和梅花哈托的神灵，也挥舞银宝剑开始交锋。他们的剑术运用自如，旋转似纺锤。四只飞鸟和两位姑娘鏖战，在那飘缈的世界里充满了金光、银光和霓红霞光。金凤凰和野雉用尖利的喙嘴滴滴嗒嗒这么喙一下、那么鹨一下。齐尼花哈托和梅花哈托的宝剑铿锵作响，谁也打不过谁。

当他们的神灵和精灵正在酣战的时候，在她们的家里，梅花哈托法衣上的一只铜铃响了，梅花哈托的母亲耳朵有点背，没有立刻听见。齐尼花哈托法衣上的铜铃也响了。齐尼花哈托的母亲刚听到铃响，马上喊起女儿的名字。有了世人声音的助威，齐尼花哈托的神灵和精灵都得到了力量……在母亲的呼喊声中，齐尼花哈托的真身忽然苏醒过来，梅花哈托的神灵永远回不到人间了。①

三、萨满教与传说

达斡尔族民间流传的萨满教传说可分为五类：萨满教人物即萨满的传说、萨满神灵的传说、萨满神器的传说、萨满仪式来源的传说、萨满教与其他宗教关系的传说。

（一）萨满的传说

1. 托庆嘎萨满的传说②

约在19世纪90年代，满那莫昆的霍卓日·萨满托庆嘎的妹妹，在婆家闹了很重的病，请了好多萨满治病，都没看好。请托庆嘎去看，他屡次拒绝，原因是他和七间房屯的依克迪萨满（巴尔虎家奴）不和

---

① 呼思乐、雪鹰编著：《达斡尔族民间故事集》，201~218页，呼和浩特，内蒙古人民出版社，1981。
② 内蒙古自治区编辑组编：《达斡尔族社会历史调查》，260页，呼和浩特，内蒙古人民出版社，1986。

睦，若给他妹妹治病，怕受依克迪萨满的暗害。但是，他的母亲很焦急，责问他："你亲妹妹闹病，为什么不给治呢？"他被逼得无法，最后只好答应了。临走时托庆嘎说："这一去，我的法术一定降低。"于是，他和来接他的人，各骑一匹马，驮上神衣，去了妹妹家。在去的途中，他的护心镜忽然从皮囊里掉出来，直往西北方向滚去，有两人紧紧追赶，也没抓住。他说，损失这个铜镜，又减弱了我一层法术。到妹妹家，他没跳神，只用家畜祭祀祭祀，仓促了事，可是，他妹妹的病也好了。

他回家以后，过了两三天，觉得身体不舒服，告诉家人："我被依克迪萨满暗害了，可能今天就要死了。等我死后，给我的尸体穿上神衣，连同神鼓、鼓槌都装在套牡牛的车上，拉到听不见狗吠声的野地里，把牛卸下来拴在车轮上，然后，你们回家等我三天三宿。在这期间，如果我不能苏醒，你们就当我上了尚德；如果我醒过来回来时，在我到家前，从房门到大门拉上'拴那'绳，绳子上挂我的旧衣服，房门前点上'刚嘎草'就行了。"等他死后，家人照他的吩咐，给他穿上神衣放在套牡牛的车上，拉到哈尔嘎纳·扎拉嘎那①地方，把牛卸下来，拴在车轮上，大家就回来了。过了三天三宿，在第三宿，天快亮时，远远听见敲鼓声越来越近。这时，大家照他的吩咐，早就准备好了。出门一看，托庆嘎萨满在牛车前面，一边跳神一边往家走来。从登特科爱里前面经过时，人们认为满那莫昆死了的萨满变成妖怪了。

过了一会儿，他来到自家大门，顺着"拴那"绳反复地跳神三次，脱下神衣，穿上准备好的便衣，进入屋内说："我把自己的尸体用乌鸦替换了回来。"当人们去哈尔嘎纳·扎拉嘎那地方看时，果然在那里有一只死乌鸦。说完他拿一把香，到伊敏河岸把香点着，自己跳进河水里去了。等那炷香烧了一多半时，忽然从河水里漂出一条五尺多长的死鲤鱼。随后，他从水里跳出来说："我把我身上的污物转嫁给那条大鲤鱼了，现在我可以活到70岁。"果然，他的确活了70岁才去世。

---

① 哈尔嘎纳·扎拉嘎那：指沟沟坎坎的地方，即偏僻而无人烟之处。

2. 满那莫昆祖神的来历①

很早很早以前，满那莫昆的一个男子被迫从军。在一次战役中，不幸被敌人俘虏关进监狱。在监狱里他感到苦闷，便施展法术越狱了，把穿的衣服留在牢房里。等看牢的人发现时，人早就不在了，到处找也找不到。

这个人跑出监狱后，每天拼命地跑，就怕有人追他。跑了好多天，本来身体就弱，又因为没吃的，没走到家就死在了山谷中。他的灵魂变成一只粟雀，飞回了布特哈家乡。

有一天，粟雀看到自己的家窗户上的风洞正开着，就飞进家，落在西炕上。看爸爸、妈妈都在家的时候，就讲了自己如何被迫从军，如何在一次战役中被敌俘虏，狱中生活又怎么痛苦，自己又怎么逃出来，想回家养活老人等情况。最后，他哭着说："爸爸、妈妈你们不要伤心，我活着没尽到义务，死后一定要尽义务。"接着就说出了自己想当祖神的意愿。父母听完这只粟雀的哭诉，就像见到了儿子，边流泪边听他讲完。听到儿子的灵魂提出当祖神的要求后，就和全莫昆的老人们商议，举行了仪式，立其为祖神。

这个祖神的名字叫"乌兰·巴日肯"，其偶像用一块红布做底布，上面贴上9个人形，其中5个是金色的，4个是银色的。

这个祖神立起来后，就世世代代保护着满那莫昆的人，从此，这里的大人、小孩都能驱灾祛病，生活有了保障。

3. 德萨满的传说②

齐齐哈尔市郊全和太村现在世的萨满杨文生的祖父也是萨满，在一百多年前服兵役时被征调到新疆打仗，结果不幸阵亡。有一天，他的神灵返回到家乡，在自家窗外呼唤妻子的名字，并告知他已阵亡，现将其所用的念珠挂在西窗框上。其妻疑惑不解，索性出去一看，念珠果然挂在西窗框上。此念珠一直保存了下来，在"文化大革命"中

---

① 内蒙古自治区编辑组编：《达斡尔族社会历史调查》，259页，呼和浩特，内蒙古人民出版社，1986。

② 满都尔图主编：《达斡尔族百科词典》，235~237页，呼伦贝尔市，内蒙古文化出版社，2007。

被销毁。

（二）萨满神灵的各种传说

1. xoliər barkan（霍列力·巴日肯）的传说

有关 xoliər barkan（霍列力·巴日肯）来由的传说比较多，且不同地区也有不同的说法。

据传，达斡尔人在黑龙江流域时，与鄂温克人一同外出打猎，鄂温克人经常满载而归，而达斡尔人却一无所获。达斡尔人问其缘故，鄂温克人告诉说，他们有神灵帮助。达斡尔人问："你们的神灵是什么样的？"鄂温克人拿出一个白布口袋说："我们的神灵就在这白布口袋里。"达斡尔人想要，鄂温克人说可以买。达斡尔人出钱把口袋买回来，从此外出打猎，也能猎取很多动物。白布口袋里装有各种各样的木头人、鸟、蛇等物。若家中有人生病，请萨满来祭它，用鄂温克语念祭词，并宰羊，把羊血涂在这些木头人、鸟、蛇的嘴上，羊肉分给大家吃，据说这样可以消灾。

该神灵在布特哈地区有以下两种传说：[①]

第一种传说：古代有一位鄂伦春人被雷击死。他死以前，曾用龟和蛤蟆等物品挡身，死后和那些龟蛙类都变成神。初被鄂伦春人所供奉，后来传到达斡尔族中，是在黑龙江北岸时传进来的，他的神灵不通过萨满"oŋgoːr"（神灵），只是有时通过萨满显灵。

第二种传说：很早以前，在西藏地方的大山中，有一块很大的岩石。有一天，那块大岩石被雷击裂，从石头里面走出来一只羚羊。这只羚羊一直走到沈阳，扰乱附近的居民生活，满洲朝廷（入关前）把它捉住装在牛皮做的大囊里，投入江中。这个怪物在江中漂流时，遇到水蛟，皮囊被水蛟的角划破，羚羊从皮囊里面钻出来，再一次上岸搅扰居民。又把它捉住，又装在皮囊里，驮在马背上走了。那匹马随意走着，最后走到黑龙江上游，被特格鄂伦春的一个部落捉住。特格

---

① 内蒙古自治区编辑组：《达斡尔族社会历史调查》，280 页，呼和浩特，内蒙古人民出版社，1986。

鄂伦春人认为皮囊里肯定有好东西，把皮囊打开，那羚羊又跑出来了，在附近的森林里面徘徊着。在每次下雨打雷的时候，那只羚羊就躲避到那个部落的人们中间。有一天下雨打雷，很多人被打死，而它却幸免于难。但是，雷神追得很紧，所以它跑往布特哈地方。在诺敏河汇流嫩江的地方——额依勒尔、比台屯附近，有一个鄂温克农民正在耕地，那只羚羊跑到那个农民旁边时，雷声大作，把羚羊打成99块。从此，它的灵魂和因它而被雷死的那些人和动物的魂灵合力作祟，初被鄂伦春人供奉，后又在清宫内被立为神。

海拉尔地区达斡尔人的"daːbarkan"（达·巴日肯）的由来的传说：据传达斡尔人由布特哈地方迁居到海拉尔地区时，未曾有过"daːbarkan"（达·巴日肯）。在一百多年前的一个夏天，南屯的满那和登特科两个莫昆的青年们，在伊敏河里洗澡的时候，从上游漂来一个桦树皮小箱。由于好奇，大家把那小箱捞出岸上，互相争夺起来，因登特克莫昆的人数多，把那小箱夺过来了。打开一看，里面装着各式各样动物的模型，并有蟒袍一领，蟒袍上有血的污迹。因此，他们认为这是不吉利的东西，把所有的东西全部装回箱子里，又扔进伊敏河。可是，这个小箱不顺流而去，停顿在河流中不动。同时，登特克科莫昆的好几个年轻姑娘开始神经错乱，请萨满占卜的结果，说是那河里的桦树皮小箱在作祟。

因此，大家又把小箱子捞出来祭祀，于是登特克科莫昆人有了神，满那和阿尔科昌莫昆的人们不供奉它。这里的祭词和布特哈地方的不同，掺杂着很多鄂伦春和鄂温克语，不易懂。据巴格其说明，大致都是念颂神的座位和装饰。祭祀分大、小两种，供献有别。

爱辉地区maloːbarkan（马罗·巴日肯）的由来的传说有三种，据说达斡尔人从前不祭它，它原来是鄂伦春人的神，后来传到达斡尔族中被奉为神：

第一个传说：从前，有一个达斡尔人在森林里看见一个绰罗子，进去看一个人也没有，只有一个桦树皮篓子引起他的注意。他认为桦树皮篓子内一定有干肉条，也没有打开看，拿起就走了。回到家一看，都是maloːbarkan（马罗·巴日肯）偶像，就将其装回篓内扔在野外。

从此，他家就经常闹事。

第二个传说：一个鄂伦春人欠达斡尔人的债，达斡尔人屡索不还，最后不客气地把他家中的桦树皮篓子拿回来，意思是说你不还债，就把你所供的神拿走，使神迁怒于他。结果，达斡尔人也祭祀它了。

第三个传说：很早以前，达斡尔人与鄂伦春人、鄂温克人、蒙古人临近，在一起生活了很长时间，亲如兄弟。后来分开了，离别时恋恋不舍，互相交换巴日肯作为纪念。鄂伦春人送给达斡尔人的是马罗·巴日肯，蒙古人送给达斡尔人的是诺·巴日肯，达斡尔人也把自己的巴日肯送给鄂伦春人、蒙古人。但因时间太久，达斡尔人送给鄂伦春人、蒙古人的巴日肯的名字人们已记不清了。

2. 鄂嫩哈拉霍卓日·巴日肯的传说

据传，在鄂嫩哈拉族众从黑龙江流域迁往嫩江流域的途中，曾有某兄弟二人，哥哥叫卓日汗，弟弟叫卓林召。有一天兄弟俩突然失踪，族众在山林中搜寻，终未找到。过了一段时期，该族人上山打猎，坐在松树下乘凉时，忽然一个人神经错乱并告诉大家，曾经失踪的兄弟二人被雷击丧命，他俩的灵魂要当霍卓日·巴日肯。从此，鄂嫩哈拉的人们将他们兄弟二人供奉为"霍卓日·巴日肯"，用两个阿彦的偶像祭祀之。它的"oŋɔːr"（神灵）叫做"dubəːtʃiən kəruol"，领这个"oŋgoːr"的萨满就是鄂嫩哈拉的霍卓日萨满。

3. 登特科莫昆霍卓日·巴日肯的传说 ①

据传，登特科莫昆的先辈博霍尔岱，带领着他的奴仆博恒绰应征参了军。在一次战役中，主人受了致命伤，向奴仆说了遗嘱后死去了。他的遗嘱是一首控诉清代穷兵黩武政策的寓言性质的《乌春》，反映了达斡尔族人民悲惨的生活。

> 打进当阳城，
> 负了七处伤，
> 得到七两银子；

---

① 参见内蒙古少数民族社会历史调查组编印：《达斡尔族社会历史调查》，259 页。

打进南阳城,
负了八处伤,
得到八两银子。

在春季里,
躺在黑土地上,
躺在黑缎褥子上;
在夏季里,
他的遗骨在绿草地上,
铺的是绿缎子褥子;
在雪季里,
他的遗骨在白雪地上,
铺的是白缎子褥子。

在炕柜前,
有我两樽奶子(指母亲用奶养育之恩),
不要以为我不在家,
疏忽了伺候。
在西面炕上,
有我两个嘎什哈(指两个孩子),
不要以为我不在家,
放弃了教养。
在大门外面,
有我两棵榆树(指祖先的坟墓),
不要以为我不在家,
停止了祭奠。

解开我红马的嚼子(让妻子解下耳环),
让他牵拉缰绳吧(为丈夫服孝),
……

他母亲解读完这首寓言《乌春》便痛绝而死。

博霍尔岱在死之前，曾表示要当霍卓日·巴日肯，以了却未能尽孝和抚养儿女义务的凤愿。后来博恒绰也在行军中病死。他们两个人的冤魂后被族众奉为霍卓日·巴日肯。

4. 舞神笊篱姑姑的传说①

据传，很早以前，有这么一个村子，住的人不太多。村里有一家老两口有个能歌善舞的姑娘。每到过年过节，全村人都少不了要到老两口家热闹一番。

有一年过春节，大家都在吃饺子。可是全村只有两把笊篱，大家传着用。有一天，姑娘家里想用笊篱，她从村东头跑到村西头，好不容易借到手，眼看就要到家了，在经过她家西边牛圈时，一不小心让冻牛粪块给绊倒了，当时就死在地上。姑娘死后，他的父母都很悲伤，全村的人也都非常想念她。每当过年过节，姑娘们跳鲁日格勒（民间舞）时更是想念她，总感觉到她好像没死，还和从前一样和她们一起唱一起跳似的。可是，她毕竟已经死了，确实是不在了，大家每次跳舞时再也没有过去那样快活了，总是不欢而散。

后来，他们把笊篱打扮起来，用一块布包上，又在布上画上姑娘的头像，安上木腿，还给套上华丽的衣服，头上戴一束瓦莲木热托。跳舞时，她们先把装扮好的笊篱带到西牛圈里来招她的魂。招魂的人祈求说："笊篱姑姑回来吧！回来吧！回来和我们一起跳舞吧！"

请舞神的人进屋以后，大家就开始唱歌、狂欢。这时，由两个妇女扶着"笊篱姑姑"，在桌子上蹦跳，由慢而快，逐渐加快速度，大家更加高兴了。人们越高兴，笊篱姑姑就越快乐，笊篱姑姑也就很快走下来了。妇女们一对一对地起舞，歌声和步调一致，"阿哼呗"、"阿哼呗"的声音不绝于耳，时而还传出姑娘们悠扬的歌声，给节日的山村带来了愉快的气氛。

据说，笊篱姑姑就是这样伴随着姑娘们度过年节的。每当人们请

---

① 赛音塔娜编著：《达斡尔族民间故事选》，67页、186页，呼和浩特，内蒙古人民出版社，1987。

她下来时,老人就给青少年讲有关她的传说,舞神笊篱姑姑的传说就这样世代传下来了。

请笊篱姑姑之歌

莎拉腾格,绍莎勒金,
她俩把笊篱姑姑请来了,
请来了!

快用糖饼来祈祷,
快在麻糖前跳舞。

莎拉腾格,绍莎勒金,
她俩把笊篱姑姑请来了,
请来了!
牛粪已经都抹好,
马粪已经摆上了,
请来了!
请来了!

莎拉腾格,绍莎勒金,
她俩把笊篱姑姑请来了,
请来了!
九位姑娘快舞蹈,
九位老太太快舞蹈,
请来了!请来了!

(三)萨满法器的传说

1. 护心镜及护背大镜的传说

据传,从前在齐齐哈尔地区,有一个姓德的达斡尔族萨满,神通广大。有一次,一位年轻萨满拜他为师,并举行斡米南祭典。正在进行领神仪式时,由于为敌的萨满捣鬼,拴那绳忽然断了,主祭的年轻萨满即刻死去。危机中，德萨满把自己的护心镜和护背大镜扔出去，两个铜镜抛出后又滚了回来。德萨满接过滚回来的护心镜和护背大镜后，将折断的两根拴那绳头捏在一起，一阵祈祷后，两根绳头重又连在一起，死去的主祭萨满马上就活过来了。

海拉尔地区苏克岱萨满的护心镜是由嘎胡查萨满传下来的，非常灵。他每次从齐齐哈尔拉脚回来，他的铜心镜先自己回到家。有一位喇嘛不相信，他用一个元宝买了这块铜镜，为防其滚回主人手中，严格看护。有一次趁喇嘛不备，护心镜自己滚着回到苏克岱萨满那里。这位喇嘛不得不佩服苏克岱萨满了。这块护心镜一直传到满那莫昆的末代霍卓日萨满。①

2. 念珠的传说

齐齐哈尔市郊全和太村萨满杨文生的祖父是萨满，在一百多年前服兵役被征调到新疆打仗，结果不幸阵亡。有一天，他的神灵返回到家乡，在自家窗外呼唤其妻子的名字，并告知他已阵亡，并将其所用的念珠挂在西窗框上，其妻疑惑不解，索性出去一看，念珠果然挂在西窗框上。此念珠一直保存了下来，后在"文化大革命"中被销毁。

（四）萨满教仪式来历的传说

据社会历史调查材料介绍，关于祭天仪式有一套说道，至于如何理解，尚不清楚。

传说祭天时一般杀两岁牛，或杀猪作为供物。据说早期用白牛为供物。在大门外挂上一双靴子，把大板门关严。没有木板大门者，在大门上挂渔网或网状的绳子，禁止人通过大门，人进出跳墙。在正房的西南角，横置木杆，用被子将横木盖住，然后念伊若。把骨头啃干净，用簸箕收拾好，扔在院外，把脖胫骨插在木杆尖上，挂在大门旁边。祭天不跳神，所以不一定用萨满。

---

① 满都尔图主编：《达斡尔族百科词典》，242页，呼伦贝尔，内蒙古文化出版社，2007。

四、萨满教与民间故事

达斡尔族民间有关萨满教遗存的民间故事很多,反映了达斡尔人的萨满教信仰,仅举两则。

(一)猎人和蛇的故事(蛇王国的故事)①

从前,有一位勇敢的猎人,每次打猎总是满载而归。有一年春天,他又到山里打猎,什么也没打着,心里很不高兴。他正低着头走的时候,忽然掉进了一个大洞里,也不知道有多深,黑咕隆咚的,伸手不见五指。他在洞里左看右看,发现洞里边有点亮光。他摸着洞壁往里走,走着走着看见了一条大蟒蛇窜出来,把他吓了一跳。大蟒蛇的眼睛大大的,脑袋来回晃着,他以为要吃他,忙躲到旁边。可是,这条大蟒蛇不追他,也不害他,他也就放心了。他站在洞里观察起来,当他低着头仔细看时,看见洞里地上爬满了大大小小的蛇,猎人好不容易找到一块空地坐下来。就这样,他在洞里一宿也没吃着一口饭,肚子里叽里咕噜地直响,可又没有啥吃的。早晨,他看见大大小小的蛇按顺序爬过去舔一块白石头,然后,又按顺序爬回原来的位置上。猎人饿得受不了,他也壮着胆子去试了试,舔完这块白石头,他的肚子果然不饿了。奇怪的是,自从舔了这块白石头,他开始听懂了蛇群互相说的话。有一条大蛇问那群蛇说:"这人是个守本分的人,他是无意中掉下来的,从来没害咱们,大家不要害他。等明天天大亮的时候,再把他送出去。"这样,他在洞里待了一天。

第二天,一条大蟒蛇对他说:"猎人,你知道这是什么地方吗?"猎人说:"我不知道。"

大蟒蛇又对他说:"这里是蛇国,因为你是个守本分的人,我们把你保护起来了。现在,你已经舔白石头了,从今以后,你就能听懂各种鸟兽的语言了。不过,你听懂了什么动物的话,都不能告诉别人,更不

---

① 赛音塔娜编著:《达斡尔族民间故事选》,186 页,呼和浩特,内蒙古人民出版社,1987。

能说出我们蛇国的秘密。你要说出去，你的性命就难保了。"说完，蛇群把他送出了洞口。猎人出了洞口，让太阳光晃得眼睛都睁不开。过了一会儿，当他睁开眼睛看时，眼前是一片绿色，各种鸟儿在天空鸣叫着，满山遍野开满了鲜花。其实，在这一段时间里，家里人到处找他，已经找了一年，都没找见。大家都以为他已经让野兽吃了，因此，家里的人们已穿上孝衣，给他办了丧事。见他回来，家里人都有点惊奇。经他一讲，大家才知道，原来洞中的一天，就是人间的一年啊，不过，他对家人只讲了自己的奇遇，没敢讲出自己懂鸟兽语言的事。

有一天，他站在院里，抬头往天上看，正好有两只乌鸦从他头上飞过，只听它们在聊天。一只乌鸦说："这村东头那家的马在东山坡上，现在快下马驹了，咱们吃胎衣去吧。"猎人听明白后，想看个究竟，特意去了一趟东山坡，看了看是否这样。等他到那儿，还真的有一匹马刚下完马驹，站在那儿。还有好几只乌鸦正在那儿叼着吃胎衣。他又听见大马和小马驹的对话，小马驹说："妈妈、妈妈！我怎么回家呀？"大马说："你快爬到我的后背上，我背你回家呗。你别东张西望，要坐好！"猎人一直跟在大马后边走，半路上，小马驹又说："妈妈、妈妈！回到家，我怕狗咬。"大马说："不要怕，你在我的后背上，还怕什么？"小马驹这时才不吱声了。看见大马背着小马驹回了家。他才回到自己家里。

又有一天，猎人和他的老婆刚躺下，没等他们入睡，忽然，听见屋里有动静。猎人侧耳细听，原来是两只老鼠吱吱喳喳地说话。其中一只在说："主人都睡下了，咱们去喝点儿酸牛奶吧！"另一只说："你用牙咬住我的尾巴，我先爬进去喝。等我喝完了，你再喝。不一会儿，听见一只耗子吸奶子的声音，一会儿听它在说："真香啊！该你喝了。"另一只说："你可好好咬住我的尾巴，别松开。"说完它又喝了一会儿，喝着喝着，它就掉进牛奶坛子里了，站在外面的老鼠着急地喊起来："哎呀！不好了！我的老婆掉进牛奶坛子里了，我可怎么养活一帮孩子呀！"猎人听见这两只老鼠的对话，实在憋不住哈哈大笑起来。他走到坛子旁边，把掉进坛子的老鼠捞出来，把它们放走了。他刚躺下，老婆就问他干啥去了，他怎么也不肯说。

还有一次，他躺在炕上，听见两只麻雀在说话，一只问另一只："东屋大娘的小鸡每天都少一只，不知是哪个坏蛋偷走的！"另一只回答："昨天，我看见了，是黄鼠狼给叼走的，挺可惜的！"第二天，猎人让东屋大娘把铁夹子支到鸡窝前，果然夹住了一只黄鼠狼。

时间长了，猎人的妻子发觉丈夫有点反常，经常做出令人想不到的事。有时一个人坐着坐着就大笑起来，妻子问过几次，他总不肯说。有一天妻子实在憋不住了，就问他："你时常一个人傻笑什么？"丈夫说："我心里觉得好笑，就想笑。"老婆不高兴地说："你有什么不能告诉我的事情吗？什么事让你这么高兴？"这次，猎人再无法推托了，只好向妻子说出了实情。猎人说："要说起来，你可能不信，我能听懂鸟兽的对话，听起来怪有意思的。"老婆不相信，非缠住他问个清楚不可。猎人没法子，只好说："我要说出来的话，明天就会死的，请不要再追问了。"

老婆还以为是开玩笑呢，还追问个没完没了。猎人只好把自己怎么掉进了蛇王国的洞里，又怎么舔了白石头，后来就能听懂动物的话了的事情，一一都讲出来了。又说："蛇王曾经警告过我，不要对任何人讲出这个秘密。可是，现在我已经失去了信用。明天，我可能要遭到报应了。"第二天中午，燕子们在窝里叽叽喳喳地议论："今天，蛇群就要来了，它们要来害死我们的主人啦！多可怜。""他应该找个地方藏起来。"听到它们的话，猎人和老婆商量了一下。最后，他们想出了一个办法，让老婆把他扣在大缸里。刚扣完，一群蛇就爬进了大门。不一会儿，就冲进屋里，看了看，闻了闻。忽然，为首的一条大蛇往水缸爬过去，刹那间，一群蛇都围过去了，层层围在水缸外面，过了一会儿就撤走了。这时，猎人的老婆吓得缩成了一团，躲到墙旮旯里。她见蛇群走了，忙跑过去把水缸翻过来。原来以为男人不会有什么事的，结果掀开一看，里面只剩下一副骨架子，她一下子就昏过去了。

（二）树萨满与莫日根的故事①

据斯琴挂萨满说，"白纳查"有可能是树神。这是个新的说法，

---

① 赛音塔娜编著：《达斡尔族民间故事选》，249~250 页，呼和浩特，内蒙古人民出版社，1987。

值得注意。下面是赛音塔娜收集到的一则很有意思的故事，是一位达斡尔族民间艺人讲的。

达斡尔人信仰萨满教，特别崇拜年久高大的树，认为榆树、松树、白杨树等老了就会成为树神。对这种树，不准随便砍，谁要是砍了的话，它会流血，对人不吉利。有的树心里能流出泉水，据说这种水能治病。小时候，经常听老人讲一个树萨满故事，很有意思。

有一个年轻的莫日根，准备上山打猎。走到一棵树下躺下休息。晚上，没等他睡觉，这棵树就晃起来了。莫日根很奇怪，一点儿风都没有，树怎么就晃起来了？正在奇怪时，他又看见旁边的一棵小杨树也晃起来了。不一会儿，那棵杨树开始说话了："树萨满，我是来请你的。今天我妈妈病了，病得厉害了，你能不能给看看。"

榆树说："今天我家来了客人，我不能扔下客人就走。你还不知道，咱们这山上妖魔鬼怪多，我要是走了，它们会害这个客人的。"

杨树晃了晃说："树萨满，我的妈妈眼看就要死了。已经好几天了，水不进饭不咽，你看怎么办哪？"老榆树叶晃了晃说："老邻居，你怎么求我，我也不能去呀！出不了门哪。"小杨树晃了几下又说："我妈妈的病确实是厉害了，我就求你这么一次了。""老邻居，你妈妈的病，确实是老病，估计连明天中午都过不去。我去，也不顶事。"小杨树晃了一下："谢谢你了，树萨满。"

青年猎人在大榆树下面坐了一会儿，听它们不说话了，他规规矩矩地站起来，然后给树萨满边磕头边说："尊贵的树萨满，你们两个人说的话，我都听见了。都是为了我，你没给他的妈妈看病去，我十分感激你。"树萨满说："这是我的义务，你不必太客气了。"青年猎人说："看来你是附近有名的萨满吧？你能不能告诉我，这次出猎回来的时候有没有收获？我的家里人可否平安无事？"树萨满说："你这次出猎，回来的时候有收获。去的时候，怎么样，路上你就会知道的。离这不远有一棵白杨树倒下了，横在路上。他就是昨天来的那棵小杨树的妈妈。"

第二天，猎人离开树萨满，走出了几里地，果然看见了一棵白杨树横倒在路上。他绕过去走了。真如树萨满所说，回来的时候，他真的打着了不少珍贵的野兽。

第二节 萨满教与艺术

一、萨满教与音乐

萨满教对达斡尔族的民间音乐影响很大,也可以说,萨满音乐是达斡尔族文化的重要组成部分。萨满音乐曲调与达斡尔族民间音乐息息相关,尤其是莫力达瓦达斡尔族自治旗等地区的萨满调较多地保留了达斡尔族渔猎生活的传统,以高亢、激昂、简短为特征;而接受农业文化较多的齐齐哈尔地区达斡尔族萨满调多平稳缓慢,其衬词已经发展成为点明祷词主旨的表述词。

萨满神歌曲调①

第一首:

1=♭B 2/4 每分钟112拍

00 | 00 | 3̲3̲ 3 | 3̲3̲ 3̲5̲ | 7̲6̲5̲3̲ 3 | 3 0 | 00 | 3̲3̲ 3 |

每分钟108拍

3̲3̲ 3̲5̲ | 7̲6̲5̲3̲ 3 | 3 0 | 00 ‖: 00 | 00 | 00 | 00 :‖

0 3̲ | 3̲5̲ | 7̲7̲6̲ 6̲5̲ | 3̲5̲ | 3̲6̲7̲ | 7̲6̲ 2̲i̲ | i̲ | 3̲5̲3̲ 3̲2̲3̲ |

1̲6̲6̲ 6 - | 0 2̲·3̲ | 2̲ | 1̲2̲3̲5̲ | 3 - | 3̲5̲6̲7̲ | 6̲ - | 5̲3̲5̲ | 3̲ - |

6̲i̲2̲3̲ | 2 - | 1̲2̲3̲5̲ | 3 - | 6̲i̲ | 2̲3̲ | 2 - | 1̲2̲3̲5̲ | 3 - | 2̲3̲ 2̲i̲ | 6 - ‖

---

① 搜集人:鄂燕,内蒙古师范大学音乐学院达斡尔族在读硕士生(根据录像中的音乐原带整理)。搜集地点:呼伦贝尔市鄂温克族自治旗,斯琴挂提供。搜集时间:2008年3月。

转1=C

‖: 0 0 | 0 0 :‖ 0 0 | 0 0 | 0 0 ‖ 3̲ 3̲ 3̲ | 2̲ 3̲ 5̲ | 1̲ 0̲ 1̲͡ 1̲ 1̲ 2̲ |

3̲ 3̲ 5̲ | 1̇·̲ 2̲ | 1̇ 6̲ | 5̂ - | 5̂ 1̇ | 6̇ - | 5̲·̲ 6̲ 1̇ 3̲ | 1̇ - | 1̇ 2̇ | 3̇ ·̲ 5̇ |

2̇ 3̲ 2̲ | 1̇ - | 1̇ 0 | 3̲ 3̲ 3̲ | 2̲ 3̲ 5̲ | 1̲ 0̲ 1̲͡ 1̲ 1̲ 2̲ | 3̇ ·̲ 5̇ | 1̇·̲ 6̲ |

5̂ - | 5̂ 1̇͡ | 6̲ 6̲ 6̲ | 5̲ 6̲ 1̇ | 1̇ 1̲͡ 1̲ 1̲ 2̲ | 3̇ 3̇ | 2̲ 5̲ | 1̇ - | 1̇ - ‖

每分钟72拍

0 0 | 0 0 | 3̲ 3̲ 3̲ 5̲ | 6̲ 6̲ 1̇ | 6̲ 5̲ | 6̲ 6̲ 6̲ | 0 0 | 3̲ 3̲ 3̲ 5̲ | 6̲ 6̲ 1̇ | 6̲ 6̲ |

6̲ 6̲ 6̲ | 0 0 | 3̲ 3̲ 3̲ 5̲ | 6̲ 6̲ 1̇ | 6̲ 6̲ | 3̲ 3̲ 3̲ | 2̲ 2̲ 3̲ 5̲ | 3̲ 3̲ 3̲ | 0 0 |

2̇ 2̲ 3̲ 5̲ | 2̲ 1̲ 6̲ | 2̲ 2̲ 3̲ 5̲ | 2̲ 1̲ 2̲ 3̲ | 1̇ 1̲ 6̲ | 0 0 :‖

第二首：

1=C 2/4 每分钟74拍

0 0 | 0 0 | 3̲ 3̲ 3̲ 5̲ | 6̲ 6̲ 1̇ | 6̲ 5̲ | 3̲ 3̲ 3̲ 5̲ | 3̲ 3̲ 3̲ 0 | 0 0 | 2̲ 2̲ 3̲ 5̲ |

1̲ 1̲ 2̲ 3̲ | 6̲ 1̲ 6̲ 0 | 2̲ 2̲ 2̲ 2̲ | 3̲ 3̲ 5̲ 3̲ 3̲ | 2̲ 2̲ 3̲ 0 | 0 0 | 2̲ 2̲ 3̲ 5̲ |

1̲ 1̲ 2̲ 3̲ | 6̲ 1̲ 6̲ 0 | 2̲ 2̲ 3̲ 5̲ | 1̲ 1̲ 6̲ 0 | 0 0 | 0 3̲ 3̲ 5̲ | 6̲ 6̲ 1̇ | 6̲ 5̲ |

3̲ 3̲ | 2̲ 2̲ 3̲ 5̲ | 1̲ 1̲ 2̲ 3̲ | 1̲ 1̲ 6̲ 0 | 0 0 | 0 0 | 2̲ 2̲ 2̲ 2̲ | 3̲ 5̲ 3̲ 3̲ |

2̲ 2̲ 3̲ 0 | 1̲ 1̲ 2̲ 3̲ | 1̲ 1̲ 2̲ 3̲ | 6̲ 1̲ 6̲ 0 | 0 0 | 0 0 ‖

祭山神曲

第一首①：

1=F　2/4　稍快

5 5　5 5 ｜5　6·｜6 6　5 3 ｜5　5　1 ‖
迪库迪库　迪　库　迪库耶尼　迪　　库

第二首②：

1=F　6/8　稍快

5 5 5　5 6 ｜5 6 5 3　1 2 3 5 ｜5 3·2　1·‖
德维　克尼　德维　克尼　　德维　克

托若祭曲

1=F　3/4　中速

1 1 1　3 6 5 2 ｜5 6 5　3 5 3 2 1 ｜5 6 1　3 5 3 2 ｜5 6 1 3 5 3
列格木　列格木列　列格木　楼色列　　列格木　列格木列　列格木

2 1 ‖
楼色列

请祖神曲③

1=F　2/4　稍慢起　中速

1 5 1 2 ｜3·5 ｜2·5 ｜1 2 3 5　2 ｜1 6 1 2 ｜3·5 ｜1　6 5 ｜1 3 5 2 ‖
真珠真珠　列　　真　珠　　真珠真珠　列　真珠真珠　列　　真　珠　真珠　列

---

① 演唱：小巴西，图木热伴唱；采录：莫德尔图；记谱：斯仁那达米德。
② 演唱：杨文生，鄂维勤伴唱；采录：满都尔图孟合；记谱：斯仁那达米德。
③ 演唱：杨文生，鄂维勤伴唱；采录：满都尔图、孟合；记谱：斯仁那达米德。

吃血仪式上的祷词曲①

1=♭B 2/4 中速

3 3 3 2 5 | 1 1 1 6 | 5 5 5 1 6 | 5 · 6 1 | 5 6 5 3 2 | 1 2 1 6 |
讷木嫩奎　　纳木嫩奎　讷木嫩　奎德 热　　　讷莫尔　郭力　讷钦吉若

3 3 3 2 3 5 | 1 1 · 1 6 | 1 1 1 3 2 | 1 - ‖
海拉尔郭力　　哈屯　吉若　　讷木嫩　奎德 热

记谱：斯仁那达米德

请"嘎尔卓·温果尔"曲②

1=F 5/8 6/8 中速

3 6 6 6 5 | 1 6 6 6 5 | 5 3 2 2 1 6 ‖
嘎尔卓哟　　嘎尔卓哟　嘎尼嘎尔卓哟

6 2 2 2 2 | 3 6 5 5 3 | 5 3 2　1 6 ‖
嘎尔卓哟　　嘎尔卓哟　嘎尼嘎尔卓哟

送魂曲③

1=G 2/4 中速

5 5 5 1 6 | 5 · 3 | 5 5 6 3 2 | 1 - ‖
德尔德　亚　　德　　　鹅乌色　亚　　德

---

① 演唱：敖仁，德馨等伴唱；采录：满都尔图、孟合；记谱：斯仁那达米德。
② 演唱：杨文生，鄂维勤伴唱；采录：满都尔图、孟合；记谱：斯仁那达米德。
③ 演唱：敖仁，德馨等伴唱；采录：满都尔图、孟合；记谱：斯仁那达米德。

斯琴挂唱的 iro: 曲调（一）①

1=F 4/4

$\underline{2}$ 5 · - - | $\underline{3\ 3\ 5}$ $\underline{2\ 2\ 3}$ $\underline{1\ 1}$ 1 | $\underline{3\ 3\ 5}$ $\underline{2\ 2\ 3}$ $\underline{1\ 1}$ 1 |
唉　　　　　飞翔吧　飞翔吧　　　　飞翔吧

$\underline{2}$ 5 · - - | $\underline{5\ 6\ 5\ 6\ 5\ 3\ 2\ 3\ 2}$ | 1 - - - | $\underline{6\ 6}$ $\underline{1\ 1}$ 2 |
唉　　　　金色的 山崖 后背　　上　　　山石上

2 3 | 5 - - - | $\underline{5 \cdot 6}$ $\underline{\dot{1}\ \dot{1}}$ $\underline{6\ 5\ 5\ 3}$ | 2 - - 3 | $\underline{6\ 6}$ $\dot{1}$
有棵　树 的　　在鸟巢里　　有蛋　　　逐渐的

$\underline{5\ 6\ 5\ 3\ 2\ 3\ 2}$ | 1 - - - | $\underline{1\ 6\ 1\ 1\ 2\ 2\ 1}$ | $\underline{1\ 6\ 1\ 1\ 2\ 2\ 1}$ |
成熟　　　　了　　　色 泽 完整了 色 泽 完整了

$\underline{6\ 6\ 1}$ $\underline{1\ 1}$ 2 3 | 5 - - - | $\underline{5\ 5\ 6\ 1\ 1\ 6\ 5\ 5\ 3}$ | 2 - - 3 |
你的翅膀能飞翔了　　　你的脖子上　戴着　铃　铛

$\underline{6\ 6\ 6\ 5\ 6\ 5\ 3\ 2\ 3\ 2}$ | 1 - - - ||
向我 飞下 来　　　了

---

① 采录、整理：丁石庆（中央民族大学教授）；记谱：鄂燕（内蒙古师范大学音乐学院民族音乐专业在读硕士，采录时间：2008年5月。

斯琴挂唱的 iroː 曲调（二）[1]

$1=^bB$ 2/4 每分钟112拍

0 0 | 0 0 | 3̲ 3̲ 3 | 3̲ 3̲ 3̲ 5̲ | 7̲ 6̲ 5̲ 3̲ | 3 0 | 0 0 | 3̲ 3̲ 3 |

每分钟108拍

3̲ 3̲ 3̲ 5̲ | 7̲ 6̲ 5̲ 3̲ | 3 0 | 0 0 ‖: 0 0 | 0 0 | 0 0 | 0 0 :‖

0 3̲ | 3̲ 5̲ | 7̲ 7̲ 6̲ 6̲ 5̲ | 3̲ 5̲ 3̲ | 3̲ 6̲ 7̲ | 7̲ 6̲ 2̲ | 2̲ 1̲ 2̲ | 3̲ 5̲ 3̲ | 3̲ 2̲ 3̲ |

1̲ 6̲ 6̲ 6 - | 0 2̲·3̲ | 2 - | 1̲ 2̲ 3̲ 5̲ | 3 - | 3̲ 5̲ 6̲ 7̲ | 6 - | 5̲ 3̲ 5̲ | 3 - |

6̲ 1̲ 2̲ 3̲ | 2 - | 1̲ 2̲ 3̲ 5̲ | 3 - | 3̲ 5̲ 6̲ 7̲ | 6 - | 5̲ 3̲ 5̲ | 3 - | 6̲ 1̲ 2̲ 3̲ |

2 - | 1̲ 2̲ 3̲ 5̲ | 3 - | 6̲ 1̲ 2̲ 3̲ | 2 - | 1̲ 2̲ 3̲ 5̲ | 3 - | 2̲ 3̲ 2̲ 1̲ | 6 - ‖

转 1=C

‖: 0 0 | 0 0 :‖ 0 0 | 0 0 | 0 0 ‖ 3̲ 3̲ 3 | 2̲ 3̲ 5̲ | 1̲ 0̲ 1 | 1̲ 1̲ 2 |

3̲ 3̲ 5̲ | 1̲·2̲ 1̲ 6̲ | 5 - | 5̲ 1̲ | 6 - | 5̲·6̲ 1̲ 3̲ | 1 - | 1̲ 2̲ | 3·5̲ |

2̲ 3̲ 2̲ | 1 - | 1 0 | 3̲ 3̲ 3 | 2̲ 3̲ 5̲ | 1̲ 0̲ 1 | 1̲ 1̲ 2 | 3·5̲ | 1·6̲ |

5 - | 5̲ 1̲ | 6̲ 6̲ 6̲ | 5̲ 6̲ 1̲ | 1̲ 1̲ | 1̲ 1̲ 2̲ | 3̲ 3̲ | 2̲ 5̲ | 1 - | 1 - ‖

---

① 引自刘桂腾：《萨满教音乐研究》，228～232页，北京，中国音乐学院出版社，2007。原为五线谱，由鄂燕转换为简谱。

每分钟 72 拍

0 0 | 0 0 | 3 3 3 5 | 6 6 1 6 5 | 6 6 6 | 0 0 | 3 3 3 5 | 6 6 1 | 6 6 |

6 6 6 | 0 0 | 3 3 3 5 5 | 6 6 1 | 6 6 | 3 3 3 | 2 2 3 5 | 3 3 3 | 0 0 |

2 2 3 5 | 2 1 6 | 2 2 3 5 | 2 1 2 3 | 1 1 6 | 0 0 :‖

15.
1=C 2/4 每分钟 74 拍

0 0 | 0 0 | 3 3 3 5 | 6 6 1 6 5 | 3 3 3 5 | 3 3 3 0 | 0 0 | 2 2 3 5 |

1 1 2 3 | 6 1 6 0 | 2 2 2 2 | 3 3 5 3 3 | 2 2 3 0 | 0 0 | 2 2 3 5 |

1 1 2 3 | 6 1 6 0 | 2 2 3 5 | 1 1 6 0 | 0 0 | 0 3 3 5 | 6 6 1 6 5 |

3 3 | 2 2 3 5 | 1 1 2 3 | 1 1 6 0 | 0 0 | 0 0 | 2 2 2 2 | 3 5 3 3 |

2 2 3 0 | 1 1 2 3 | 1 1 2 3 | 6 1 6 0 | 0 0 | 0 0 ‖

二、萨满教与造型艺术

达斡尔族的造型艺术与萨满教有着密切的关系，主要表现在萨满服造型与装饰、萨满的法器器具造型、神偶造型等方面。

（一）萨满服造型与装饰

达斡尔族的萨满服与其他民族的萨满服相比较，有许多共同点，但是也有自己的特色，而且本民族内部也有一些差异。由于篇幅的关系，本书只将达斡尔族萨满的服饰情况进行简单介绍。萨满服包括神帽、神衣、神裙等。

神帽：达斡尔族萨满的神帽，是一种双鹿角的帽，而且在双鹿角中间又有一只站立着的鹰的造型。斯琴挂的神帽内套黑大绒帽,衬上绣两只凤。下图中是左龙右凤,中间有火球与小鸟,下为云朵,四周缀若干亮片。萨满坎肩的前面,缀了360颗贝壳,3颗一组,每侧最上面为两组一排,从第二排开始为3组一排,共8排,前面共有156颗贝壳。

图5-1　斯琴挂神帽上的龙凤头饰①

又如沃菊芬萨满帽内衬帽的前额上也绣有龙凤,其双肩上立着两只小鸟,据沃菊芬说,这个鸟达斡尔语称为"tʃɑbək",至于用汉语怎么称呼该鸟不详。也有人认为这个鸟是布谷鸟。据说这个鸟是萨满的信使,有什么信息它就传递给萨满。小鸟是用黄布制作的,鸟身有两道装饰的条纹,有彩色的尾巴,很漂亮,站在萨满肩上好像和萨满说着悄悄话似的。

---

① 图5-1至图5-8由赛音塔娜拍摄。

第五章　萨满教与达斡尔族文学艺术 ‖ 199

图 5-2　沃菊芬头饰上的龙凤及双肩上的小鸟

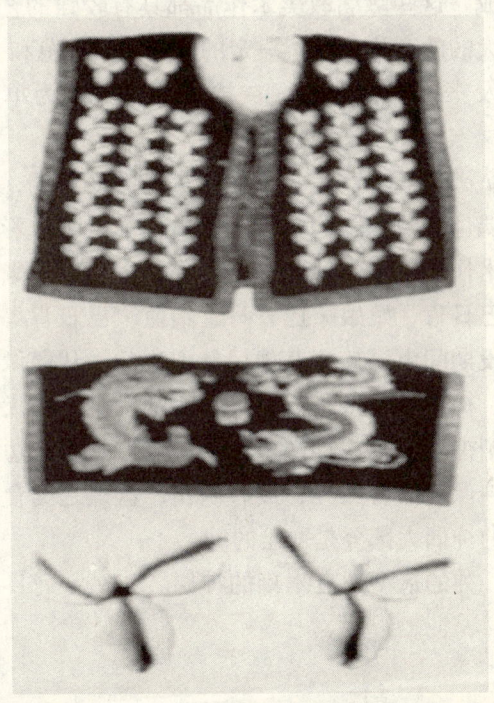

图 5-3　斯琴挂的坎肩后背上的龙凤图案

神衣：萨满的神衣为用熟软的犴皮做成的长袍，神衣前身下面有60个铜铃，神衣前身和后身有24条飘带组成的条裙。

（二）神偶的造型艺术

在达斡尔族传统的艺术形式中，萨满教美术占有一定的比重，从其形式上可分为早期型和晚期型。[①]

早期型萨满教美术的种类有木雕、彩绘画、剪纸、剪皮等。木雕类一般很简单，只表现神像的大体轮廓及简单的五官位置。彩绘画类虽然用单线勾勒，略施彩绘，但其线索笔锋流畅。在构图上很多神像都是平列描绘的，略显主次关系。如霍列日·巴日肯的偶像，17种神，是由58个生物和物件组成，其中有15种神以木雕而成，其他则以彩绘为主。又如吉雅其神是用蓝布为底色，上面贴上手拉手的人形，它们用金箔剪成。这些萨满教美术作品都具有较强的艺术特色，敷色等方面都有很大的的变化，有了一定的造型法式规范和主神副神之分，往往饰以幔帐及案几、食具等。在技法处理上多为单线平涂，施敷水彩。

晚期型的萨满教美术产生于萨满教美术的变革期，这时出现了各种形状的彩绘偶像。绘像、构图、线条出现了工笔重彩画的趋势与风格。萨满教美术作品也多由民间画师创作，主要以外来神为题材的作品，如敖雷·巴日肯、娘娘·巴日肯、阔通·巴日肯等，多是达斡尔族官兵在服兵役期间由汉族或其他民族引进的。从偶像中可以看到所绘神像从绘像、构图、线条、敷色等方面都发生了很大变化，已有了明显的主神、副神之分，主神端坐正中，侍者立于旁边。神像上方绘有幔帐，在主神像前绘有案几，放有碗筷、盘碟之类食具。如沃菊芬和斯琴挂萨满的神偶大部分是彩绘的。

彩绘之外，神的造型还有木刻的神偶。如在霍列日神的部分神偶就是木雕的。

---

① 参见满都尔图主编：《达斡尔族百科词典》，464页，呼伦贝尔，内蒙古文化出版社，2007。

第五章　萨满教与达斡尔族文学艺术 ∥ 201

图 5-4　木雕神偶（莫旗萨满文化博物馆展品）

图 5-5　木雕神（莫旗萨满文化博物馆展品）

图 5-6 木雕神偶（莫旗萨满文化博物馆展品）

现在，这种木雕艺术仍有遗存表现，在我们调查期间，发现莫力达瓦达斡尔族自治旗水库宾馆的大厅里，大门的左右有一对龙凤的木雕像。

图 5-7、图 5-8　莫力达瓦水库宾馆大厅的龙凤木雕

三、萨满教与舞蹈

萨满舞主要在三种场合表演，一是治病，二是预祝丰收，三是萨满盛会。①

萨满舞蹈的基本表演方式为身系腰铃，敲击单面鼓，步伐多为前进、后退、蹦跳、回旋四种。舞蹈时，边击鼓边唱祷词或咒语，敲鼓和舞蹈动作因地而异。齐齐哈尔和莫力达瓦达斡尔族自治旗，萨满舞的跳法有些不同，前者许多舞步在场地四个角上表演，而后者却在一条线上变换舞步跳来跳去。

(一) 萨满舞动作

据达斡尔族民间艺人胡瑞宝介绍，达斡尔族的萨满舞可分为五个部分。

1. 手部动作

手部动作共有以下八种：

碎打鼓：执鼓槌的手向后甩的方式，击鼓时，一是直上直下，一是月牙形打鼓。

击鼓姿势似雄鹰展翅，两手扬起相碰，在头上分开，分做低打、中打、高打三种动作。

转鼓：达斡尔语称作"dɑlitʃibəi"（驱逐不祥兆头）。手腕从外向里往上翻时击一下鼓面，如此循环反复几次。

煽鼓：达斡尔语称作"dʒardʒabəi"（驱赶之意）。双手执鼓，鼓面朝外上下扇动。

飞鼓：达斡尔语称作"xutur dərdəbəi"。把鼓抛到半空平旋，下落接住后再打再转。灵巧的萨满趁鼓飞空时，可在鼓下转一圈后接上鼓。此动作表示神灵的降临。

---

① 参见马薇：《达斡尔、鄂温克的民间舞探略》，载《中央民族学院学报》，1983(2)。

挡脸鼓：达斡尔语称作"wəngoldʑiʃibəi"。坐着挡着脸，向左右缓慢移动着击鼓。

饮酒鼓：达斡尔语称作"arʃian arigbardʒabəi"。在鼓面上放一盅酒，晃一阵鼓，轻敲一阵鼓，萨满便将酒一饮而尽，然后咬破酒盅，但嘴唇不出血。

滚鼓：达斡尔语称作"xutur tʃuŋgurgəbəi"。表示神已远去，把鼓顺地滚走，由旁人接住。

2. 腰部动作

腰部动作共有三种，即滚腰（又分前哈腰、仰后腰、两旁下腰）、前后扭腰和涮腰（即腰的环动，有慢、快两种节奏）。

3. 腿部动作

腿部动作共有以下四种：

走步：左脚向前迈一步，右脚踮着，整个身子向上颤一下，两脚交替做此动作。

抖铃：分为右腿抖铃、左腿抖铃、双腿同时抖铃三种。

蹦跳：有提腿跳、掖腿跳、双脚同起同落跳，助起动作还可加掂步和小跑。

回旋步：双脚平踏原地自转，女萨满是半脚掌落地旋转，上身直立略后仰；男萨满转时稍伏身。

4. 头部动作

头部动作有晃头和绕头两种。

5. 技巧动作

技巧动作主要有地滚，由助巫双手拨动萨满，沿着三面炕连滚三遍；还有跳卧鱼，即只动身上一个铃和只用一个指头转鼓等高难度动作。

（二）击鼓的节奏

鼓是萨满舞不可缺少的道具。巫师敲打鼓面发出有节奏的音律，形成萨满舞单纯而富于一定厚度的器乐音响特色。抓鼓的舞蹈动作非常丰富，技艺性很强。巫师左手执鼓，右手操鼓槌，双手可以随意挥舞。

图5-9 莫旗50周年大庆检阅仪式上的萨满彩车（苏伟伟提供）

图5-10 斡包节上的萨满舞蹈（苏伟伟提供）

击鼓的音乐节奏,分有规则与不规则两种,时而还夹杂些神秘色彩的杂乱吟诵,很难用乐谱准确记录,只有其鼓点尚清晰可辨。萨满舞中常见的慢板节奏型多为‖:咚0│咚0:‖,用于较沉重的走步;在稍快和蹦跳的动作中,多用‖:咚咚咚咚咚0 咚咚咚咚咚0—:‖这类节奏型;在快速原地旋转中,多用‖:咚咚咚│咚—:‖的极板节奏型。此外,还有一些音律宽广、自由的散板,上述鼓点交织在一起,形成萨满音乐的独特风格。

现在,在达斡尔族的文艺活动中,有萨满文化的艺术形式受到了人们的喜爱。

第六章

达斡尔族萨满传承人——斯琴挂

第一节 斯琴挂萨满简介

一、个人情况

斯琴挂，女，达斡尔族，鄂嫩哈拉博斯胡浅莫昆人。1950年出生于鄂温克自治旗南屯（巴彦托海镇），在蒙古文学校接受教育至高中，1967年作为知青插队到布利亚特蒙古族居住区（西苏木），1970年结婚。后在基层小学任教师约15年，主要教数学课，1972年转正。后因病改行，到右旗（新巴尔虎右旗）教育局当会计，期间又到右旗一所学校工作。1989年因病离开新巴尔虎右旗回到南屯。

出徒的经历：据说，她从19岁开始就体弱多病，家人辗转周边各大城市大小医院治疗，均无疗效。因终日病魔缠身，导致身体每况愈下。48岁时，经陈巴尔虎旗一位男萨满的开导诱劝，斯琴挂正式接任、传承萨满，此后不再受疾病的困扰。其接任萨满的过程也多有波折。起初自己无心，家人也都反对，后经当时定居于澳大利亚的大伯（1912年出生，当时已85岁，曾做过萨满的助手）的劝说后，方下决心。于是，她成了鄂嫩哈拉博斯胡浅莫昆第七代萨满。据说，她领的是拉萨满的神灵（拉萨满曾是海拉尔地区鄂嫩哈拉博斯胡浅莫昆的霍卓日萨满，名叫拉玛，生于1878年，一般称其为拉萨满或拉爷爷等），同时也领"博迪·朱嘎勒神"(外部神)。至今,她已主持和组织过多次斡米南仪式和大的祭祀活动。

图6-1 2009年6月斡米南仪式上,斯琴挂在指挥祭祀的现场(赛音塔娜摄)

图6-2 斯琴挂在立斡包时唱伊若(苏伟伟提供)

二、斯琴挂的爱人巴特尔及家庭简介

巴特尔,蒙古族,1950年生,1960年就读于海拉尔小学,毕业后于海拉尔中学学习,与斯琴挂同班。中学毕业后下乡到西苏木,1970年与斯琴挂结婚。1978年他调到新巴尔虎右旗政府办公室工作,1992年因照顾斯琴挂调回巴彦托海镇。其母语是蒙古语,同时兼通达斡尔语、汉语、鄂温克语,是斯琴挂的好助手。

他们育有一儿一女,均已结婚。儿子利军生于1971年,高中毕业后到鄂温克旗建设局工作;儿媳陈晓明(达斡尔族)在鄂温克旗水务局工作,生有一个女儿,在读小学。女儿丽娜1975年出生在巴彦托海镇,在外地中专毕业后回巴彦托海镇。她原来学习的是医护专业,后因帮助爱人打理汽车修理店,改做财会工作。

图6-3 斯琴挂的爱人巴特尔在烤神鼓(赛音塔娜摄)

图6-4 斯琴挂与爱人及儿子（赛音塔娜摄）

图6-5 斯琴挂全家福（斯琴挂提供）

三、斯琴挂师徒传承情况

根据调查组 2008 年 12 月与斯琴挂萨满的访谈记录,斯琴挂为鄂嫩哈拉博斯胡浅莫昆第七代萨满传人(见下表)。

传承	姓名	性别	生卒年	职业
第一代	卓林汗、卓林召	男	?	?
第二代	不详	?	?	?
第三代	不详	?	?	?
第四代	木兰(斯格木德)	女(嫁布利亚特人)	?	农民
第五代	布和朝鲁(喇嘛爷爷)	男	?	农民
第六代	拉玛	男	1878—?	农民
第七代	斯琴挂	女	1950—至今	干部

目前,斯琴挂共带出 4 个萨满,3 个巴格其,还有捏骨师等(见下表)。

称谓	姓名	民族	性别	年龄	职业	出徒时间	居住地
萨满	顺吉德玛	鄂温克	女	46	牧民	2001	南屯
	沃菊芬	达斡尔	女	53	农民	2001	莫旗
	托雅	鄂温克	女	约42	医院化验员	2006	南屯
	斯吉德玛	布利亚特共和国人	女	约40	大学生(后退学)	2007	俄罗斯赤塔市
巴格其	孟利洲	达斡尔	男	约50		2002 年	莫旗
	孟小瑞	达斡尔	女	约50		2003 年	莫旗
	敖小瑞	达斡尔	男	约40		2002 年	莫旗

图 6-6 斯琴挂和她的弟子们在塔尔寺（斯琴挂提供）

图 6-7 斯琴挂、沃菊芬夫妇与徒弟（斯琴挂提供）

四、斯琴挂的"著名萨满证书"

斯琴挂作为鄂嫩哈拉博斯胡浅莫昆的第七代萨满,在家乡或周边地区从事宗教活动,同时诊病治患,是呼伦贝尔市辖区活动范围及影响力较大的萨满之一。近年来,还曾多次应邀出席各种国内外萨满教学术研讨会并宣读论文,出访周边国家及相关地区进行宗教活动。2008年2月7日,美国萨满基金会主席授予她"当代著名萨满"的称号并颁发证书。

The Foundation for Shamanic Studies
a non-profit incorporated educational organization

BOARD OF TRUSTEES
Michael Harner, Ph.D.
Founder and President
Sandra Harner, Ph.D.
Vice President
Susan Mokelke, J.D.
Executive Director
Melinda C. Maxfield, Ph.D.
Secretary
Robert Lee Morris
Treasurer
Ralph M. Field
Frances E. Vaughan, Ph.D.

EXECUTIVE STAFF
Susan Mokelke, J.D.
Executive Director
Noelle Busch
*Assistant to the President
& the Executive Director*

MONOR PROJECT
Michael Harner, Ph.D.
Principal Investigator
Gizelle Rhyon-Berry
Research Associate

尊贵的斯琴挂萨满:

我谨代表(美国)萨满研究基金会董事会,十分荣幸地授予您"当代著名萨满"的称号。这一称号的授予是为了表彰您为了族人和萨满事业所作的贡献。

作为一位著名萨满,您的卓越贡献对我们的星球,乃至维持精神世界和现实世界的有机结合都至关重要。请接受我们对您的祝贺,衷心祝愿您继续在高尚的萨满事业中取得辉煌业绩。

谨此表达我最崇高的敬意和良好的祝愿!

迈克尔·哈纳 博士
萨满研究基金会主席
2008年2月6日

P.O. Box 1939, Mill Valley, CA 94942 USA • (415) 380-8282 • Fax (415) 380-8416
www.shamanism.org • info@shamanism.org

图6-8 美国萨满研究基金会主席麦克尔·哈纳博士
颁发给斯琴挂的证书之汉译本(斯琴挂提供)

第二节　走上萨满文化学术论坛的斯琴挂

正如有人所说，斯琴挂不但是一位大萨满，一位萨满文化的继承人，而且还是一位经常参与国内外萨满学术会议的"文化人"。她曾先后多次参加国内外的萨满文化讨论会，并宣读具有一定水平的学术论文，受到各国专家学者的好评。

2004年8月，斯琴挂参加了在长春举办的"第七届国际萨满学术会议"。这是斯琴挂第一次参加国际学术会议。会上她作了《我是怎样当萨满的》（后改为《我的萨满之路》）主题发言，并播放了在海拉尔巴彦托海镇家中举行萨满祭祀仪式的实况录像。从此引起国内外研究者的关注。

2006年，斯琴挂出席在蒙古国乌兰巴托召开的有关"长生天研讨会"（包括文学和萨满文化）。当时她与爱人共同参会。在会上，她详尽介绍了斡米南仪式。她的发言吸引了德国、日本、蒙古国、俄罗斯、韩国、朝鲜等十几个国家的专家学者的关注。论文得到了极高的评价。

2007年6月，在匈牙利布达佩斯召开的"第八届国际萨满学术会议"上，她宣读了论文《关于海拉尔达斡尔萨满祭司用的神面具——阿巴嘎勒岱》，详细介绍了阿巴嘎勒岱的基本情况。布达佩斯都那电视台对斯琴挂进行了专访，并以《女强人》为题进行了专题报道。

2008年6月，由中央民族大学、吉林省民族研究所、长春大学、吉林省民族干部学校、吉林师范大学联合举办的"非物质文化遗产：中国萨满文化遗存学术研讨会"在长春召开。斯琴挂在会上宣读了《达斡尔族萨满传承点滴谈》的学术论文。

第六章　达斡尔族萨满传承人——斯琴挂

一、我的萨满之路

自古以来，达斡尔民族就有崇拜自然、崇拜动物、供奉祖先神各种神灵的习俗，原始信仰的各种形态构成了达斡尔族原始宗教，成为本民族意识形态的重要组成部分，一直延续至今。作为达斡尔族萨满传承人之一，（我）想就自身在传承、履行萨满职责的过程中的几点感受与大家进行探讨。

（一）梦是达斡尔族萨满传承中的重要信息传递渠道

1. 新萨满的产生

要经过上一代萨满神灵对后代继承者的选择，以托梦的形式把这一意愿传达给传承人，我的经历也验证了这一点。我从19岁开始，就一直生病，直到48岁正式接任家族萨满一职，才不再受疾病的困扰，而在疾病缠身的日子里，我反复做着同样的梦。

第一个梦：
蓝蓝的天空中伸出一条云梯，我顺着云梯往上爬，爬到一定高度，回头望见脚下是清晰的山川、大地、泉水和人家。

第二个梦：
我进入天庭中的宫殿，看见白玉、翡翠、珍珠、钻石，它们都发出耀眼的光芒。

第三个梦：
梦见自己到了玉皇大帝居住的宫殿，玉皇大帝身穿黄袍，而送给我的是红色长袍，我穿着长袍边照镜子边惊叹自己的行为。

第四个梦：
我在天空中飞翔，周围群星闪烁，仙女飞舞，手拿花篮，边跳舞边撒花。我用羡慕的眼光看着这一切。

第五个梦：
梦见恍若白天的光景，心里觉得特别难受，无端的想哭，一哭就有龙和凤从窗户飞进来，哭的越悲伤所看到的景象越清晰，当我惊奇于可以清楚看到龙的鳞片和凤的嘴巴时，龙和凤就变成身穿铠甲、手握兵器的将军守护在我的左右，这时，我的内心深处感到非常惬意，就不再哭了。

第六个梦：

梦中感觉后半夜窗户被掀开一个小角，吹进来一阵风，我立刻感到腰部发麻，就在梦中起床喝酒，一般能喝二斤，然后，不停地说话，最后总说一句"不为难我的姑娘了"就倒下了，醒来后就什么也不知道了。

第七个梦：

这个是梦见最多的梦，是一位老人，他似乎在向我诉说着什么，醒来却记不清了。

这样，我反复做着相同的梦，但不知道梦中所传递的信息。梦中的老人越来越清晰。他在梦中告诉我，他如何艰难的才找到我，要我继承他的萨满职责。到了这时，我才知道，我家祖上几代都有萨满，而梦中的老人是我的太爷爷——拉萨满。

以上的这些梦就是所谓的神灵托梦。我梦见的天界、宫殿、山川、大地等是达斡尔族萨满所依托的自然环境，而第五、第七个梦是达斡尔族萨满的"oŋgur"，即所领的神灵。第六个梦是祖先灵魂附体的最初形式表现。

2. 出道的梦

虽然知道萨满太爷爷选择了我，我也决定接受祖先萨满的信仰、传承萨满文化，但我根本不懂得任何规矩，于是梦中不断出现我需要的景象。根据梦的指引，我知道自己于1998年三月初三龙日出道。出道的时候需要用4只羊、1只鸡来祭祀。要准备弓、箭等物件，还要在院子中立一棵神树，搭建一个斡包。后来我出道的仪式和梦中所见到的场景一模一样。

3. 立神的梦

达斡尔族各个莫昆（部落）的萨满所供奉的自然类神灵大体是相同的，但因姓氏的不同所供奉的祖先神灵有相当的区别。我所领的神灵和供奉的神灵都是通过梦立起来的。早在1998年8月2日晚上，我做了一个梦，梦见一个戴着黑帽子、穿着红斗篷、挂着褐色两龙头拐杖的一个老头坐在床上,用拐杖从床底往外赶蛇,共有64条。第二天,就有人送来了镏金的观音像和一个元宝、小碟、小碗。我还经常梦到套上白马车,横渡伊敏河,到河中间就停下不走了。又一夜,梦见从娘家弟弟家中的洋井提水,水桶金光闪闪,晃得我睁不开眼睛,金光在离开井口后就没了。这样,反复做梦,做了关于老人、蛇和水的梦后,立了老祖宗和绿吉日·巴日肯(即黑白两蛇神),并立了斡包。后来,又梦到龙凤、翡翠、石头,还有一个老太太出来与我对话,于是就立了娘娘神,这个娘娘神是三个姐妹娘娘。

4. 服饰的梦

因出道时间的限制,出道的时候我只穿了用16尺布做成的达斡尔长袍,没有正式的萨满服饰。出道的第三天晚上,梦到太爷爷拉萨满告诉我,要想找到他生前的萨满服,就去问一个叫八旗的人。我当时根本不知道如何找到这个人。第二天,八旗的儿媳妇却突然来到我家串门,告诉我她的公公就是我要找的人。后来,八旗老爷子告诉我,当时我太爷爷拉萨满去世的时候,他正任巴彦托海镇镇长,记得太爷爷的萨满服被两个哈尔滨人拿走了,并辗转售到外地,已无从寻找。后来,根据梦中提示的萨满服饰的特点,我做了自己的萨满服和面具。据老人说,我的萨满服和面具与太爷爷拉萨满的一模一样。

除了神灵托梦给我外,我在为别人立神或治病的时候也向神灵求梦,根据梦的指引去完成,知道要立哪个神,要请哪个神,该用什么祭品,该怎么做等。

在我传承、履行萨满职责的过程中,"梦"作为重要的信息传递渠道发挥着尤为重要的作用,成为我实现超智力、超体力的重要源泉。

(二)神灵是萨满履行职责的根基

现在,达斡尔族家庭所供奉的自然类神灵大体上一样,但各家的霍卓日·巴日肯(祖先神),却不一样。

1. 达日列·巴日肯(雷神)

海拉尔地区鄂嫩哈拉的霍卓日·巴日肯（祖先神）中就有达日列·巴日肯，贴日月形和两块直皮毛，另有木质龙形为偶像，这神专治疥疮等皮肤病，用灰头绵羊祭祀。

2. 娘娘·巴日肯（娘娘神）

这是达斡尔族所有村屯所有家族都供奉的神，大多数家族供奉的娘娘神分别是大娘娘、小娘娘、大仙女、小仙女、送子娘娘和栽花娘娘。个别家族的娘娘神是三位娘娘神，传说是三位从军打仗的姐妹战死沙场后被立为巴日肯的。

娘娘神一般安放在尊贵的西墙上，有条件的家庭，在外面单建一个小庙。祭祀的时候，要用猪、鸡、水果、糕点、红酒等物品。过去没有固定的祭祀日，只有在孩子有病时才祭祀。但是，家里吃好饭时一定要供奉。现在由于娘娘神被压抑多年，所以固定每月初一、十五祭祀。

3. 敖里·巴日肯（山神）

在长期的狩猎生活中，达斡尔人认为是靠山神的保佑才得以生存下来的，因此对山神有着特殊的感情。

山神分为大山神、小山神和斡包神。大山神是指从古至今一直跟随并保佑达斡尔族的山神，是部落祭祀的；小山神一般为六个山神，是保佑每个达斡尔族人家的；斡包神是达斡尔族居住地的山神，每年祭祀可以保佑居住地范围内的达斡尔人风调雨顺、五谷丰登，也可以保佑国家昌盛、人民安康。

4. 绿吉日·巴日肯（黑白蛇神）

达斡尔人世代居住的地方依山傍水，而绿吉日·巴日肯是达斡尔族所供奉的生活在山川、江河、泉溪中的生灵——蛇神。祭萨满必须供奉这个神，而且一旦供奉，对自身的帮助非常大，财运也会如同泉水一样永不枯竭。个别的人是因曾冒犯过蛇神，遭到报应后才供奉的。巴日西只有供奉这个神才能正骨、接骨，法力也最强。祭祀时的祭品包括牛奶、奶制品、水果等，而且必须有鸡蛋。各个家族祭祀的日子不同，有的在初二、十六祭祀；有的在初七、十七、二十七祭祀；有的在初八、十八、二十八祭祀。

5. 霍列日·巴日肯（始祖神）

霍列日·巴日肯是达斡尔族萨满的始祖神，几乎家家都供奉。海拉尔地区的达斡尔人称之为"达·巴日肯"，也就是"首席神"、"最高神"的意思。黑龙江爱辉地区的达斡尔人称之为"马罗·巴日肯"。

霍列日·巴日肯共有17种神，他们是由58种生物和物件组成的。前15种是木头雕刻而成，后两种是用蓝布底和金箔纸贴成的。

上面提到的是达斡尔族一般家庭普遍供奉的神灵，但也有个别的差异，现在我家供奉几十种，他们有各自不同的来历、职能、具体的偶体和偶像，而且其供奉的内容和形式也不尽相同，不同的神灵治的病自然也不一样。

萨满是用神灵治病消灾、驱邪除魔，不同的神灵治的病不同，我根据病人的不同病症，请不同的神灵来治病。通常我用念珠来诊断，给病人看过后，要告诉病因，告诉病人应该如何做，得到病人的配合，会很快治愈。对人们常说的邪病、怪病、精神错乱等病症效果比较明显，有的立竿见影。来时非常严重，走时就好了。

记得有一名呼伦贝尔大学的学生，在上大二期间，精神错乱，非常严重，无法上学，整天满嘴胡言乱语，见人就破口大骂，又喊又叫，到当地各家医院治疗，怎么也治不好，没办法，家里人决定送到北安精神病医院。在临走之前，经别人介绍，他的舅舅、舅母带她来找我，让我给治一治。她见我也破口大骂，骂我供的霍卓日·巴日肯。见此，我先请祖先神封住她的嘴，让她无法骂人，接着用神鼓请神灵为她治病，经过两次治疗，她的精神恢复正常，完全康复了。

还有一位叫乌兰斯特格日乐的病人，在北京医院确诊为肝硬化晚期，治愈的可能性不大，让她回来休养。她的情绪很低落，来找我给想办法，我根据她的病情，请不同的神灵为她治疗，现在，病情得到控制，正在逐渐康复。

再有，很多生病的小孩，在我们当地医院治疗无效，父母领着小孩来找我，我就请娘娘·巴日肯、奥蒄·巴日肯来治，最多一到两次，就可以调理好。除了身体有疾病的人外，还有不少是做生意赔钱或收入不好、家庭不和、孩子不听话等情况的，都来找我看。我针对不同情况，请不同的神灵，使用不同的法器，通常使用最多的是神鼓，有时也用各种不同形状、不同颜色的纸符（如人形、老鹰等）或用塔仁。塔仁有几种，一种是酒塔仁，或用百里香、熏香制成的塔仁，还有素塔仁（奶子）、茶塔仁。再有一种是"阿尔沙里贝"，这种方法非常灵验，但必须是有奥蓰·娘娘神灵的萨满才能使用。现在我常使用的是酒塔仁，用此来为人们治病、消灾、避祸、祈福，非常灵验。

萨满因为有神灵才能为人们治病、消灾、避祸、祈福、预测、占卜，因此说神灵是萨满履行职责的根基。

6. 阿巴嘎勒岱

是萨满神灵中最有力量的一个神灵，是召集诸神神灵的总管，具有辟邪和无穷威力的神灵。只有在举行重要的萨满仪式时才使用，如多年没祭祀的山、斡包、萨满的墓以及萨满的出道仪式，即斡米南仪式时才使用。斡米南祭奠仪式结束时，萨满把自己的诸神灵集中于它，然后，举行吃血仪式。有时，萨满要远行或到有凶险的地方时带上它，能庇佑萨满逢凶化吉。平时阿巴嘎勒岱挂在家中被看作重要位置的西墙上，在它的嘴里夹上一块肥肥的羊尾巴，每天早晚供奉。阿巴嘎勒岱嘴里夹着的羊尾巴无论保存多久都不会变味。

每年春天，天气变暖、草木变绿的季节，举行一次阿巴嘎勒岱的祭祀。祭祀时用九个蜡烛、神灯，还有牛奶煮的粥。

阿巴嘎勒岱有治病的作用，用它治病时，主要是用它嘴里夹着的羊尾巴，可以治疗皮肤病和乳腺炎，同时还能治疗母牛肿胀的乳房。进行治疗时，把阿巴嘎勒岱嘴里夹着的羊尾巴拿出来涂抹有病的部位，病就可以痊愈了。

阿巴嘎勒岱是指达斡尔族萨满的面具。面具在达斡尔族的萨满中，并不是普遍使用的。生活在内蒙古莫力达瓦达斡尔族自治旗、新疆塔城地区、黑龙江省齐齐哈尔地区等地的萨满几乎都没有使用过阿巴嘎勒岱。在海拉尔地区的达斡尔族中，黄萨满和拉萨满二人曾用过阿巴嘎勒岱，其中的拉萨满就是我太爷爷。目前在海拉尔地区只有我一个人在举行萨满仪式时用阿巴嘎勒岱。

阿巴嘎勒岱是萨满的神灵，它在萨满的神灵中是最有力量的，是召集左右神的统治者。阿巴嘎勒岱是用青铜制作的，五官齐全，形象狰狞，有眉毛、眼睛、鼻子、嘴巴、头发、胡须，很像人的面孔。过去，都是用黑熊的棕毛制作它的眉毛、胡须、头发，现在找不到黑熊的鬃毛，就用其他动物的鬃毛来代替。

二、关于海拉尔达斡尔萨满祭祀用的神面具——阿巴嘎勒岱（提纲）

尊敬的各国专家、学者：

首先，我将发自肺腑的祝福作为与大家的见面礼！

我是来自遥远的中国内蒙古呼伦贝尔市海拉尔的鄂嫩哈拉萨满——斯琴挂。

今天，被邀请来到这神圣的讲坛，心里非常激动。下面我将以《阿巴嘎勒岱》为题论述海拉尔达斡尔萨满祭祀用的青铜面具——阿巴嘎勒岱。因为莫力达瓦达斡尔族萨满不使用阿巴嘎勒岱，所以在此我专门论述关于海拉尔地区达斡尔族的阿巴嘎勒岱。

迄今为止，我所明确知道的是，在海拉尔达斡尔族当中，只有两名萨满使用过阿巴嘎勒岱。其中之一是郭姓的黄格萨满（女，20世纪70年代去世，享年80岁）；另一位是拉萨满（男，我的曾祖父，1957年去世，享年80岁）。目前在海拉尔达斡尔族中，只有我一个人使用阿巴嘎勒岱。

在此，我将结合自己目睹和闻听的关于黄格萨满和拉萨满两位萨满的情况和自身作为萨满的经历，论述关于海拉尔达斡尔人使用的阿巴嘎勒岱的粗浅概念。本文的主要结构如下：

1. 阿巴嘎勒岱的结构。
2. 关于阿巴嘎勒岱的祭祀。
3. 关于阿巴嘎勒岱的使用情况与作用。

4. 萨满佩戴阿巴嘎勒岱时召请护身的咒语。

之后还将请大家观看祭祀长年未祭的斡包时召请护神的实况录像。

最后,对大家的关注和提议深表感谢!祝大家幸福安康!

图6-9　斯琴挂戴"阿巴嘎勒岱"唱伊若(苏伟伟摄)

三、达斡尔族萨满传承点滴谈

我叫斯琴挂,达斡尔族。我们家族姓鄂嫩哈拉。鄂嫩哈拉是达斡尔族中较大的姓氏,世代信仰萨满教。我们家族每隔几代就出现一个萨满,到我这儿已是鄂嫩哈拉博斯克浅莫昆的第七代霍卓日·雅德根(根萨满)了。萨满文化作为达斡尔族传统文化的一部分延续至今,然而,让人遗憾的是,这一古老的萨满文化正面临消亡的危险。现如今,在达斡尔族中真正世袭的哈拉·莫昆萨满越来越少。据我了解,目前在呼伦贝尔地区的达斡尔族霍卓日·雅德根只有我和我的徒弟沃菊芬二人。因此,作为达斡尔族的萨满,作为鄂嫩哈拉萨满传承人,我有责任将达斡尔族的萨满文化传承下去,并且发扬光大。为此,我就自身在传承萨满文化中的点滴感悟与大家探讨。

1. "萨满病"是神抓萨满的最初体现

达斡尔族的萨满传承，虽不实行世袭制，但霍卓日（祖先神为主要神灵）·雅德根（萨满），必须在本哈拉（姓氏）·莫昆（氏族）的子孙（男女不限）内传承。但并不一定在萨满死后立刻产生新萨满，甚至相隔几代后才出现接续的下一代萨满，也有的哈拉、莫昆萨满传了几代以后就失传了，所以不是每个哈拉、莫昆都有萨满。还有个别的博迪·雅德根，以领外来神为主要神灵，其传承不受氏族限制。不论氏族内或是氏族外，凡是当萨满的人，并非根据自己的意愿当的，多数人在青少年时期就体弱多病，气色和平常人两样，经多方求医无效，无奈之下找其他萨满占卜或在祖神前许诺愿当萨满后，病体才逐渐好转，直到正式当了萨满，才能完全康复。这在达斡尔族萨满中比较普遍，我和我的徒弟也有这样的经历。

我从14岁开始就体弱多病，父母领我走遍当地及周边的大小医院，均无疗效。随着年龄的增长，病情不见好转，相反，30岁以后，身体越来越差，家人带我辗转到各大城市的医院治疗，也没收到显著效果，终日疾病缠身，苦不堪言。这种状况持续到我48岁那年，从我正式接任家族世代传承的萨满一职，才不再受疾病的困扰。

我的徒弟沃菊芬的情况也跟我相同。她现在是沃德哈拉绰古罗莫昆的第七代"霍卓日·雅德根"。

沃菊芬幼年丧父、兄弟姐妹八人，其中五人早夭。她本人多年各种疾病缠身，精神异常，三十多年间，行遍中国北方地区，多方求医问药，几乎没有任何效果。期间经历了丧父，丧女之痛，原本殷实的家业也都在治病过程中倾家荡产。沉重的打击，病痛的折磨，使她体重不足40公斤，甚至走路都困难，就在几乎放弃治疗的时候，听人介绍，找到我，在我的指点下，于2001年8月出马，正式成为穿扎瓦（神服）的霍卓日·雅德根，领其家族的龙凤神灵。她是除我之外唯一穿扎瓦的达斡尔族萨满。现在她身体健康，各种病痛都已痊愈。

实际上所谓的"萨满病"是霍卓日（祖先神）在哈拉和莫昆中选定为萨满的人，因他本人以及周围的人不领悟"霍卓日"之意图的状态。如果他顺从这种意愿，充当本哈拉·莫昆的雅德根，自然身体的各种疾病就会痊愈。这就是通常所说的"神抓萨满"的最初体现。

2. "神灵托梦"是重要的信息传递渠道

在达斡尔族萨满传承中还有占有重要地位的"神灵托梦"。上面提到的"萨满病"是"神抓萨满"的最初表现，也就是新萨满的产生，要经过上代萨满神灵对后代传承者的选择，在被选择的传承人无法领悟霍卓日之意图的情况下，神灵以托梦的形式把这一意图传达给传承人，而传承人则通过梦的指引走上萨满之路。

这也是我在患病三十多年间，反复做着相同的梦的缘故。

最初我常梦见天界、宫殿、山川、大地，梦见最多的是一位老人和龙凤，但我不知道梦中所传递的信息，逐渐地梦中的老人越来越清晰，他在梦中告诉我，如何艰难才找到我，要我继承他的萨满职责，到这时我才知道，我家祖上几代都有萨满，梦中的老人是我的太爷爷——拉萨满。而我梦见的天界、宫殿、山川、大地等是达斡尔族萨满所依托的大自然环境，龙凤则是我家族的翁古日即所谓的神灵。

虽然知道萨满太爷爷选择了我，我也决定接受祖先萨满的信仰，传承萨满文化，但我根本不懂得任何规矩，于是梦中不断出现我需要的景象。根据梦的指引，我知道自己于1998年三月初三龙日出道。出道的时候需要用4只羊、1只鸡来祭祀。要准备弓、箭等物品，要在院子中立三棵神树，搭建一个蒙古包。后来我出道的仪式和梦中所见到的场景一模一样。

因出道的时间限制，出道的时候我只穿了用16尺布做成的达斡尔长袍，没有正式的萨满服饰。出道的第三天晚上，梦见太爷爷拉萨满告诉我，要想找到他生前的萨满服，就去问一个叫八旗的人。我当时根本不知道如何找到八旗这个人，第二天八旗的儿媳却突然来到我家串门，告诉我她的公公就是我要找的人。后来八旗老爷子告诉我，当时我太爷爷拉萨满去世的时候，他正任巴彦托海镇镇长，记得太爷爷的萨满服饰被两个哈尔滨人拿走，并辗转售到外地，已无从寻找。

后来，我根据梦中提示的萨满服饰的特点，做了自己的萨满服和面具。据老人说，我的萨满服和面具与太爷爷拉萨满的一模一样。

达斡尔族各个莫昆（氏族）的萨满所供奉的自然类神灵大体是相

同的，但因姓氏的不同所供奉的祖先神灵有相当大的区别。我所领的神灵和供奉的神灵都是通过梦立起来的。

除了神灵托梦给我之外，我在为别人立神或治病的时候也向神灵求梦，根据梦的指引去完成。正是在梦的指引下我一步一步走上了萨满之路。所以说在达斡尔族萨满传承中"梦"作为重要的信息传递渠道发挥着尤为重要的作用。

3. "神灵附体"是成为萨满的重要标志

早在我患病期间，我时常做梦，而梦中的情景时常变真，在现实生活中发生。而让我感到困惑的是，我常常在梦中感觉后半夜窗户被掀开一个小角，吹进来一阵风，我立刻感到腰部发麻，就在梦中起床喝酒，一般能喝两斤酒，然后不停地说话，最后总说一句"我不为难我的姑娘了"就倒下，醒来后就什么也不知道了。当时，我真是理不清头绪，逐渐的，一切开始明朗，我才知道这个梦其实就是萨满太爷爷的神灵在附体，之后的一段时间经常这样，因此我也想尽早接续上辈神灵的萨满一职。但作为一个上辈萨满神灵选定的后继者，要真正成为一个被大家认可和信服的霍卓日·雅德根，必须举行正式的阿伦库·马勒特吉、托若·托勒贝（出马）仪式。请神灵降临附体，此后该神灵就成为其翁古日。这样才能成为名副其实的萨满。

我的阿伦库·马勒特吉、托若·托勒贝仪式是在1998年三月初三龙日举行的。这也是"霍卓日"太爷爷的神灵在梦中指定的日期。

在仪式前，根据梦的指示，我提前把仪式所需的供品4只羊1只鸡，所用的弓、箭等物品准备齐全，并在院子中搭建了一个蒙古包，树立三棵"托若"树（桦树），树冠以彩条装饰，其中两棵并立于蒙古包中，一棵立在蒙古包外前方九丈远的地方，在托若树之间绑托若绳，托若绳用整张牛皮卷成，无接口，粗细均匀，绳上挂八色旗。蒙古包内设祭台，供奉萨满祖先，上面摆放祖先神像，供品。

仪式当天，我在蒙古包前面向祖先灵位祭拜之后，手持神鼓，边击鼓边唱神调，请祖先神灵降临。随着鼓声，翁古日（祖先神灵）开始附体，我一下跳到托若树上的托若绳上，从其一端走到另一端，这预示着我与神灵沟通之路由此开始。然后翻身跳下，此时翁古日已经附体，开始借我之口说话，后来家人告诉我，当时我一边哭泣着一边诉说着，歌唱着，可能是太久压抑的释放，翁古日借我之口诉说着他苦难的经历，前世今生，诉说着为了找到我，辛苦了好几代，寻找了好多人，好不容易才找到我这个萨满种子，现在附体落到我的身上，要保佑、庇护我们家族的子子孙孙身体安康、家业兴旺等等。据当时在场的人反映，他们听着我的吟唱和诉说，有一种俯身跪拜的冲动，有种深深的震撼。就这样我边哭泣边吟唱着震撼人心的神曲，持续了半个多小时之后，附体的神灵（翁古日）要离开了，我手持马头杖做着飞跑的动作送走翁古日。其他一些祭祀活动也结束。

"出马"仪式的结束标志着我正式成为鄂嫩哈拉博斯克浅莫昆第七代霍卓日·雅德根。

霍卓日·雅德根的神力在为别人治病消灾、祈福避祸的过程中不断增强，但另一方面多归于萨满的翁古日之力量的强弱。翁古日是萨满走向更加成熟的神灵，是萨满履行职责不能缺少的神灵。萨满举行祭祀、治病时要凭借他。翁古日根据萨满的祈愿行事，可以说是保护、庇护、引导萨满的神灵。因此，哈拉·莫昆的翁古日（神灵）首先是霍卓日（祖先神），霍卓日居于重要地位。但不仅限于霍卓日，还有其他的神灵成为翁古日。

在达斡尔族神系中的最高神是天神和雷神，领其神灵的萨满神力最强。

我的霍卓日是太爷爷拉萨满的神灵，但同时我也领了家族的腾格尔·巴日肯（天神）和雷神为我的翁古日，除此之外，我还有几十位神灵为我的翁古日。在每次祭祀或治病时，我根据所祈祝意愿，迎请辖司某一职位的神灵降临，即有什么事请什么神，这样避免了不恭，又达到了祈愿的目的。

在达斡尔族中，除了霍卓日·雅德根以外，还有若干种类的祭祀者。如巴格其、斡托西、巴日西、巴列沁等，他们有的能祭祀，有的能治病，但他们不能进入神灵附体的状态，没有扎瓦（萨满神服），所以他们不是萨满，与萨满有本质上的差异。因此说"神灵附体"是成为萨满的重要标志。

以上谈到的是达斡尔族萨满传承中的主要部分，个别现象这里我没有涉及。我的这点体会若能为萨满文化研究的专家、学者提供一点参考，就算达到了我的本意。

第三节　斯琴挂萨满访谈录

一、第一次访谈

A：采访人：课题组成员
B：被采访人：斯琴挂萨满
C：被采访人：斯琴挂萨满的丈夫巴特尔先生（蒙古族）
采访时间：2008 年 5 月 16 日
采访地点：北京王府井大街某宾馆

A：很高兴见到您，斯琴挂老师。久仰您的大名。去年（2007年）在海拉尔调研过程中也曾去拜访过您，但不巧当时您不在家。您家里人说您去了莫旗。感谢特意约我今天在北京见面并接受采访。我是大学教师，主要从事语言学教学与研究工作，近年来在研究达斡尔族文化尤其是研究达斡尔语过程中，发现达斡尔族文化包括达斡尔语受萨满教影响较大。有些学者也说过研究达斡尔族不研究萨满教是不可能搞深搞透的，由此我对萨满教产生了极大兴趣。您目前是呼伦贝尔一带有名的萨满大师，又是咱达斡尔人，很想请教和交流一些问题。

B：请教不敢当，可以共同交流。

A：我想先了解一下您个人情况，您是达斡尔族哪个哈拉人？

B：我是鄂嫩哈拉博斯胡浅莫昆人，用汉话说就是老鄂家人。出生在海拉尔南屯，从小在那里长大。

A：那您祖辈是地道的海拉尔达斡尔人吧？

B：是，我祖辈1732年迁居海拉尔，是地道的海拉尔达斡尔人。

A：父母都是达斡尔族？

B：父母都是达斡尔族。

A：那您是在南屯上的学？

B：在南屯上的学。

A：上的是汉文学校还是蒙古文学校？

B：上的是蒙古文学校，我们上学的时候没有汉文学校。

A：汉语是什么时候开始学的？

B：汉语是三年级以后才开始学的，当时也没有正规的汉语老师，拼音什么的都是后来自学的。

C：当时有一门课叫汉语课，一个星期就几节课。我们都是那么学的汉语。

A：上学到什么时候？

B：初中毕业后一段时间总有病，上高中一年里也总有病。老人说结婚以后病就会好，于是就结婚了。结婚以后，没念完高三就下乡当知青，下乡后当了代课老师。

A：下乡是什么时间？

B：1967年的时候。

A：哦，正好赶上"文化大革命"。那在乡下什么时间开始当老师的？

B：下乡后我就没怎么干活。因为身体不好，组织上挺照顾我，一直当民办教师，1972年转的正。中间也曾考试过关好几次。左一次又一次的考试，我的工作来的也是不容易。

A：下乡在哪个地方？

B：西公社。就是现在的西苏木新河。我爷爷、我太爷爷辈都曾在新河住过。当时南屯有一个房子，冬天的时候就去新河放牧。

A：您主要教什么？

B：教数学，当了15年老师，后来总有病，就改行了。我这个人虽然文化程度不高，也是挺要强的。总在自学，每天都是十一二点才睡觉，我还是个特别爱干净的人，在家里也是收拾这收拾那的，睡眠可少了。就那样辛苦的上班，总有病，怎么办啊？那就改行吧。又到了新巴尔虎右旗教育局当会计。这时候又开始重新学的汉文。当萨满以后，蒙古文好多年不用生疏了，汉文水平也不行。又重新把蒙古文一个一个拣起来了。现在干什么都用蒙古文记录，都有记录本。

A：您觉得用蒙古文方便吗？

B：嗯，还是蒙古文方便，比说汉话方便多了。毕竟接触蒙古文多。

A：但南屯那个地方的人说达斡尔语的比较多。

B：多，什么民族都说达斡尔语。

C：过去达斡尔语在南屯算是普通话，现在差了。

A：从小您家里都说达斡尔语？

B：从小在家全说达斡尔语。

A：那就是从小先学会的达斡尔语，上学校后学的蒙古语，后来接触并学的汉语，这几年有没有学外语？

B：2004年开始学英语，但总是记不住。我孙女三年级了，老笑话我说不好。我只能说最简单最简单的几句英语。主要是没时间专门学。

C：几个常用的词学了几个，跟孙女一起学了不少日子，孙女记住了，她记不住。

B：记不住，什么意思也记不住，孙女说奶奶说错了，音调也不对。说汉语也是，老说奶奶的音调不对，应该是怎么样的，就马上给我纠正。

A：实际上像达斡尔人和鄂温克人这些兼通多种语言的人，学习外语应该比较方便，但是年龄太大了就没办法。

C：我们学当地别的少数民族的语言学的可快了，但一到英语就不行，毕竟跟岁数大有关。

A：对。主要是词记不住，常用还行，要在特定的语言环境里学比别人肯定要快，现在这样硬学肯定不行。那您什么时候从西旗又回到南屯的？

B：是1989年回来的。

A：西旗全称是什么？

C：全称新巴尔虎右旗。新旧的新，分新巴尔虎右旗和新巴尔虎左旗。后来她实在病得不行了，她的意思是我死也要回自己的家乡死儿，不把孩子扔到这里，就那么回来的。回来以后也是不行，没想到回来以后要当萨满，当时谁想那些事啊，我们也不懂，实在不行了她想供神，我说供吧，就开始供神。供了神也不行，实在没办法就到寺庙磕头，到寺庙后她连续做了好几个梦。这个时候陈巴尔虎旗有个巴尔虎萨满，是男的，说到那儿问问他呗。找这个人，连续去了好几次都找不着。后来找着了，这个人说不当萨满的话今年过不去了，就这么答复的。我实际对他们家曾出过萨满也不知道，也不懂这些。完了我就跟她说，她说我家曾有过，她说没想到选我了，为了这事她又跟她妈妈哭啊，这个那个的。她说我啥也不懂还要选我，她妈说你对这个不是信吗？别人不信不是吗？实际上不是那么回事。当萨满这些人从生下来就是有目的来的，当神灵附体以后也是那么说的。在什么时候就跟上你，关照你，你为什么老这么有病，这不是磨难吗？当萨满必须得有这个磨难经历。最后没办法，那个陈巴尔虎旗的萨满说这个人要是不当萨满的话就不行了，必须当。但他说，对你们民族的东西我不懂。但是那些神龛啥的，那些东西是他给整的。神灵每次都是后半夜来附体，一开始我不懂，说心脏病又成了精神病的话，那就更没法治了。几次这么折腾以后我就有点纳闷，你说她精神病吧，不像精神病人那样胡说，她讲得还条条有理，历史上的事情，讲完了，喝完酒又走了。我就觉得不对，纳闷了。就是陈巴尔虎旗的那萨满说了，她必须要当萨满。后来我就去联系过几次，说赶紧出吧，再不出就过不去了。

B：刚开始的时候家里谁都反对。

C：家里的兄弟姐妹嘲笑我们，说我们脑袋都有毛病了。

A：这个是什么时间的事？

B：1998年开始正式当萨满的时候。

C：陈巴尔虎旗的蒙古族一直就信仰萨满教，到现在也是。

A：他们供奉的神是什么？

C：他们也供萨满，同时也带徒弟。他们嘲笑达斡尔族人，说达斡尔族人又供山神又供狐仙。实际上根本就不是那么回事，每个民族的敖包实际上都是山神。对这方面她见到老人也问，研究探讨过去的东西。有时候神灵附体下来给我讲，她只能给我讲，完了等她醒后我给她再讲这些。不管什么事情，我们的神灵讲的最清楚。一开始我也是有些不大愿意，好像有点混不上吃的，好像糊弄人混饭似的那种感觉。后来神灵下来跟我解释过好几次，我就说行，我来帮她，不帮她也不行。我们每次出去都得两三个人，她自己不行，一附体，全我把着，别的我什么也干不了。

B：我们海拉尔地区的达斡尔族老人在供神时一般都去，现在很多都已经去世了。他们看了后说这个是真的，我太爷爷附体的时候有人看到过，说我和他一模一样，附体说的话、唱的祭词都一样，喝酒的样子也都一样。

C：她的大爷在澳大利亚呢，85岁了。她当萨满后，她妹妹给他大爷去信了，说二姐当萨满了。他大爷本身是医生，两口子都是大夫。他大爷不信，两口子1999年回来了。当时我们要做三年祭祀仪式，为了等他们我们还特意把日子往后推迟了一段时间，想等他们来了以后再祭祀。他大爷亲眼看了以后也承认确实是我们的爷爷萨满下来了，他年轻时候也曾给萨满爷爷当过助手，这样他们家族的人才承认了。

A：他现在都85岁了，身体还行吗？

C：身体还行。

A：那他现在干什么呢？

C：什么也没做，就在家养病，岁数也大了。过去在这儿来着，后来去澳大利亚的，大娘是俄罗斯人。

B："文化大革命"也被斗了，他对这个事意见很大，他的孩子们都上不了学。

A：80年代去的澳大利亚？

B：80年代初期。

A：那边有很多这样的俄罗斯人，也有新疆去的一批俄罗斯人。

C：她说新疆去的还有几个达斡尔人。

A：是。有一家新疆的达斡尔族，叫张福，他夫人是俄罗斯族。

B：去世了吧？

A：有可能去世了，要是健在的话也80多岁了。

B：去世了吧，听说他们两家走动得挺好的。

A：做萨满以后，您这套程序是跟师傅学的吗，中间也得拜师吗？

B：当时巴尔虎蒙古萨满说这个人不出不行，但是在这之前神灵下来曾告诉我，找不到师傅的话，怎么做某些事情，如何这般地告诉我了。告诉以后呢，我想自己出吧。按照旨意我把东西都准备好了。最后，不到时间我自己就挺不住了，两三次都失败了。最后托梦让我去找巴尔虎的那个萨满，那个人用巴尔虎人的方式把东西给整了以后，这才出的。实际上，巴尔虎萨满用他那种仪式，把东西整了以后，一打鼓，实际上神灵已经来了，来了以后，他自己开始做，不是他领着做，就那么出的。不是按照达斡尔族的规矩出的，而是按巴尔虎萨满那头规矩出的。巴尔虎萨满不懂达斡尔族萨满的规矩，按达斡尔族规矩出的话还挺麻烦的，跟别的民族不一样，难度挺大。

A：这个东西是什么？

B：都是托梦。

B：有的事情出了萨满以后告诉我的。一开始怎么告诉，我都不懂。现在知道怎么做某件事情了。那时候不懂，怎么告诉都不懂，因为以前没做过那些事情。

A：这种仪式一般什么时候进行？

C：大活动我们每三年一次，但是祭祀，给别人家做祭祀是每年都进行。

A：大的活动三年一次，那今年是第几年了？

C：去年我们搞了，9月搞的，当时国际萨满研究协会的主席也专程来参加了。他后来写了个推荐书，推荐到美国教科文组织，并说中国北方民族地区还要保护这种东西。他一生也是研究萨满教的。

A：他多大岁数了？

B：六十六七。

A：就是请您去开会的这个人，叫什么名字？

B：霍帕尔。

A：他一直在做萨满教研究工作？

C：一直在做这个工作，他现在是国际萨满协会主席，他是匈牙利人。

B：他写了两本书。

C：跟中国社会科学院民族研究所有联系。

A：您每年给别人祭祀是属于小的活动吗？

B：是的。

A：一般是在什么样的情况下才做这个仪式？

C：一般来说是那些家族有萨满的这些人，现在这些东西在政策允许的情况下，都开始复苏了。有些人常年闹病啊，老出事啊，尤其要是一个家里头连续不断年年出祸，老死人。再有就是精神病啊什么的，看病的也挺多。她治精神病治的也多，有三个大夫都说再这么下去，元气一消耗没了，你就啥也不是了。所以治有些病的时候，要先给人家祖先祭祀，祭祀的时候才告诉这个病怎么排，怎么治。

A：整个过程肯定也很费体力，会伤元气吧？

B：最快的也得六七个小时，慢一点也需七八个小时。布利亚特人搞得也比较早，后来这个东西被取消后又信喇嘛教了。现在萨满教又开始复苏了，复苏后这些人整不明白这个东西该怎么去做，出萨满的人也出不了，老是摆不平，给人瞎整。现在俄罗斯出的也有两三个布利亚特萨满。去年给出了一个俄罗斯人，一个学生，女的。她也是实在没办法了，上大学但念不成，退学后被这个折磨的不行了。她求这个托那个，最后听说以后就找上来了，实际上她也不愿意找别的国家的师傅，觉得不方便。她出的还不错，工作上还行。有的人出了也不行，不认真，给你胡整。

A：做这个心一定得诚。

C：心得诚，对人得负责，不光为了自己，索取钱财不行，不允许。

A：这套程序托梦的话也听习惯了吧？

B：刚开始托梦的时候不知道记，很困，白天也累。托梦那么清楚的时候，不知道写啊，记下来。完了，第二天早上一个字都想不起来的时候,那才难受呢。衣服什么的都撕坏了,心里也特难受,话也说不出来,心里发急。后来我就有经验了,在床头柜上都放着笔和纸,托梦以后就赶紧记下来。有时候参加学术会议写的论文什么的也不是那么会写,就是凭着感觉写。有时候坐着坐着感觉一来的时候就写,写一大篇,自己看得都高兴。实际你这么说我还不会写。上别人家祭祀时,一打鼓了以后,那字哗哗的就出来了。

C:就那个时候,她唱啊,说啊,可好了,那些话你想都想不到。

B:去的人有的明白的都哭。

C:诗啊,唱啊,祝福啊,那些话说得可好了,尤其达斡尔族那些话。有时候也生气,过去老鄂家要求按照老规矩办事,但现在都不懂,老规矩都没了。

A:那您现在说的时候用达斡尔语还是蒙古语?

C:到达斡尔族家都用达斡尔语。有的时候给别的民族做的话也用达斡尔语。神灵多,有的时候用蒙古语,布利亚特蒙古语也用。本身她是第七代。西伯利亚那边找过来的也有,来了就必须接受啊。西伯利亚那边她老姑奶奶后来也找来了,她嫁给了布利亚特人,她来了就说布利亚特语。

A:一般小的仪式就得做六七个小时?

C:是,小的。大的得好几天,3天。今年夏天她两个徒弟要做大的仪式。

B:有时间的话你就去吧。

A:大概什么时间?

C:没定,大概7月左右吧。

A:您说的是莫旗还是哪里?

B:莫旗的这两个时间都差不多,具体日子没定。以前神灵附体以后都告诉哪年的几月几日做,应该是去年做,但都没做。可能经济上有困难呗,没做成。今年必须做,我们做的时候,神灵附体说今年必须做,但日子没有安排。以前给安排日子。那个日子安排后,找资料去对的话,那都是相当好的日子。

B:我出马的日子是三月三,"白鼠"日,人家都奇怪的不行了。

A：做小的仪式，一般怎么个程序？

B：第一次来看病时，告诉说什么原因，该怎么做，病人自己做不做是自己的事情。如想做了就第二次再过来求呗。两三次来时给选日子。每年有不少人都要求做。有的一等就等两三个月，而且找我们的人还特多。

A：一般间隔多长时间？

B：间隔的话，一个月得四五次吧。

A：多了，您肯定也受不了。

C：这都不允许了，太累了。

B：我这两年来的也快。我们那儿有一个90多岁的老头来看了后说，原来萨满一年做的都没你一个月做的多。

C：过去萨满多，活没那么多。过去萨满一年的工作，现在一个月就做完了。现在基本上就是每天都闲不着，每天都最少二三十个人在家坐等着看病。

A：莫旗有个萨满文化博物馆。

B：对，他们今年要搞个大型活动，还有50年大庆。

A：对，好像也都是7月中旬的时间。

B：我们每年这个时间都在那里，祭斡包什么的。

A：这种活动属于什么仪式？

B：这个是祭祀仪式。

A：这个和三年一次的那个不一样，这个是一年一次的？

B：是。

A：这个祭祀程序是怎么进行的？

B：这个程序上就是每年一次，农历五月十三是祭斡包的日子。但是今年莫旗这个仪式等我们的话，那个日子还做不上。因为我们自己也要搞，等把我们海拉尔的搞完了以后，再到那边搞。农历五月十三，每年祭祀敖包的仪式都是农历五月十三。

A：这个日子是怎么定的？

B：可能就是从历史上一直传下来的，每年五月十三祭斡包。蒙古族祭斡包也全是那个日子，那天日子都祭斡包，无论是集体还是个人。

　　A：这个活动一般是怎么样的规模？

　　B：一般这个活动，家族祭斡包的话就整个家族人都去，村里祭斡包的话全村人都参加，旗里祭斡包的话就整个旗里的人凡是愿意去的都可以参加，自己带着工具什么的。

　　A：这个活动大概得多长时间？

　　B：大型的活动就是一天，从早上四五点钟就去搞，一直到晚上。个人家小的敖包也有。有些人认为家族的这个敖包搞起来好，但有些人对这个方面有顾虑，甚至还不信这个呢。现在来看这些东西，对家族和个人家生活祖传下来这些东西还都是有些牵连的。

　　A：那举行三年一次大的仪式的时间是固定的吗？

　　B：每到临近时，来年该搞的仪式，不一定搞哪个仪式，搞哪次活动的时候就顺便告诉你了，来年应该什么时候做。一般都是按神灵下来时告诉我们的时间去做，一般都不改，除非有特殊情况可以重新选日子。

　　A：三年一次的大型仪式一般选择什么季节，什么时间？

　　B：都是八九月份吧。而且选有山有水有树的地方，比如在河边，选那种地方。

　　A：去年在哪儿举行的？

　　B：在南屯前面的伊敏河河边上。

　　A：当时有多少人？

　　B：去年人不算多，可能也就200~300多人，我们没通知，都是自己去的。通知的话，在野外搞，吃的喝的我供不起。搞三天仪式实际上牛啊羊啊肉啊都是供这些人吃喝，顺便还得整菜，去的人特别多，所以我们不敢通知，知道的就自愿去。

　　A：小的活动可能好搞一些吧？

　　B：小的活动一般就是家族范围的人参加。一般是我们家里人，或者亲戚朋友，外人听说愿意去，家人允许的话也去。有些人家里有事情的话，他可以自己给人家到神堂上压点钱，也可以求求，问点事。

　　A：像这种三年一次的活动也是你们自己组织吗？

B：一般都是我们自己组织，靠家族的兄弟姐妹，另外再找朋友帮忙，工作人员少了不行，怎么也得20~30个人吧。

A：这么多人连续搞三天，也够复杂的？

B：在野外住，搭蒙古包。

A：这三天的活动都不一样，是吗？

B：都不一样。

A：那第一天做什么？

B：第一天就是斡米南仪式。之前神灵告诉这个仪式要怎么搞，什么时间搞，具体程序如何，每个时间段都做什么，甚至彩绸用什么样的，皮条用什么样的，用什么线，红线绿线白线蓝线，怎么拉怎么整，屋里是几个神树，外面几个神树，都告诉你。最后还要有总结什么的，整个都给安排布置了。跟开大型会议似的，可正规了。开始前杀牛啊杀羊啥的，先到上一代萨满去世的坟地上去磕头祭祀，回来后开始正式的斡米南仪式。

A：数字上有什么讲究？

B：萨满在数字上也特别有讲究，比如，屋里要有2棵神树，外面要立7棵神树。

C：他们家族说外头需要7棵神树，为什么是7个一开始我们也不理解，后来知道了，她是第七代萨满，一共是7个萨满的意思。

A：那您现在也挺忙，每天要接待许多人吧？

C：看病、接待人是她的事情，那些附属的工作是我的事情。

A：巴特尔老师也挺忙。

C：是的，我也挺忙的。

A：这几年您跟着斯琴挂老师一起做事，也都成了行家了。

C：嗯，比较复杂。成行家谈不上，但比不懂的人还是懂的多一些。比如前期的准备工作什么的都是我的事情。每次搞活动，怎么做，什么东西怎么整都是我的事情。她只管布置，布置完都由我来具体整。

A：那现在在呼盟这个地区，目前有几个萨满？

C：在我们鄂温克旗的话，她的学生现在有9个人。其中有鄂温克族和达斡尔族。莫旗有一个萨满徒弟，女的，还有几个捏骨的，那都是达斡尔族。

A：捏骨的？

C：捏骨的归根到底也是萨满，都是一起的。达斡尔人分的可清楚了，分六个等级的，最高的是萨满，但是归根到底都是一样的。

B：有萨满服的是雅德根，没有萨满服的是斡托西、巴格其、巴尔西、巴列沁，萨满内部分工不同，也有不同名称。

A：是不是每个人都有不同的职责，分工也不同？

C：是的，每个人都有不同的职责，分工也不同。最高就是穿服装的，就是萨满。巴格其仅次于萨满，没有服装。

A：那他（巴格其）主要做什么？

C：他也是做这些工作，仅次于萨满，他比萨满稍微低一点，在他范围里能做的都做，超过他范围的就由萨满来做。

A：这是第二级，第三级是什么？

B：当巴格其的去给人治病；斡托西大多给小孩治病，带上娘娘神。如果小孩得了天花死了，如果在第七天、第三天后活过来的话，就成霍卓日。

A：那现在做仪式的时候穿的是最早的传统服装吗？

B：达斡尔族萨满的服装最复杂，别的民族都挺简单，就达斡尔族的比较复杂，而且还好看。

A：这应该怎么解释？

C：很难解释。说明过去的时候，设计这些东西的达斡尔人够聪明的。也不知道这些东西怎么设计出来的，尤其是每个家族的巴日肯，每个家族都不一样，达斡尔族这么多家族都不一样。如果不清楚自己家族的巴日肯的话，你家就别想消停，特有讲究。

A：那为什么每家供的巴日肯不一样呢？

C：为啥有的家族里头出萨满？如果萨满去世了，立尚德，并有巴日肯座位。娘娘·巴日肯，达斡尔族的哈拉、莫昆都不一样。大山神、小山神、敖雷·巴日肯，有的八位，有的是十几位，有的一个两个也有，都不一样。哈拉、莫昆中萨满、莫德沁（智者）多的，娘娘神、敖雷·巴日肯的特格就多，这个是为什么呢？有的人打猎，打猎

第六章 达斡尔族萨满传承人——斯琴挂 239

的多,他们那个家族里经常闹病,还不断地出事。比如打猎的是爷爷、奶奶,可是他们家族整个不得安宁,只好立神,供起来。就是这个道理。

C：为啥这样呢,我给你讲个故事吧。有一次我们俩上莫旗祭斡包去,快出来了,晚间去了几个人,求她到他们家给搞一搞。为啥呢?据说,他们是老郭家,老郭家每年老出事,车祸啥的,死的都是年轻人。前几天又有个20多岁小伙子出车祸死了,出车祸死了以后他们就上齐市找汉族人看去了,汉族人的还挺正规的,说你们少数民族的东西我们整不了,你们自己搞吧。但是当时莫旗还没有萨满,后来她就给出了达斡尔族萨满。当时我们已决定第二天就回家,他们这一找后我们定日子,只好往后推了好几天,把这个活动给搞了。等东西都摆好了,神灵下来的时候说的是啥呢,"我们正在山里好好的睡觉,你们为啥把我请来,你们有啥事情吗?",他们家族人想回答,但他们一开始都不懂,就只能帮他们回答:"这一家有什么什么事情来求您来了,您把这个事情给解决一下呗。"然后神灵开始说了:"把那主人叫过来跪着,我给讲为什么,我惹你们了吗,招你们了吗?我到你们家来过吗?我就是一个野生动物,我从来没上过你们家,从来也没惹过你们,我本来长的就挺丑的,尽量躲着人走,你们为啥要把我打死,这是你们上代人干的事情。"过去达斡尔人在山里不都打猎吗,他说有一天晚间太阳落山以后,他们家族的人骑马带着枪走,看到在山里树林子突然跑过一个东西。他下马支上枪就开了枪,天黑没看清打没打着。

B：后来没找着。

C：没找到就走了呗。走了以后,这个东西其实死了。这是个什么东西呢?是个黑猩猩(作者注:可能是人猿),死了以后它的灵魂在不是吗,它就反过来报复这一家,祖祖辈辈地找。

B：打枪的人没几天就死了。

C：打的人没几天就死了,但神灵要报复他们这个家族,所以代代要死人。老郭家人说:"那您以后就别这样了,求求您了,您有啥要求?""那么就从来年开始在山上给我祭斡包,你们家族祖祖辈辈要祭这个敖包。"现在这个问题解决了不是吗，他们老郭家现在也消停了，也不出事了。

B：专门到南屯磕头去了，立了神走了。

C：立敖包后家族要年年祭的，人家还不错呢，没要求上家族堂位上立什么，这要上堂位的话，在家里还得立一个，人家也没那么要求啊，就光说立个敖包，要求家族人每年要祭，以示纪念呗，所以敖包的来历都不一样。

A：哦，由于各种原因祭的巴日肯都不一样。

C：对，过去对这个也不懂。比如说敖包，敖包的来历究竟是怎么回事儿？有的说是怎么怎么回事，实际上他们有的说的根本就不对，实际上敖包的来历都不一样。

A：好像是多神的那种祭祀形式，不是说单一地祭一种天啊、地啊什么的。

C：对，不是光说祭一个神。有的现在说为了纪念某一个神，其实不是。

A：那现在鄂温克、鄂伦春族和达斡尔族萨满教有什么区别呢？

B：我觉得这几个民族的翁古日（神灵）没什么太大的区别。

C：三个小民族的萨满就我看来，神灵和堂位没有啥区别，就是语言上多少有点区别，有些名词啥的有点区别。鄂伦春也好，鄂温克也好，达斡尔族也好，有些语言也互相通用。还有一些神的名称称呼上也都一样。

A：实际上达斡尔语和他们的语言差的挺多的。鄂温克语和鄂伦春语这两个语言比较接近。那鄂伦春人和鄂温克人来看病的话用什么语言？

C：基本上都用汉语，多数情况都用汉语，最近我们基本上都说汉语，民族语很少说了。现在年轻人都说汉语，尤其到莫旗全说汉语，岁数大的到家里才说达斡尔语，在外面全说汉语。而且莫旗达斡尔族人跟汉族人通婚的比较多。

B：我是按霍卓日·巴日肯走的，我是霍卓日·雅德根，说在有

声音的腾格尔（雷神）那儿有根，哥俩的传说里有这样的话：①

daotiː təŋgər xodʐː rtəi,

根子在雷神那儿，

amban oboː d anagtəi;

居住在安本斡包；

ardiː təŋgərd əkitəi

开始于雷神那儿，

amban oboːd amiltəi

生活在安本斡包里。

C：打雷的就是雷神，萨满也是最高的。

A：一般的萨满仪式上雅德根伊若（达斡尔语：萨满神歌）什么时候唱？

B：没关系，你让我唱就唱吧。

C：这个雅德根仪式，每次活动都要唱。神灵一下来必须要先唱一段。但是搞什么活动，什么时候唱哪个，什么时候唱，都不一样。也有常用的。

A：常用的也有，是吗？

C：常用的也有，神灵附体了就唱。一般讲的当中有插曲，唱的也有。

A：有没有一般不唱，必须在某个时候才能唱的伊若？

C：神灵到的时候说着说着，停那么一段以后就唱，什么时候停，什么时候唱我就不知道了。但她一唱我们就要跟着唱。我们自己唱跟不上，她一领唱我们就能跟上。但是唱的是越多越好。

A：那这个是即兴的，还是有什么固定的曲子？

C：好像是即兴的，固定的就是神灵下来以后，有那么一段，中间说着说着即兴唱的也有。比如最后祝福啥的。等最后神灵说要完事了他自己走的时候还有一段呢，都不一样。

---

① 内蒙古自治区编辑组编：《达斡尔族社会历史调查》，259页，呼和浩特，内蒙古人民出版社，1986。

A：固定的那段有多长？

C：一般固定的都不长，即兴的要长些。

A：哦，即兴的因为要根据场合唱，可能就要长些，那固定的能有多长？

C：固定的就两三分钟。

A：那这固定的能不能唱一下，我想听听。即兴的就不用了。

B：　　ai！dəbil dəbil dəbilə！
　　　　哎！飞翔吧！飞翔吧！
　　　　dəbil dəbil dəbilə！
　　　　飞翔吧！飞翔吧！
　　　　altən xadəi arkəndiniə，
　　　　长着一颗檀树①
　　　　ara ʤandan moːdutiː，
　　　　鸟巢里有颗蛋，
　　　　ələgən təgidəgimin，
　　　　我最尊贵的神鸟，
　　　　Wungu ʤusuni guitʃiʤi，
　　　　逐渐地成熟了，
　　　　wungu ʤusuni guitʃiʤi，
　　　　逐渐地成熟了，
　　　　dərdwo dəgi bolso，
　　　　长成能飞的鸟了，
　　　　xuʤudʤəmun kuaŋgarti joː，
　　　　脖子上戴着铃铛，
　　　　kutʃirʤi boʤirsən。
　　　　飞下来了。

C：这个在伴唱的时候特别好听。去年我们"五一"的时候到长

---

① 斯琴挂唱的时候说 "ʤandan mooːdu"，准确的说是什么树，不清楚，反正是一棵尊贵的树，是神树。

春,被请去参加那个会,让我们表演。吉林省文联主席听完这个曲子他就激动得不行了,他说我们一定要到你们家拜访,你们这个曲子有没有人给你们录制啊谱曲啊什么的?整没整?我们说没有。他说我们一定到你们家去拜访,他说这个曲子太感人了。

A:这个曲子确实好听,非常感人。

C:对,这个曲子我想要给他谱曲,我要整这个。

A:这段歌词大意给简单介绍一下呗。

C:大概的意思就是:高高的山崖上,有一个鸟巢,鸟巢里头有蛋,这个蛋得孵出来,有鸟巢有蛋,孵出来以后,自己有功了。

B:都斯呗都斯呗,就是那个意思。

C:脖子上有灵,就是说萨满必须要有灵啊,他的灵就是灵气。有灵了以后就是成了。萨满不是有鹰的神灵吗,唱的就是这一段。

B:那个有神灵。

A:这个确实是听了很高兴。

B:哈达就是悬崖。

C:高高的山崖,鹰就在那山崖上,而且呢还有棵树,它可能在树上筑巢呗。这个曲子我们自己也非常喜欢,放开唱可好听了。

A:这个曲子是谁作的?

C:就是神灵下来以后,自己唱的。有不少呢,但是突然你想让我们唱,我们想到的就是这个。不能说是我们编的、作的,谁作词作曲,没那事儿。

A:那即兴唱的曲子是固定的吗?

C:没有固定的。每次开始的时候,我们就跟着唱就知道了。突然让我唱哪一段,我们哪有那水平给编曲子,没有。

A:现在萨满的很多功能啊,确实让大家都觉得很神秘。在某些方面确实有一定特殊的作用,比如说像治病这个方面。因为确实治了很多人的病,确实有这样的作用。那中间到底是什么在起作用?是不是说更多是精神上的抚慰?

C:萨满究竟是什么?现在老开会研讨这个东西,科学家说是宇宙的什么什么东西,有些学者说萨满就是一个神灵,这个神灵究竟是个啥东西？学者们就琢磨这个，研究这个萨满。有些人呢，像得个精神病，小孩得个什么病的，有病以后或者手术以后这个病老是不好，但是一旦她给施点法整点东西，就好像没事了。还有的人有病以后，老点滴吃药几个月也不好，她给整点东西就好了，而且治好的还挺多的，因此我们这边去的人就多。

A：所以你们也比较忙。

C：所以我估计啊，一个是神灵的存在。再一个呢，上一代的你不管是动物也好，人也好，这个神灵，跟这个可能也有关系。精神病的区别也很大，有的精神病是被什么冲了，有的可能是自己的神经错乱，自己身体的原因。但这些精神上的东西需要大夫治的，但大夫又治不好。但这些被灵魂、神灵、邪的东西闹的病，萨满却能处理，就能好。萨满有干好事的也有干坏事的。去年她出门以后，我们这有个女的，跟自己不来往的一个萨满喝酒了，她喝了以后精神就不正常了，不行了就上我家来了。她不在，我怎么办呢？我就用她的器具去给她去整，但不好使，我也给耍了一阵，实在没办法了。我们那里有个青海来的喇嘛，就把他给叫来，喇嘛念了半天经也不好。后来没办法，我就给塔尔寺来往的一个大喇嘛打电话，我求他看一下，处理一下。他说拿酒到殿里朝拜以后，让殿里喇嘛来驱除，这样才驱除去了。你说这么老远通过信也可以解决。有的人不懂，我说这个东西跟手机的信息道理是一样的，我就这么解释。但究竟是啥东西，我也解释不清。

A：现在国外好多学者非常关注这些现象。

B：是。

A：去年参加国际会议的有多少人？

B：500来个，不算太多。

A：主要有哪些国家？

B：好多国家的，日本的、美国的、波兰的，欧洲的多些，中国就我们三个人。

A：还有两个是谁啊？

B：我的翻译和郭淑云。

C：春节的时候，美国萨满研究会给她个称号，叫当代著名萨满。

B：获得称号以后，一个叫石昆的人来电话说美国萨满研究基金会，主席麦克哈娜给签字，盖了章，专门来给我发一个证书。给我们来电话的石昆，是汉族，在北京。他说美国人喜欢看病的萨满，不喜欢做表演的萨满。过去好像咱们这边去了几个萨满，都去做了表演。

C：他说每年搞一次活动。

A：每年都搞？

C：是，美国人不喜欢表演萨满，喜欢看病的萨满。

B：那人说下一次邀请的肯定还是你。

C：人家的意思是啥也不会的去，还不如萨满本人去，比那更好不是吗。人家问个什么她都能说出来，要是啥也不是的话也不行。现在有不少学者老抄别人的，抄来抄去自己都给抄糊涂了。我们也是这个态度，如果研究的话，最好下来跟着我们走，这样对我们来说也比较尊重。其实老是翻来覆去看一些文章，她也不太愿意。

A：那现在去采访你们的有哪些外国人？

C：国外的啊，日本的、美国的都有，匈牙利的霍帕尔就去采访过三次。

二、第二次访谈

A：采访人：课题组成员

B：被访人：斯琴挂萨满

采访时间：2008年12月7日

采访地点：斯琴挂海拉尔南屯家

A：斯琴挂老师，介绍一下您上几代的萨满情况，也就是您当萨满的传承关系，好吗？

B：上几代萨满的情况不太清楚。第四代萨满是女的，名字叫木兰，农民，嫁给布利亚特后改名叫斯格木德。第五代萨满是我们的太爷爷，叫布和朝鲁，在莫旗去世。第六代是拉玛萨满，简称拉萨满。在南屯去世的。第七代就是我（斯琴挂），1998年开始传承并带徒弟的。

A：您现在有几名徒弟？

B：萨满徒弟有四个，巴格其有三个，还有捏骨的。

A：四个萨满徒弟叫什么？

B：第一个叫顺吉德玛，鄂温克族，46岁，当萨满以前是牧民，1999年出徒。

第二个叫沃菊芬，53岁，莫旗的达斡尔族，2001年出的萨满，当萨满以前是农民。

第三个叫托雅，鄂温克族，南屯的，四十二三岁，当萨满之前听说是医院的化验员。

第四个叫斯吉德玛，40多岁，是布利亚特人，在俄罗斯赤塔，上大学时受病痛折磨，退学，后来做什么不清楚。

A：巴格其的情况？

B：孟利洲，男的，是达斡尔族，在莫旗，50岁，开始做巴格其大概有五六年了。还有一个叫孟小瑞，是女的，50多岁，在莫旗，是达斡尔族，做巴格其大概也有五六年了。敖小瑞，达斡尔族，是个男的，40多岁，莫旗的，做巴格其大概也有五六年了。

A：捏骨的都叫什么？

B：挺多的，一时想不起来，有布利亚特人，也有蒙古族和鄂温克族的。

A：四个萨满徒弟是什么时候拜师的，因为什么原因拜师的？

B：莫旗的沃菊芬常年闹病，拜过许多师傅，都出不了，后来，她在南屯的舅母看她病的那样子，说南屯有个萨满，让她过来看看，她当时到我家前神经不太正常，但是一进我家大门，她就有感觉了，觉得自己找对地方了。

A：是什么时间来的？

B：2001年春天。

A：其他几个徒弟是哪年拜师的？

B：顺吉德玛是1999—2000年拜师的，也是2001年出马的。托雅是2006年出马的。斯吉德玛是2007年10月出马的。

A：我还想问一下拜师都有什么仪式？

B：有小型的仪式，就是给太爷爷、祖神磕头，献点礼啥的。萨满击鼓告诉主神，收某某人当徒弟了，以后徒弟们有事，师傅就托梦告诉我。

A：能谈谈您的家庭情况吗，有几个孩子？

B：有两个，一个儿子，一个姑娘。大的37岁了，在南屯园林处工作，小的33岁了，在莫旗，与女婿一起开汽车修理部。

A：我看了对您的访谈初稿，您说当萨满之前总是生病，能告诉是什么病吗？

B：到了好多医院，都不确定是什么病，后来医院说是癔病。癔病到底是什么，当时我们年轻，也不知道是什么。后来这个病慢慢转入心脏了，是神经性心脏病。

A：听说您能看病，在南屯非常出名，甚至外地的都来找您看病，您能说说都看什么病吗？

B：什么病都看，多数是去医院不见效的，十天半个月打针、吃药总是不好的。看的病种类多，疑难杂症的也有来的，到这排一排。还有中邪的，病因都不一样，根据病的不同原因作法也不一样。

A：祭斡包是祭什么神？

B：祭斡包神呗。

A：刘桂腾老师曾采访过您，还记得是什么时候吗？

B：2004年初到我家来的。

……

第七章

达斡尔族萨满传承人——沃菊芬

第一节 沃菊芬萨满简介

一、个人情况

沃菊芬,女,达斡尔族沃尔德哈拉绰古罗莫昆人,1955年9月生于莫旗博荣公社西博荣村,小学文化,她是沃尔德哈拉绰古罗莫昆的第七代霍卓日·雅德根。其幼年时丧父,兄弟姐妹八人,其中五人夭折。她于18岁那年结婚,育有3儿1女。

据文献记载,1667年,沃尔德哈拉绰古罗莫昆的先人从黑龙江流域搬迁到嫩江流域,并在美丽富饶的诺敏河畔依博荣山建村,村名为西博荣。定居以来近400余年间共出了七位萨满,但除了家谱外,几乎没有其他相关文字记载。他们只知道第五代萨满是姑奶奶,另外记得有个爷爷名字叫贵德(1875—1912)是家族的第六代霍卓日·雅德根,曾在博荣地区从事萨满活动。当时由于岁数还小,沃菊芬并不知道爷爷是萨满。其父母经常闹病并均早逝。之后由于遇到"土改"、"文革"等政治运动,该哈拉一直没有出现过萨满传承人。直到沃菊芬师从斯琴挂成为该哈拉的第七代萨满。

二、出师过程

沃菊芬在出马之前，曾疾病缠身约 20 来年，时常眼睛模糊，看不清东西，有时说不了话，还曾吐过血，甚至一度到了精神失常的地步。患病期间，在亲属们的帮助尤其是弟弟（沃银柱）的照顾下，走遍了我国北方的各大医院，多方求医问药，几乎没有什么疗效。经多年的病痛折磨，身体素质极度下降，体重曾仅有 40 来公斤，甚至走路都很困难。治病期间还历经了丧夫、丧女之痛，原本很殷实的家业也都荡然无存。

就在几乎要放弃治疗、走投无路之际，听说有一位达斡尔族大萨满，便专程去拜斯琴挂为师，经指路才逐渐得以出马。当时去时还有些疯疯癫癫、连站立都困难的人，40 多天后突然清醒，也不胡言乱语了。之后体重也逐渐恢复至 60 公斤。在斯琴挂萨满的指点下，沃菊芬于 2001 年 8 月出马，是年 46 岁。至今领神时间已近 10 年。沃菊芬当萨满是其贵爷爷的神灵选定的，她领的也是家族的龙凤神灵。目前她是莫力达瓦达斡尔族自治旗唯一一位穿扎瓦的萨满。2009 年 6 月 18 日—20 日，在她的家乡莫旗西博荣村举行了斡米南仪式，她被提升为可以戴 6 杈鹿角帽子的萨满了，其神力又提升一格。

沃菊芬主要从事祭祖、祭三仙、祭斡包及培训徒弟、治病（邪病）等活动。据她本人说并不是什么病她都能治，有的病就得到医院才行。通过一些祭祀活动，她接触到蒙古族、俄罗斯族、鄂温克族、鄂伦春族、布利亚特人的萨满及相关人士。2007 年国际萨满教学会主席霍帕尔也曾采访过她。

第二节 沃菊芬的萨满服及神器神具

一、沃菊芬的服饰

沃菊芬的萨满服工艺精致而华丽,总重量 150 公斤左右。整个服饰包括神帽、头饰、神衣、披肩、腰带、神靴等。

神帽是宽 4 厘米的铜片组成的帽架,呈"十"字花状,帽子的前面有两条凤的图案,十字架上为铜质鹿角,我们看到的图 7—2 中的神帽是三杈神帽,经斡米南仪式后升为六杈。上面系有五色哈达。帽子的前面有一颗蓝色宝石,帽顶是神鸟,帽檐下面有一排丝绶,7 色线编成,丝绶下面有珠子。看上去正好挡住人的眼睛。神帽里面有黑大绒帽衬。

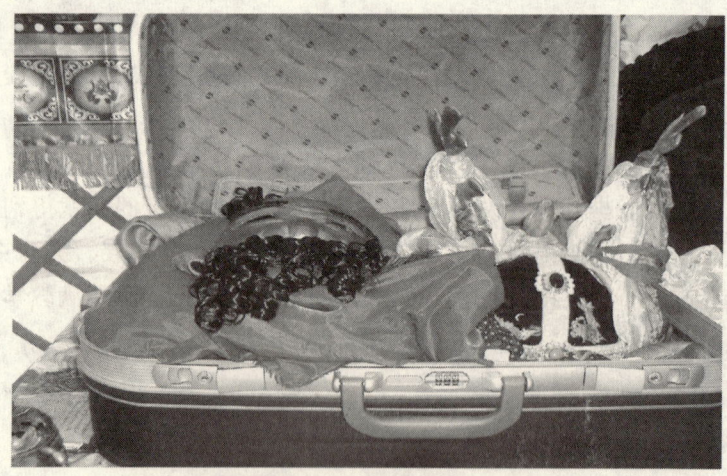

图 7-1 沃菊芬的神帽和面具①

---

① 本章图片均由赛音塔娜现场实地拍摄。

图 7-2 沃菊芬的神帽及帽顶的神鸟

内裙是白色绸子面料做的偏襟款式的长衣。穿衣时边穿边唱：我的偏大襟永远附在我身上，后身永远裹在我的双臂上，后身永远贴在我的背上，裙子把我的歌声传向远方。

萨满的神镜由铜铸成，故又称为铜镜。神镜是萨满用来护身的。

挂心形镜称为"niəkər tuoli"，是护胸镜。用它阻挡外来的东西。它是用黄铜制作的，形状像人的心脏，配有蓝色的佩带。

前胸处挂有大铜镜1个，左右各3个，直径16厘米，1个就重18.8斤。前胸再往下，衣服的下摆处，有三道直径5厘米的60个小铜镜（10个一排）。三条横道之间长条黑大绒底上面绣有桂花。

腰背处有5个铜镜，中间的是大的护背镜，达斡尔族称为"ɑrkən tuoli"（阿日肯·托里），其直径为30厘米。其他4个是直径为16厘米的小铜镜。

神衣是灰色对襟长袍，用熟软的犴皮制成。周边镶滚着翠绿缎带。领口用红、黄、绿三色彩条布镶嵌。从领口至下摆，共有9个盘扣。左边是作为扣的9个小的铜铃。右边是缎带打成的扣绊儿。袍子的左右下摆上各有绣有花的三条黑大绒，并镶有金黄色的边。左右下摆的每一条大绒上钉有10颗铜铃，前身共有60颗小铜铃。三条黑大绒上绣有桂花、映山红。三条黑大绒之间钉有铜铃,共有 42 个铜铃。衣袖口为满族箭袖,袖子上有三条黑绒底黄牙边。袖口内侧坠有 1 个大铜铃和 8 个小铜铃铛。

图 7-3 铜铃及神衣上的花饰

神衣两侧,胯部左右位置各有长 90 厘米捆在一起的 9 条皮条,称为"asalaŋ"(皮垂带)。在 9 根皮条的头部,系有铜质的环。

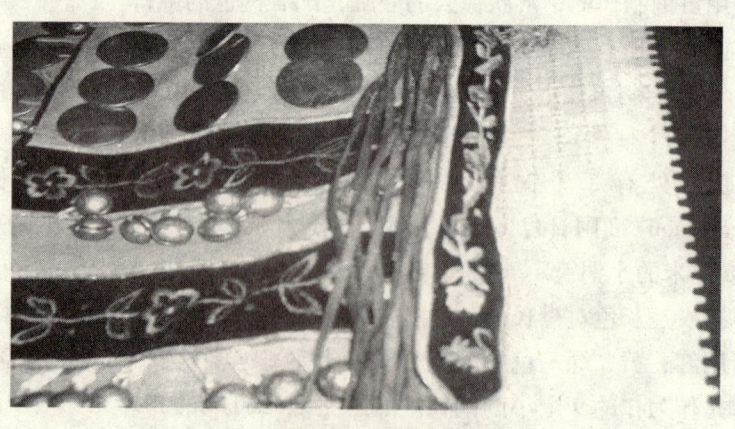

图 7-4 皮垂带

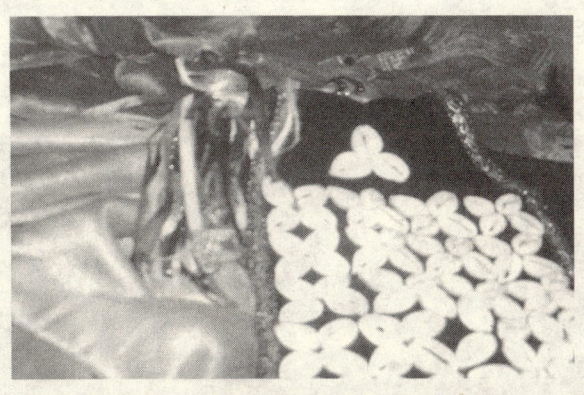

图 7-5 套在神衣长袍外边的坎肩右侧

神衣的后面分为两个部分，腰部以上也分两个部分，下面腰背处有 4 个铜镜，直径约有 16 厘米；还有 1 个直径 30 厘米的大铜镜，这个铜镜叫护背镜，达斡尔语称为"ɑrikən tuoli"。

腰背以下是叫"xɑlɑbɑnku"的条裙。它由上下两层共 24 条飘带组成，上层的 12 条飘带长 20 厘米、宽 6 厘米，上面绣着荷花；下层 12 条飘带长 57 厘米、宽 61 厘米，上面绣有桂花；裙子的最下端绣着 12 生肖，由左到右排列为鼠、牛、虎、兔、龙、蛇、马、羊、猴、鸡、狗、猪，底下还有彩线。飘带上是裙腰，裙长 62 厘米，宽 20 厘米，黑绒底。上绣有日、月、山、松树、榆树，另有一对梅花鹿。

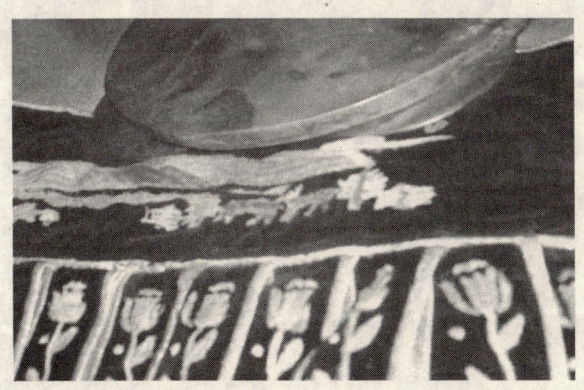

图 7-6 神衣后面的图案，上面 12 层是荷花，下面 12 层是桂花

披肩套在长袍外边,达斡尔语称"zaxartə",整个底子是黑大绒,坎肩的边上有刺绣的花边。上镶有360颗贝壳。

图7-7 祭祖的垫子

图7-8 靴子

二、沃菊芬的神器与神具

沃菊芬的神器主要有神鼓、面具、鼓鞭、神铃等。

图 7-9　神鼓

图 7-10　鼓绳、鼓架、小铜铃

图 7-11　沃菊芬的鼓及其木质配饰

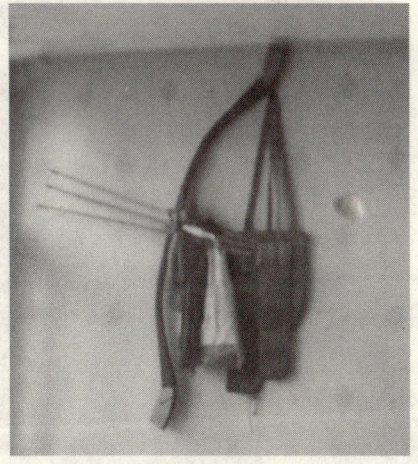

图 7-12　弓箭

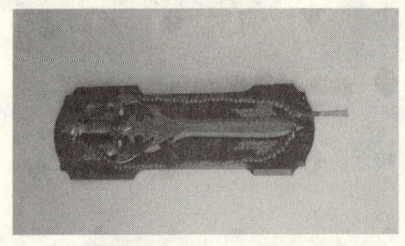
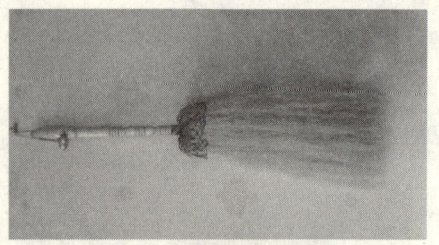

图 7-13　神剑　　　　　　　图 7-14　蝇甩子

面具，达斡尔语称"abagaldai"（阿巴嘎勒岱），这也是萨满的重要神器。它是萨满各位神灵的总管，用青铜制作。长 25 厘米，宽 17 厘米，使用时用蓝色布带系在脸上。面具微微凸出，形状与人面相同，有眼、眉、口、鼻、头发、胡子和头发等，早先由黑熊的鬃毛制作。现在，由于很难找到这种东西，已用其他东西代替了。平时，阿巴嘎勒岱的嘴不能空着，给他的嘴里含着羊尾巴的肥肉，每做一次仪式换一次。在举行斡米南仪式时，沃菊芬的阿巴嘎勒岱挂在室内托若树的西面。

图 7-15　沃菊芬的面具——阿巴嘎勒岱

图 7-16 沃菊芬在传达神的旨意

图 7-17 沃菊芬在培训徒弟

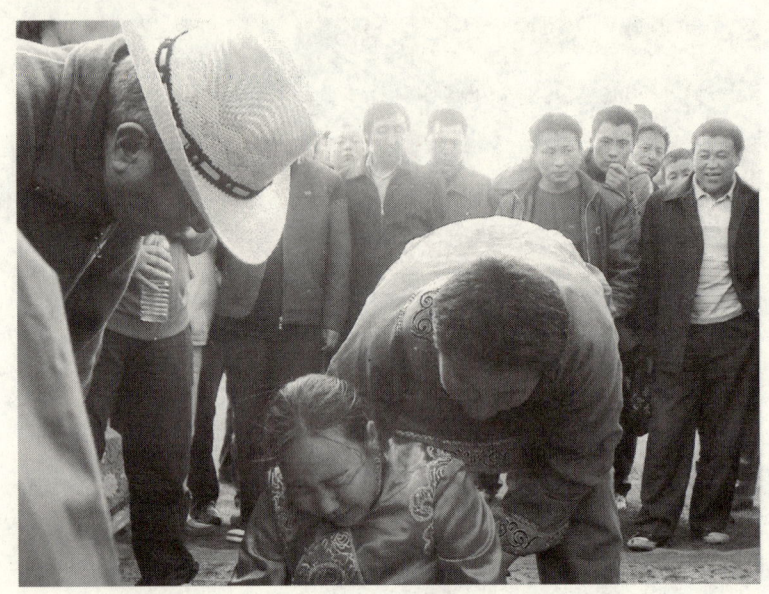

图 7-18　有一位徒弟在培训中进入状态

图 7-19　沃菊芬与爱人及徒弟们

第三节 沃菊芬治病的方法

据沃菊芬说,萨满并不是什么病都能治,有的病还需要到医院才能治。一般来说萨满只能驱邪除魔、祛病消灾,且不同的神灵治不同的病。

我们在斡米南仪式实地调查中了解到她治病的部分情况。当她的神灵附体后,给人们治病时,她先述说你有什么疾病,并口述药方,具体到用某个山某个方向的某种草,加上另外某个地方的某种草,合起来如何用等。有时还告诫预测防范事宜,嘱咐在何时,不要往什么方向去,不要坐什么色的车等。又如神水疗法。用一铁锅烧热水,烧的过程中往水里放入牛奶、酒、奶油、九个泉的水、刚古草、九处泉水中的九个鹅卵石、铜镜等,然后萨满边念神歌边将滚开的神水用刷子甩向患者。

图 7-20 沃菊芬准备洒神水

图 7-21　沃菊芬在斡米南上进行的洒神水仪式

图 7-22　沃菊芬受病人之托给袋奶祷告

第七章 达斡尔族萨满传承人——沃菊芬 261

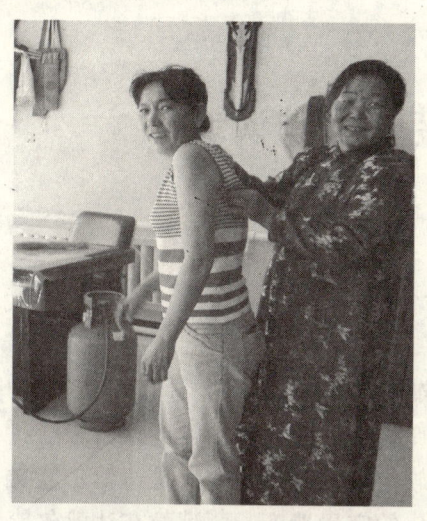

图7-23 沃菊芬在给病人按摩

图7-24 治病仪式前的准备工作

沃菊芬在每个月的初一、十五给人们治病。我们亲眼看到过一次她治病的场景。

对疾病，如骨质增生、风湿性骨关节疼痛的治疗，用一些按摩、热疗、喷酒等物理疗法。

图7-25 用神水洒洗病人

第四节　沃菊芬萨满访谈录[①]

A：采访人：课题组成员。
B：被采访人：沃菊芬萨满。
时间：2008 年 2 月
地点：莫力达瓦达斡尔族自治旗沃菊芬萨满家里。

A：非常荣幸能够有机会和达斡尔族萨满大师接触，感谢您给我这次访谈的机会。萨满教是达斡尔族信仰的原始宗教，是达斡尔族文化的组成部分，同时是人类传统文化的宝贵遗产。萨满教在达斡尔族中发生、发展的历史，同时也是达斡尔族文化发生、发展历史的一个侧面。它对人们的伦理、道德、观念、行为思想等多方面具有一定的约束力，在达斡尔族文化中具有非常重要的地位。如今，萨满教是世界性的研究话题，十分值得研究和探讨。那么，您作为达斡尔族的萨满大师，对保护和发展达斡尔族传统文化做出了实际贡献，我深表敬意。现在能简单谈谈您的个人情况吗？您的祖籍也是在莫旗这边的么？

B：是。
A：出生地在哪里呀？
B：是，在莫旗的博荣乡。
A：您的哈拉、莫昆呢？
B：沃日哈拉绰古罗莫昆。
A：您的年龄？
B：我 54 了。
A：您从事这个工作几年了？
B：六年。
A：那么您有什么样的教育背景？

[①] 尊重萨满的要求，个别内容有删节。

B：没有受过教育，托梦呗。

A：您能讲一口流利的达斡尔语，除了达斡尔语还懂得什么语言？

B：就会说达斡尔语，汉语都说不好。

A：您经常接触鄂温克族等其他民族的萨满，那您和他们主要用哪种语言交流？

B：在下神时候，好几种语言都能听懂，不下神时候，有点听不懂。

A：那么平时交流的时候用哪种语言？

B：汉语，达斡尔语，鄂温克语我也能听懂点，但不会说。下神的时候能听懂。

A：从事萨满这个工作之前您从事过其他什么职业吗？

B：没有。

A：您在莫旗生活了多少年？

B：以前在莫旗库如奇屯待过一段时间。

A：您对萨满教的信仰是出于什么原因？

B：接祖先的呗，祖传的。

A：您能聊聊这个过程吗？

B：从前我一直有病，后来接了这个萨满。我爷爷是萨满，到我是第七代萨满，一直传，传到我这，（我）出马后，（病）也就好了。

A：作为达斡尔族萨满教的传承者，您认为萨满教怎么能更好地传承下去？因为这个是达斡尔族特别宝贵的传统文化，您是从爷爷那传承下来的，特别不容易，如何传承下去，您有什么样的看法？

B：接下来，抓谁就是谁，不是我能抓的，是神抓的，几代里能出来哪个也不知道。神抓谁、祖先抓谁的话就是谁。我也是被抓的。

A：您能简单地回忆一下这个过程吗？

B：我二十多年一直有病，有时一睁眼睛就看不见了，有时一整就说不了话了。住院的时候多，那时候我也不相信这些。有人说我能出马，那个时候一个巴日肯都没有，爹妈都死得早，我也不知道我爷爷是萨满，谁也不知道我爷爷是萨满。我爷爷活到一百多岁，在莫旗博荣乡做萨满。谁也不知道萨满的传承人会是谁，也不知道我会成萨满。反正我做梦是有那么个东西，嘀哩当啷嘀哩当啷的，咱们也不知道哇，也不认识，还有神鼓啥的。孩子都能听见、看到。莫旗也不知道有萨满，必须是能穿萨满服的人才能出马。全莫旗都找了，哪个都穿不了萨满服，都不行。后来，我上海拉尔南屯，我的师傅给我出马了。

A：那您师傅现在在南屯？也是达斡尔族萨满？

B：是。她祖先也是莫旗的。

A：那您是专程赶到海拉尔南屯那里拜师的，您能简单回忆拜师的过程么？

B：去拜师的时候，我疯疯癫癫的，啥也不知道了，走道都轻飘飘的，才八九十来斤。去的时候，师傅正在给人看病，挺多人。一召唤我，手一比划，她就下神了，我爷爷就替我说话了，他就说我们家族的事，这个那个的。我当时也不懂，都精神病了，什么话都听不懂，不过这个神的事说了我就能听懂。给她磕头的时候，不是往这边摔就是往那边摔，没有正着的时候，让人扶着起来的。待了四十多天，祭祖啥的我都去，以后就慢慢一天比一天好，回来的时候就清醒了，也不胡说了。待了45天就回到莫旗，就开始祭我们的祖先，那个时候我们一个巴日肯都没有，是后来从南屯请来的，萨满服之类也都做好了以后拿回来的。

A：那您在什么时候穿服装？

B：给人祭祖、给自己家祭祖、给人出马时都穿，或者是供斡包时。另外，每年大年三十晚上都穿。

A：是不是常跟您师傅保持联系？

B：是。

A：看您现在身体很健康。

B：我都长了四十多斤了。

A：您现在从事这个工作的重点主要在哪？

B：给人祭祖、祭三仙、供斡包，给人治病驱邪。

A：您说的每三年、六年、十二年就会举办一次萨满祭祀活动，那么今年是第几年？

B：今年是第六年。

A：作为人类这么重要的传统文化，萨满教的保存和发展是非常重要的，那您认为将如何继续传承、保护下去呢？

B：这个不是保护的事，如果抓你的话，你就不得不传承，就得走到底。你啥样也不能死，抓你就一直抓到底。

A：您有想法收徒弟，把它传承下去吗？

B：没有那么想过。这是家族的事，收徒弟也不是从自己的祖先走的，是从他自己的祖先那儿走的，只能给他指指路。

A：那么您家族中现在有没有发现传承人？

B：没有，还没发现。

A：那您担心吗？

B：能不担心吗？现在小孩都不会说达斡尔语了。

A：今天来的小孩儿是您的孙子？那么您没想教他？

B：跟我孙子没有关系。这个是我的家族，老沃家的事。

A：如何将达斡尔族文化保存和发展下去是非常重要的话题。萨满教也成为世界性的话题了。

B：早就成世界性的话题了。

A：我看到您的照片中也有和世界级萨满教研究大师的合影，是什么时候？

B：是八月十五，九月份，也记不了那些了。我们每次活动都带摄像机，有图片。我拿给你看看。

A：那张相片是在哪照的？

B：在鄂温克旗照的。这些相片是下神时候的，还有其他活动时候的照片，弄成了集子。

A：这张是……

B：是给别人出马时候的相片，是在莫旗照的。

A：达斡尔族萨满服装和鄂温克族或其他民族的不一样吧？

B：不一样。

A：您能简单地说说不一样之处么？咱们服装的主要特点是什么？

B：主要是帽子不一样，后面前面也都不同。

A：达斡尔族帽子上面有鹿角，有几个鹿角？

B：是六个。

A：鄂温克族有么？

B：鄂温克族有两个的。我的这件衣服前面有铜镜，后面的铜镜大，是十八斤八两，一百多斤。

A：您这个时候就已经很胖啦。这个是鄂温克族的服装，跟咱们不一样？

B：不一样。鄂温克族帽子上鹿角很小，衣服前面和后面都不一样。

A：手中拿的是萨满鼓？

B：是铜鼓。达斡尔族萨满服装身上的铜镜比鄂温克族的多。达斡尔族服装前面是60个小铜镜和6个大铜镜。后面大的是六个，其中一个最大。帽子上有两个大鹿角，是用铜做的，当时也弄不到真的鹿角。

A：鄂温克族的神鼓和达斡尔族的一样吗？

B：不完全一样，鄂温克族的鼓是用狼皮做的。敲鼓用的器具是一样的，鄂温克族的是狍子腿做的，达斡尔族后来改了，用木头做了。

A：看这张相片，您这个时候主要的活是什么？

B：就是给人祭祖先、祭斡包，给人出马。

A：这张照片上是在做什么？

B：是出马的时候。这个人是他弟弟，做副手。

A：一般出马的时候是几个人？

B：很多人。这个照片是我师傅在六年祭祀的时候照的。乌日玛，有很多人，服装也不一样，各民族的。这个是乌那玛。磕头这个人是俄国人，在海拉尔照的。这些人都是学者，长春的、哈尔滨的。

A：请问这个照片是在做什么？

B：这个是师傅祭祀活动的时候去的，所有萨满都要去。

A：一般这样的活动在什么地方举行？

B：草地上挺好的，出马的时候咱们前面有挺好的草地，大莫尔丁那里。也要选择一定的日期。这相片是我们祭祀敖包时照的。这个斡包在博荣山，就祭了三年。这几年没去，但买供品了。

A：今年的祭祀活动去博荣山吗？

B：不去，到时候再选择地方。

A：这样的大型活动要好好选择非常特殊的地方，这张相片是……

B：这些照片不是同一天发生的事情。这个相片是下神的时候的照片，这个是那仁格日勒出马的时候的相片。这个相片里的人是通辽的一个萨满。他（她）是蒙古族人，我见过他（她），亲自看过他（她），给他（她）献哈达了。

A：他（她）的服装您见过吗？

B：他（她）的服装像裙子似的。

A：蒙古族的萨满服装有铜镜吗？

B：有。帽子像唐僧戴的帽子似的，有佛。有一个出马的，我去过。

A：是在哪？

B：南屯那边有个蒙古族的萨满出马的时候，邀请我去参加了。

A：那么，您主要用什么语言和蒙古族萨满交流？

B：主要用汉语，下神的时候他说蒙古语，我能听懂，下神的我一般都能听懂。平时的时候说话，有点听不懂。

A：鄂伦春族的萨满您接触过吗？

B：没有，鄂伦春族的没接触过。俄国的接触过。是个年轻人，三四十来岁。他是俄罗斯人，说话跟布里亚特人差不多。

A：那么他们在下神的时候说什么语言呢？

B：说话跟布里亚特人差不多。

A：有关萨满教这方面的知识您是从师傅那儿学的多？还是听爷爷那边口述的多？

B：做梦多，师傅也是做梦的多。不是随随便便谁教都会的，不是您教我教那么简单的事情。

A：那么您记忆最深刻的梦能说一说吗？

B：很长，有些说不明白。我下神的时候啥也不知道了，有的时候托梦的也不懂。问人家这个是什么意思。有的话我不懂。师傅、爷爷说的话有时候也不懂。互相问问这个是什么意思，那个是什么意思。不懂的有的是。

A：莫旗萨满的数量您了解吗？

B：具体不了解，很多人到我这里看病什么的。莫旗没有穿萨满服装的萨满师，只是给人看病。

A：莫旗这边的萨满和南屯那边还有其他地方的萨满不一样吧？

B：没有什么太大差别，都差不多。这个是布里亚特的，没有铜镜，后边是蛇。

A：是蛇皮吗？

B：是布。

A：帽子是什么？

B：也是铜做的，模仿鹿角。

A：鼓也是狼皮吗？

B：是。

A：这是在您家照的吗？

B：是，在我家照的。

A：那莫旗这边的萨满教和南屯那边的或者是布里亚特的萨满教有什么区别吗？

B：意思都是一样的，都是继承祖先的路。各个萨满的意思是一样的。都给老百姓治病，给人祈福、带来幸福。

A：我看男式的和女式的服装好像不一样？

B：男式没怎么见。这个是蒙古小子出马的时候照的，我去的。

A：他们出马的时候和达斡尔族的一样么？

B：不一样。

A：能简单地说说吗？

B：他们出马的时候，踩大铡刀，服装也不一样。

A：出马的时候所用的语言一样么？

B：差不多，他用他们的语言。

A：那么您了解到的目前萨满教有多大的传播范围？除了莫旗、海拉尔南屯，还有哪？

B：莫旗，海拉尔，还有通辽。通辽萨满服像裙子似的。没有铜镜，有帽子，有鼓，但他们的鼓跟咱们的不太一样，好像是摇式的鼓。另外还有鄂温克乡、鄂伦春旗。鄂伦春旗我也去过，就是阿里河。鄂伦春族本土本民族的萨满师我没见过，有还是没有我就不知道了。

A：从您的相集里看，活动很多。还是很有实际效果的。

B：挺多。五六月份活动多。过年在正月不给人看病，急性病人来了才给整整。等到过了正月，三月份就开始给人看病，八九月份最多。

A：看来萨满教的实际效果还是很明显的。那么萨满教在达斡尔族文化中有很重要的地位，您也这么认为吗？

B：我不这么认为。

A：您觉得萨满教在达斡尔族中起到什么样的作用？

B：现在是没那么大的作用，以前作用大了。现在医学这么发达了。

A：但是依旧有那么多虔诚的人在信仰萨满教。

B：前些日子我上海拉尔师傅那祭祀祖先的时候，天天下神，回来嗓子不好。我嗓子本来不好，三十多年，说话多了嗓子不行。回来后有个人来了，她来看病，说她下神了，十多天没吃饭，疯疯癫癫的，眼睛都直了，没有瞳仁了，嘴唇脸色白白的，很多天没吃没喝。没来前她说那个萨满可厉害呢，说不好的话她就煽您嘴巴子。这个那个的啥都说。她们一起来了好多人，有八九个人，舅舅、舅妈的。来了就磕头，想磕头就冲祖先磕头，一个人磕头就行，都磕头干什么啊，给我磕头干什么啊。她非得磕头，左磕一个头，又磕一个头。一会儿给我烟，过一会儿又给我烟，我说我不抽这么多烟。她说："我就是萨满，我要穿萨满服。"说要跳大神。我说："跳什么大神啊？你立的堂子要下神，你知道什么啊？你怎么想什么就说什么？"完了她说的她是老郭家的祖太爷，祖太奶。一会说是祖太爷，一会祖太奶。他们老郭家确实有萨满，但是达斡尔族的萨满跟姑娘走，不会找儿媳妇。不行的话就找姑娘，找不着就找外甥，不找儿媳妇。她姓郭，是塔温浅莫昆的，塔温浅本来有祭祖的神，她身上也带着呢。她让一个汉族人看了，说她是萨满，说她出马就能好，找一个接骨的人给她整上了，把神就给她拍身上了。一个接骨的能说啥啊？完了巴日肯什么都没整好。她本来不应该领神的，给她身上拍了一下。我说没事，不能当雅德根，雅德根来的头一天都能做梦，什么样的人来，什么家族，要不怎么怎么样祖先都告诉。有什么事，祖先都托梦告诉，有重要的事都得等着，你明天哪儿也不能去，有事你不能走。祖先托梦告诉，不能违背，不能走，走的话就麻烦了。我给你好好整整，整完了回家你就好了，不用出马。给你家巴日肯好好整整，你就好了。她说不是，我给她弄的东西她都说不行，这个是撵神儿的，撵神的弄了，神就走了。我当时嗓子哑了，不愿意说话，他们三辈人来了，一个都不懂，不给他们好好解释，他们也不明白啊，不行啊。她说不能喝你那东西。我生气了，嗓子哑了，一下就说出来了一堆气话。你不下神么？你下神干什么？你给谁看病，您给达斡尔族看病呀？你平时大门不出二门不进，还给人看病，坏心眼满肚子都是，倒挺多。我生气了，嗓子一下就好了。我说我去拿鼓来，我看你怎么下神。鼓一拿来，她吓得嗷嗷叫，眼睛都睁不开了，脸色都变了，要抽了。我说你害怕什么啊？萨满怕鼓还算什么萨满啊？你不是萨满师吗？你骗一家老少三辈陪着你来，瞎折腾，简直不要脸。你是什么萨满，别给咱们民族人丢脸了，别丢萨满的脸了，你什么都不是。完了，我就说你坐着，你在别人后面藏着干什么，你坐那儿。她就悄悄地坐着，我寻思她知道鼓的厉害呗，她啥也不知道，装呢，折腾一家人来干什么啊，七大姑八大姨都来了，别说萨满的厉害，萨满服的厉害，您就尝尝鼓的滋味就行了，以后别这么瞎装了，瞎给人看病啥的。完了用鼓一游，一游突然一整就下神了，哒哒哒哒的，她吓哭了，跪下了。我说你就说呗，你不下神了吗，给别人出马，出不了，你就把别人的神拍身上，然后冷不丁那神就吓走了，然后她的眼睛就睁开了。睁开以后她就跪下，他们都要跪下，给我磕头。我说磕什么头啊，这个不是我的功劳，我本身什么都不是，字都不识。然后就回家了，回家以后第二天又来了，眼睛亮亮的，穿得可漂亮了，精神儿的。

A：最近来看您了吗？

B：我不让她来，看完以后就完了，没有后路。看完好了就完了，不用再来。每次来的人都感谢我,我都不让。我的任务就是看好了就拉倒。不能左一次,右一次的。有一个汉族姑娘也来了,当时抽的不行了,整好后走了。后来在大路上碰见,太替(奶奶)、姨的叫我,我都不认识了。他们说是您给我看病看好的,您不记得啊?我哪记得啊,过去了就拉倒。

A:一般汉族人来您也给看病吗?

B:汉族来看的很少,不多。都找自己的民族。咱们也不图啥,谁来看病就给谁看。自己的民族找自己的民族,汉族的给汉族看病。

A:今年最大的活动是什么,就是六月份和七月份的大型祭祀吧?

B:每回下神都告诉怎么做。下神的话我都不知道,谁都不知道是怎么回事。

(萨满接电话)

A:过十五就很忙了?

B:嗯,忙。

A:您从事这个工作五六年以来都挺忙呗?

B:我不怎么忙,只要能过得去就过得去。

A:您是啥时候开始有病的?

B:我23岁的时候有病的,大概1983年。

A:那您正式出马是在什么时候?

B:我出马7年了。2001年左右。就在现在住的这个房子里。师傅过来给我出马的。这张相片是出马时候的相片。中间的是师傅,站在我旁边的是师姐。

A:您师傅也是达斡尔族?

B:是达斡尔族。师姐是鄂温克布里亚特人。他们现在在南屯、伊敏,还有草地上的一个地方,记不清楚那个地方的名字了。相片里很多人都是师姐,人很多。

A:今年六月十六的时候他们都能来吗?

B:来。这个是陈巴尔虎旗的萨满,是蒙古族,叫哈和。

A:这个是在您家的合影吗?

B:这个合影不是在我们家。

A：每年的敖包或者其他大型的活动是谁组织啊？

B：大伙一起组织。

A：每年都有吗？

B：都有。

A：看看这套服装，您具体给解释解释咱们达斡尔族萨满服装的特色。先从帽子说起吧。

B：这个也是神帽呗，萨满服的神帽呗。这块儿有眼睛。

A：帽子头顶这个位置是个眼睛。这个绿色的？

B：是眼睛。这个哈达是祭祖先、给人出马啥的用，每家都给系一个哈达。别人给系，上谁家谁给系，哈达多了以后能搁放起来。

A：达斡尔族也向您敬献哈达吗？

B：上谁家谁给系哈达，没有就用布啥的必须给系帽子上。

A：一般都系什么颜色的？

B：各种颜色的都有。

A：这两个鹿角是铜做的吧？

B：是，都是铜做的。帽子两边是龙和凤。

A：是绣上去的吗？

B：是绣的。

A：帽子两边都是穗子，代表什么？

B：各种颜色的，代表吉祥。

A：前面系的带子是什么？

B：帽子带儿。

A：黄颜色的搭在肩膀两侧的是什么？

B：是鸟，达斡尔语是"tʃabəkə"。

A：象征什么？

B：就是"告诉"的意思。这个也是神，下神的时候向您诉说天机。

A：在胸前的是什么形状？是什么做的？

B：是四方块形状，是海里的贝壳似的缝上去的。

A：有多少片您知道吗？

B：没查，闪闪发光。下神时候都说出来、下神的时候我就知道了，平时我不拿出来。

A：那么在腰部特别大的 6 个是铜镜？

B：是铜镜，一边有 3 个。每个都代表一个神，都是起保护作用的。

A：每个铜镜都代表一个神？

B：是。起保护作用的。中间一个护胸的心形铜镜，是保护心脏的；这边 3 个，那边 3 个，一共是 7 个。

A：那么下面这个小的铜镜呢？

B：小的也是，也有单独的功能。

A：有多重？

B：一百多斤。小的铃铛是 70 个。

A：小铃铛挂在衣服最下面吗？

B：是，袖子上一直到后面都有铃铛。各个铃铛在衣服上各有各的代表意义。

A：边上有绣花，袖子上也有，粉花是什么花？

B：是桂花，后边裙条上有十二属相，也有绣花。

A：您穿的鞋这张没有照出来，有吗？

B：鞋有，我找人做还没做好，也是皮的，是狍子皮。

A：您接触到的鄂温克族、蒙古族的鞋和咱们达斡尔族一样吗？

B：我师傅有鞋，是布里亚特人做的，不是纯达斡尔族人穿的"tʃikɑmi"，博物馆里有。

A：这个敲鼓的棒子是什么做的？

B：木头做的，外面红色的是布套上的。初五前来好了，过年三十，一直到初五都挂着。

A：鼓上也有铃铛？

B：都有。

A：背面除了画的属相，也有铜镜吧？

B：有铜镜，有个最大的，叫"ɑrkən tuoli（后背镜）"，重十八斤八两。

A：下面主要画的是十二属相？

B：是，绣桂花。

A：达斡尔族典型的萨满服饰就是这样的。旁边的花是什么花？

B：是映山红。

A：您这张相片是在莫力达瓦照的吗？

B：在家照的，之后到照相馆弄的。

A：有山有树有花，有很深的含义在里面啊。谢谢您把这张相片送给我，谢谢！今后的打算和计划就是好好地供斡包，好好的为人民求福，为达斡尔族人民求福？

B：是。

A：特别感激您接受这次采访，祝福我们达斡尔族所有的子子孙孙幸福安康。

B：好。

A：谢谢您！

第五节　斡米南仪式调查纪实

在莫力达瓦达斡尔族自治旗政府的大力支持下，课题组成员赛音塔娜于 2009 年 6 月 18 日—6 月 20 日全程考察了斯琴挂、沃菊芬萨满举行的斡米南仪式，仪式后沃菊芬萨满神帽上的鹿杈增加到了 6 杈。下面简单介绍一下本次举行的斡米南仪式的简况。

一、仪式前的准备

（一）场地的选择

斡米南仪式对场地的选择很讲究，一定要在有山有水的地方举行，由此可以看到萨满教的自然宗教特质。本次场地东靠诺敏江，西临博荣山，山上有沃菊芬上一代萨满爷爷的"尚德"，还有西博荣的斡包，据说，此斡包已有三百多年的历史。

图 7-26　草木旺盛的斡米南场地

图 7-27　山清水秀的西博荣

(二) 蒙古包的搭建

蒙古包是参会者休息的地方,也是仪式的主祭场地。由于这个议程在 18 日的早晨四点钟进行,我们未能亲眼目睹现场。到达会场时,一切均已安排停当。

(三) 托若树

托若树分屋内、屋外两种。室内的托若树是 2 棵桦树,上面冠以彩色布条。在 9 丈远的地方设 7 棵桦树为室外的托若树,说明沃菊芬是第七代萨满。

图 7-28　搭建的两座蒙古包及室内托若树

图 7-29　室内托若树根部的陆朱日神

图 7-30　室内托若树陆朱日神正面

图 7-31 蒙古包内的神及供品

图 7-32 室外托若树的金银拴马桩

第七章 达斡尔族萨满传承人——沃菊芬 | 279

图 7-33 准备在室外的托若树前摆放的供品——一只白公羊

图 7-34 在室外托若树前摆放好供品白公羊

图7-35 室外托若树上的日月和托若·巴日肯

图7-36 将室内外托若连起来的"栓那"绳

图 7-37 神及神位前摆放的供品

二、祭祀仪式

(一)祭天仪式

在室外托若树前举行祭天仪式,萨满及助手穿上神衣击鼓唱神歌,告知神灵所供祭品。神灵附体后,以神的名义安排祭祀的内容、时间、祭祀工具等。

图 7-38　斯琴挂、沃菊芬、托雅三位萨满在室外托若前唱伊若

图 7-39　在蒙古包前请神

(二) 祭祖仪式

第一天下午，萨满在斡包内请神，击鼓唱伊若，为族人和每一位献祭者祈福。在室内如前设一供桌，参加斡米南的人们将酒、水果、牛、羊、礼金献上祭坛，并将哈达绑在室内托若树上，以表自己的虔诚之心。当萨满神灵附体后，萨满将每一位献祭的祈福者情况向神灵禀报，并请神灵保佑他们平安吉祥。为参祭献者禳灾祛邪。

献祭仪式结束后，萨满将每一位祈福者叫到跟前，之前先说"我想喝某某莫昆某某属相的人的白色酒"，然后代神传言，预测其近期的福祸，并告知如何注意，或吃什么地方的什么几种草药，哪天哪月哪日不要向哪个方向去，不要坐什么样的交通工具等等。当天下午继续进行此仪式。

图 7-40 斯琴挂萨满在为祈福者嘱咐

第三天祭"xuamar barkan"（怀玛日·巴日肯）。传说怀玛日·巴日肯是大清皇帝供的神，该神对供品的要求较高，必须用三岁红色公牛作供品，还需男女各 9 人跳民族舞。

图 7-41 准备的红色公牛

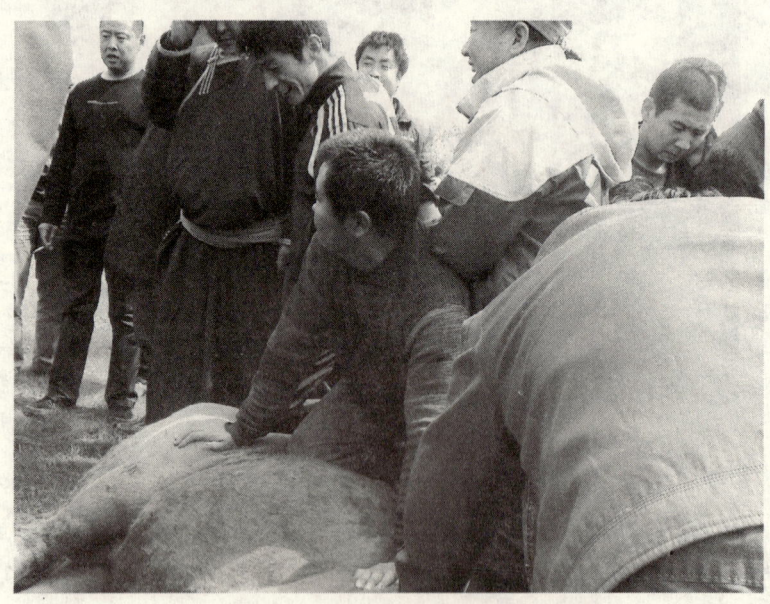

图 7-42 准备宰杀红色公牛

第七章 达斡尔族萨满传承人——沃菊芬 | 285

图 7-43 有经验的老人在祭祀红牛

图 7-44 萨满助手在祈祷

图 7-45 沃菊芬的弟弟沃银柱在祭酒

图 7-46 供红牛的祭品

图 7-47 红牛的头和四肢按牛体原样摆在特设的供案上

图 7-48 三位萨满诵唱请神伊若

图7-49 沃菊芬在聆听神灵诉说

图7-50 在铜镜上抹上牛血,有9个点

第七章 达斡尔族萨满传承人——沃菊芬 289

图7-51 萨满诵唱伊若

图7-52 斯琴挂萨满在用布里亚特语诵唱伊若

(三) 培训仪式

在祭祀"xuaimar barkan"（怀玛日·巴日肯）仪式之后，举行了培训仪式。

图7-53 沃菊芬在诵唱伊若

(四) 喝血仪式

祭完"xuaimar barkan"(怀玛日·巴日肯),进行过培训仪式后,还在蒙古包举行了喝血仪式(由于光线不好此部分未能够留下图像资料)。在蒙古包内,众人围着室内托若转,男的说"格库",女的说"德起"。当沃菊芬的神灵附体后,总结整个仪式的情况,神灵说出满意的话,同时感谢各位的来临,尤其是感谢远道来的各位嘉宾,对斡米南仪式也说满意的话。又问道,沃菊芬提级合格否,众人说可以。于是在一片欢乐的气氛中,结束了这项仪式。

(五) 驱邪仪式

当天夜里举行了驱邪仪式。为此专门宰杀了一只黑公羊,意在安抚魔鬼及散在①的东西。

图7-54 三位萨满在唱伊若,让散在野鬼享用牺牲

---

① "散在"意为散布在野外的鬼妖。

图 7-55　三位萨满在唱伊若，让散在野鬼享用牺牲

图 7-56　准备宰杀的黑公羊

斡米南仪式结束当晚，举行文艺晚会，人神共同欢庆斡米南仪式顺利结束。

第八章

萨满伊若文本实录

第一节 汉文伊若文本

萨满"iroː"(伊若)主要是由萨满在祭祀仪式、治病跳神等仪式上唱的各类祷词,以萨满为主唱,助手一人或多人伴唱。词曲都带有原始神秘的色彩,其内容涉及达斡尔族早期的思想观念、历史、习俗等方面,语言古朴优美,合辙押韵,保留了许多已经或正在失传的词汇。

一、斡米南仪式上的祷词[①]

(一)"托若"祭[②]

列格木、列格木列,

[①] 吕大吉、何耀华总主编:《中国各民族原始宗教资料集成·达斡尔族卷》,338~340页,北京,中国社会科学出版社,1999年。本段伊若唱述者:杨文生;伴唱者:鄂维勤;收集时间:1990年10月;收集地点:黑龙江省齐齐哈尔市全和太村;采录、汉译、整理:满都尔图、孟和。

[②] 这首祷词是达斡尔族萨满举行斡米南仪式时首先唱诵的伊若的开头部分。"托若"系斡米南仪式所立神树,达斡尔、鄂温克、鄂伦春语皆同。陈巴尔虎蒙古人所称之"特力树"亦属同类神树。

列格木、楼色列,①
归来相遇的安德②,
用"托若"神树欢迎。

为了竖起闪金的托若,
套上敞篷的马车,
砍来了繁茂的神树。

由于不能推脱躲避,
你走上了安德的道路,
培植了神圣的托若。

成双的两棵托若树,
一对线绳连接着,
我祖传的神灵。

在春暖和熙的月份,
选择吉庆的良辰,
乘着黎明的曙光,
迎着初升的太阳,
打开包好的扎瓦③,
在房门门槛的内侧,
竖起七个撑的托若,④

---

① 列格木、列格木列,列格木、楼色列:是本首祷词的衬词,本祷词的主曲调平和委婉,先由萨满开唱,继而其每唱一句祷词,伴唱者重唱一遍衬词。
② 安德:是萨满的另一个表述,意为"通神者",与"雅德根"同意,在伊若中为押韵,经常将"安德"与"雅德根"交替使用。
③ 扎瓦:萨满的衣服。布特哈地区达斡尔人、鄂温克人、赫哲人均称"samanxike"。
④ 达斡尔族萨满举行斡米南时竖立的两棵"托若"树之间,有七根横撑相接,称为"特尔克音",意为"阶梯"。鄂温克萨满"托若"树上置九个横撑,称为"索日纳尔"。

举行我的庆典仪式。

微微晃动的树枝上，
有布谷鸟的巢穴；
摇摇摆动的树枝上，
有乌鸦的巢穴；
刚刚长出的树枝上，
有鸽子的巢穴；
两枝粗大的树枝上，
有孔雀的巢穴。①

在春暖花开的季节，
江河已解冻，
鲤鱼在游动，
树上有枝杈，
枝杈上有鸟巢，
巢里有幼雏。②
……

（二）祖神祭③

真珠列，真珠列，④
真珠列，真珠列，
在宁静的日子里，
在安逸的生活中，

---

① 本段祷词形容其竖立的托若树的树叶繁茂状。
② 本段祷词形容举行斡米南仪式的美好季节。
③ 在斡米南祭奠上祈请其神灵降临的祷词的一部分，其具体内容因各萨满的神灵来源不同而各异。
④ 真珠列，真珠列：系本首祷词的衬词，其音调为本祷词的主旋律，以平稳为其特点。衬词没有特定的含义。当萨满按其旋律每唱一句衬词后，伴唱者重复唱祷词一遍。

不是无缘的领唱,
不是无故的诉说,
调查达斡尔族传统的远方客人,
我来唱段伊若给你们听。①

追述祖先的身世,
与新疆伊犁有机缘,
与八百里瀚海相关连,
捻子鸟枪的主人,
你走上征战的疆场,
未能生还显了灵。②
祖父生前健在时,
走上安德的道路,
承担雅德根的职责。

由于我骨头洁白,
你就选定了我;
由于我血液纯洁,
你就附在我身上;
从我出生之时起,
你就占据了我;
从我婴儿之时起,
你就引导着我;
从我睡摇篮之时起,
你就带领着我;

---

① 本段并非正式祭奠上的伊若唱词,杨文生萨满试图说明是应采访者的请求,并非是他正式举行祭奠仪式而唱的。

② 据杨文生自述,他祖父系萨满,约在19世纪末作为清代八旗兵丁应征到新疆伊犁地区参战阵亡。这里所说的显灵,是说该萨满的神灵将其念珠带回家乡,挂在自家西窗上并嘱其妻子,将此念珠传给其后代。

要我继承"雅德根"的职责,
走上"安德"的道路。
由于不能回绝挣脱,
为了"爱满"族众的安宁,
我承受你的选择,
当了莫昆的雅德根。①
孙儿愚昧无知之处,
请不要动怒责怪。

今日里为你祭祀,
不是随意的祈祷,
不是无故的邀请。
我请了神通安德指导,
请了名雅德根为师。
为选择祭祀的吉日,
请汉嘎钦②占卜,
请博多钦③测算,
请达拉钦④选择,
请乌杰钦⑤认定,
农历四月十八日,
布谷鸟高鸣,
万物苏醒的季节,

---

① 在达斡尔族中,人们并不愿意当萨满,多因病灾等原因,或为族众减轻灾难,不得已才当萨满。
② 汉嘎钦:系占卜者,其方法有多种,可用祭神的野兽或家畜的肩胛骨的走纹卜算,也可用单手举斧头或枪把等预测可否。
③ 博多钦:实为占卜者,此处为祷词的对称押韵而述。
④ 达拉钦:系"汉嘎钦"的另一种形容词,因占卜者多用肩胛骨(达斡尔语中肩胛骨称为"达拉")而名。
⑤ 乌杰钦:直译为看相者,在达斡尔族并无相面者,此处为押韵而用不同的表述形式。

备好献祭的供物,
唱诵祈求的祷词,
举办祭祀的盛典。

(三) 请嘎尔卓神

嘎尔卓①哟,嘎尔卓哟,
嘎尼,嘎尔卓哟,
嘎尔卓哟,嘎尔卓哟,
嘎尼,嘎尔卓哟。
无缘无故不敢祈祷,
没有必要怎能诉说?
不备祭品怎敢邀请?

庆典的托若已经竖起,
闪金的神树已经竖起,
供祭的果品已经摆上,
虔诚的族众已经聚齐,
喜庆的盛典就要开始。

你领着追踪的猎犬,
带着库尔欣猎鹰②,
被疯狗捕捉身死,
含冤离开了人世,
你从荒野河套地走来,
走向林木丛生的山岭。

---

① 嘎尔卓:达斡尔语,疯子。据说凡被疯狗或其他患疯狂症的动物触伤出血者,均被传染为疯子,此处指某一达斡尔族鹰猎者被疯狗咬死后,其冤魂附于杨文生长辈萨满身上,成为帮助其进行宗教活动的神灵。据说此类神灵只帮助治疗精神病患者。这首祷词系萨满举行"斡米南"仪式时,请他的主神"嘎尔卓·温果尔(神灵)"的开头部分。
② 库尔欣猎鹰:训育多年的鹰。

……

(四) 吃血仪式上的祷词①

讷木嫩奎②,
讷木嫩奎,
讷木嫩奎德热。
讷莫尔郭力讷钦吉若,
海拉尔郭力哈屯吉若③,
讷木嫩奎德热。

遵照祖辈的传颂,
唱虔诚的祷词。
上代雅德根的神灵,
认定我血液纯净。
依附于我身上,
我走上雅德根的道路。
正月十六的日子里,
竖起吉庆的托若树。
备齐庆典的神器祭品,
集起莫昆族众和乡亲。
唱诵我的各位神灵,
请他们降临来喝血。

---

① 吕大吉、何耀华总主编:《中国各民族原始宗教资料集成·达斡尔族卷》,343 页,北京,中国社会科学出版社,1999。满都尔图整理;采录时间:1991 年 8 月 19 日;采录地点:齐齐哈尔市郊区哈拉村;演唱者:敖仁,男,达斡尔族萨满。这首祷词是斡米南祭奠的末尾举行吃血仪式时,由主祭萨满逐一请他的各位神灵降下来吃血,每请一位神,都要唱述他的来由及特征。本祷词由于唱述者忌讳而未涉及具体神灵。

② 讷木嫩奎:是本首祷词的衬词,当萨满每唱完一遍衬词,伴唱者重复一遍衬词。

③ 郭力:达斡尔语,指江河;讷莫尔郭力:指讷莫尔河,在今黑龙江省讷河县境内;海拉尔郭力:海拉尔河,在今内蒙古呼伦贝尔市境内;吉若:指步伐平稳的走马;哈屯吉若:指疾驰的烈性走马。

在黑漆大门的内侧,
竖起喜庆的托若树。
摆上亲族供祭的牺牲,
在千只树雀的叫鸣声中,
揭开我的栓那①绳,
唱述我诸位神灵的缘由。

萨那②神杖上的第一面,
是红颜色的萨那,
已升天的各代雅德根,
刻其各自的神位。
是我历代的祖先神灵,
祈请降临来吃血。

刻记在绿色萨那上的,
是博日绰库如③神,
你有成双洁净的轿车,
你有华丽的服饰。
你有修行的恩德,
祈请你降下来吃血。

黄色萨那上刻记的,

---

① 栓那:萨满的神具之一,斡米南仪式祭神时在神树与神梯间连接的一根长绳。据说萨满所请之神降临时,首先降落在室外托若树上,然后顺着"栓那"绳进入室内。除此,萨满还有三角形的神棍,亦称为"栓那",分为红、绿、黄色,刻有横格,记录其每个不同的神灵。

② 萨那:萨满刻记神灵数的三楞木棍,红楞刻记历代萨满教,绿楞刻记本萨满领的神灵数,黄楞刻记萨满的疯神。

③ 博日绰库如:萨满一种动物神灵的代名词,"博如"为斑色,"绰库如"为花色,实指鼬鼠或狐狸的毛色特征。

是我的嘎尔卓神①灵。
你冤屈的魂灵，
在山冈原野里游荡。
在莲花池里修行，
祈请你降下来吃血。

在庆典的托若树前，
库热②孩子们已聚齐。
从库热绳下钻出来，
保佑他们健康成长。
库热绳已拉长，
保佑莫昆后代繁衍。

在吉祥的正月十六日，
在祭奠的托若树前，
在隆重的吃血仪式上，
唱述我虔诚的祷词。
与额格③雅德根同狂舞，
送走降临的各位神灵。
……

---

① 嘎尔卓神：指萨满的狂神。狂神有狂熊、狂狼、狂犬之别。
② 库热：祭神时用整张牛皮旋成一根长皮条，用它把莫昆族众或儿童围起来叫做"库热"（围圈），萨满绕库热为族众、儿童跳神祝福。
③ 额格：直译为母亲，祭神时主祭萨满请一位陪祭萨满，这个萨满称为"额格雅德根"。

二、送魂祷词①

德尔德亚德额,
额乌色雅德。②
瓦然莫昆③的后代,
在你的家里,
祭起你的祖先神灵,
述说你的家族身世。

瓦然莫昆的族众已聚齐,
扶起你亡故的遗体,
从你世居的家室抬起,
送到你安身的墓地。

牵着你年幼的孩儿,
备齐金钱和供给祭品,
选择好吉祥的日子,
祭请诸位神灵来享用。

不要为难活着的亲属,
不要苛求无辜的族众,
请你安心而去,

---

① 满都尔图:《达斡尔、鄂温克、蒙古(陈巴尔虎)、鄂伦春族萨满教调查》,39~41页,中国社会科学院民族研究所民族学研究室编印,1992。按达斡尔族传统,给一般死者送葬,并不需请萨满举行送魂仪式。但有人因特殊原因死去,继而在莫昆内闹灾不得安宁,便认为是死者的怨魂不散,作祟于族人的结果,便请萨满举行送魂仪式,以免殃及亲属。
② 德尔德亚德额,额乌色雅德:系达斡尔语,前半句意为"飞起来吧",后半句意为"升起来吧",与本祷词送魂远离而去的旨意相符。
③ 瓦然莫昆:系齐齐哈尔地区达斡尔族陶木哈拉的一个支系。本祷词点到瓦然莫昆并没有特殊的含义。

我们时时为你祭奠。
……

三、敖雷·巴日肯祭词

(一) 敖雷·巴日肯祭词之一①

德维克尼、德维克尼、德维克尼②。
德维克尼、德维克尼、德维克尼。

大白天里祭祀,
我在虔诚地祈求。
在×××的家里,
突然降来了灾祸,
忽冷忽热的病症,③
全家忧心不安宁。
我用金色的塔仁④,
我用银色的塔仁,
为乡亲们的安康,
我击鼓祈祷山神。

山林里有你的住所,
屯落外有你的足迹,

---

① 唱述者:小巴西;伴唱:图木热;采录:莫德尔图;采录时间:1958 年;采录地点:莫旗满都胡浅村;汉译整理:满都尔图。
② 德维克尼、德维克尼、德维克尼:系衬词,曲调高亢,流行于布特哈地区。萨满开始致词时首先唱此衬词,之后萨满每唱完一句祷词,伴唱者重复唱一遍此衬词。
③ 忽冷忽热的病症:昏迷不醒的状况,萨满认为是山神等外路神作祟致病的征兆。
④ 塔仁:是萨满、巴格其和巴尔西治疗外伤、疥癣和精神恍惚者时所用的一种疗法。用酒或称为"阿尔善"的冷水(圣水)喷入病人外伤处或头部。

原野里有你的根基。
你有灰褐色的头饰,
你有华丽的服装,
你能在树枝间跳跃。①

我曾许愿献祭家鸡,
举行塔伊勒格②祭仪。
如今病人已见康复,
冷热症开始消退,
胸腔逐渐顺气,
全身已经宽松。

我立足的地方洁净,
我走过的足迹清白,
我许过的愿有保障,
今日里如期还愿。

当我的祷词结束时,
请收回病人的痛苦,
当我的祭祀结束时,
请让我的族众无灾。

(二) 敖雷·巴日肯祭词之二 ③

迪库,迪库,迪库,

---

① 此段祷词描述成精的鼬鼠的原形。
② 塔伊勒格:达斡尔族祭神仪式之一,多采用于供祭山神等外来神,只供五只或七只鸡,仪式比较简单,一般在大门外或村口举行。
③ 唱述者:小巴西;伴唱:图木热;采录:莫德尔图;采录时间:1958年;采录地点:莫旗满都胡浅村;汉译整理:满都尔图(有录音带)。

迪库耶尼,迪库。①
找寻大的神门,
献祭祈求消灾,
看出患者的病由,
巴格其我主祭。

神灵发迹于山峰沟壑,
原野里有你的住所,
田间地边有你的踪迹,
西仓房里有你的脚印,
东仓房里有你的机缘,
××家供奉的山神。②

五只鸡的塔伊勒格,
祭品已经准备好,
鲜血已经喷出,
内脏已经调理,
全鸡供在案前,
请你降来享用。

当我的祭词结束时,
病人的痛苦能全除,
巴格其我承诺,
许愿举行重大祭祀。

家里圈养的肥猪,

---

① 迪库、迪库、迪库,迪库耶尼,迪库:衬词,其音调为本首祭词的主旋律,高亢,节奏性强。主祭者每唱一句祭词,伴唱者唱一遍衬词。
② 此段描述山神的来由。据说,鼬鼠精选中对象后,以其仓房为据点,伺机作祟,被供作"敖雷·巴日肯"。

有着腻人的肥脂，
摆在神案之前，
供你再来。
……

四、斡包①祭文②

天神、斡包神请听！

今天，莫力达瓦达斡尔族自治旗尼尔基地区达斡尔族、鄂温克族、汉族等各族人民一千多人，外宾二百多人，来斡包山祭祀来啦！

按祭祀的老规矩，宰杀了一头牛、三只羊、四十只鸡、三百斤猪肉，各种酒类、糕点、水果，供在您的面前。

祈天神、斡包神多下好雨，避邪风和各种灾害，让草木茂盛，牲畜膘满肥胖，庄稼颗粒丰满，恩赐个丰收年吧！

天神、斡包神！

供品摆在你面前，恭请您享用吧！

在祭祀即将结束时刻，我们再敬三盅酒，请您收下吧！

五、祭腾格尔（天）的祷词③

父天听听祷词，
母天了解缘由；
坐在根源的大公主，

---

① 斡包：坐落在莫力达瓦达斡尔族自治旗尼尔基镇北的斡包山上，原来是在康熙二十八年（1650年）由布特哈衙门设置的，距今已有359年了。

② 演唱者：莫旗达斡尔学会那顺达来为首的十位老人（其中一位为鄂温克族，其余均为达斡尔族）；收录于：莫力达瓦旅游网/达斡尔斡包节；时间：2005年5月21日；地点：莫旗斡包山。

③ 内蒙古自治区编辑组编：《达斡尔族社会历史调查》，243~244页，呼和浩特，内蒙古人民出版社，1986。

用簸箕般的耳朵静听；
坐在角落的大官人，
用明亮的眼睛瞧看吧。

不是没有缘由地祷告，
不是没有灾害的答对。
为了遵守许过的愿，
在今天的日子里，
献祷你所需的牺牲。
有像簸箕样的耳朵，
有黑果样的眼睛，
有翻地的嘴巴，
有绶子般的尾巴，
有凳子般的腿，
有叉子般的蹄子，
有黑呢绒般的毛，
有腻人的肥脂。

把可爱肥壮的牲物，
供奉在你的面前。
夺取了它的生命，
把胸腔内脏高举起来，
给门神们告知，
和大门的天在一起，
把四肢的筋剔出来，
把横膈膜拿出来，
把新鲜血涂在椠上，
把主要的骨骼摆左右。

和天娘娘在一起，

和神娘娘在一同，
在你的左右献祭酬谢，
供奉肩胛和尻背。
（以下根据病者家属具体情况加以叙述，从略）

六、霍列力·巴日肯的祷词[①]

后地的极处所立神座，
土地娘娘刚发现的时候，
创立起来的神座。

在济·西勒克尔河的方面，
在额尔古纳河的根源，
在森齐勒山崖的山嘴，
在森格泉子的渊源，
由叟西山洞起家。

有松柏建筑的城墙，
有红松木立的旗杆，
有香灌木林树叶的铺垫，
有九十九个包。

有九次的雷击，
被打成碎块，
而为阔勒托尔迪·卡勒特尔热迪。
被打成碎片片，
而为喀拉尼——喀恰尼。

---

① 内蒙古自治区编辑组编：《达斡尔族社会历史调查》，247~249页，呼和浩特，内蒙古人民出版社，1986。

从哪里开始发轫,
在黑龙江有籍贯,
顺着黄江下来时,
把所有的"毕尔吉"集合起来,
把各种的生物"毕尔吉"会合了,
而将南海做了目标,
在海岛里造备了住处,
入了达赖喇嘛的僧籍,
吵扰了北京城,
占据了正统的位置,
高鸣在宫廷内,
曾有过玉石宝石的炕沿,
有过珍珠东珠的宝座。

从那里开始发迹,
通过了每个省境,
经过索伦达斡尔时候,
供奉在这个家里,
位居在两边的墙上。

有三个座位的神,
有犁杖的座位,
藏居在犁镜里,
坐在原位的带拉乐,
有双龙的祭祀,
有对龙的宝座,
有各种缎绫绢帕,
有各色绸绉哈迪格。

在曼果尔莽袍里坐着,
在庄缎里包裹着,
踩着清洁的缎子,
涂漆的修饰,
雕刻的塑像,
雕在红松上,
画在杨树上:
布阔该尔·塔卡该尔,
阔勒托尔迪,喀勒踏尔迪,
阿热里·阿查里,
喀拉尼·喀恰尼,
色莫尔肯·肯特尔,
巴布盖·巴图如(熊),
宝罗迪·布库。

河流汇集的地方,
下流汇处独木舟,
密林中的鄂伦春,
打猎能手"莫日根",
找不到的踪迹,
看不到的足迹印。

金色的龟,
银色的蛙,
嗡嗡叫着的刺蜂,
爬动的蜘蛛,
蠕动的蜥蛇,
摇响着的铃声,
高鸣着的布谷,
吼叫的豹子,

雄豪的公猪，
……
（以上只是祭词的一部分，接续部分尚未收集到。）

七、吉雅其·巴日肯①祷词

（一）祷词之一②

在内地有籍贯，
走遍了万众喇嘛的伙夫，
跟随达斡尔、索伦③，
在投奔的半路上，
遇着了小块的云，
冒出了团黑的云，
被五个雷打着了，
被九个雷劈轰了，
劈裂了榆树，
打断了果木，
走到屯子和斡尔科里，
变成了吉雅其·带拉勒。
占据在西面，
有双龙的祭祀，
有对龙的宝座，
有九个童子欢腾，
有九个童女舞蹈，
祀立了祖神吉雅其，

---

① 吉雅：系达斡尔语"命运"之义；吉雅其·巴日肯系司命运的神。
② 内蒙古自治区编辑组编：《达斡尔族社会历史调查》，253~254页，呼和浩特，内蒙古人民出版社，1986。
③ 索伦：一部分鄂温克人的旧称。

坐在了西边墙角，
有黄色骏马乘骑。①
……

（二）祷词之二

苍白发须的父亲，
老迈龙钟的母亲；
赏赉满被的子孙，
赏赉满桶的奶子，
赏赉口齿伶俐的儿子，
赏赉增殖频繁的乳牛。
……

（三）祷词之三②

原籍在黑龙江，
根源在黄江（即精奇里江），
在济河上高鸣，
在江水中游泳，
在山沟中跳跃，
在沙漠中有联系，
怒气填胸的下来……

此外，海拉尔地区的"ʤiaːtʃi dailal"（吉雅其·带拉勒）和布特哈地区的"ʤiaːtʃi barkan"是同一个神，也叫做"ʤuan"。海拉尔地区的祭词达斡尔族"巴格西"不一定全部用蒙古语吟诵，但是，以下几句必须用蒙古语吟诵：

---

① 黄色骏马：原词系蒙古语"色特勒"一词。
② 满都尔图主编：《达斡尔族百科词典》，234页，呼伦贝尔，内蒙文化出版社，2007。

苍白发须的父亲，
老迈龙钟的母亲；
赏赉满被的子孙，
赏赉满桶的奶子，
赏赉口齿伶俐的儿子，
赏赉增殖频繁的乳牛。
……

莫尔登哈拉舍倭尔托尔苏莫昆萨满跳神时的祭词片段如下：

由梳妆匣内成精，
由小拇指变成鸟，
由金色儿鸟活跃，
与沙滩深水有缘，
被鲫鱼啃吃过的，
被鲤鱼舔啃过的，
……

八、斯琴挂给彼特诵唱的六首伊若[①]

（一）当神附体时唱

讷莫尔河的水，海拉尔河的水川流不息……
（编者注：这些仅用来表示声音，没有内在含义）

（二）斯琴挂的神灵以一只鸟的形式附体时唱：

德古呀，德古，
德古呀，德古，

---

① 系斯琴挂所唱萨满神歌的译文，引自瑞士学者彼特的论文《一位萨满的宗教歌曲》，载日本南山大学刊物《亚细亚民俗研究》，2005年。

德古呀，德古，
德古呀，德古。

(三) 唱给神灵的伊若

哎！飞翔吧！飞翔吧！飞翔吧！
飞翔吧！飞翔吧！飞翔吧！
在金色的山崖后背上，
在阴面长着一棵神树①，
树上鸟巢里有颗蛋，
我最尊贵的神鸟，神鸟，
逐渐地成熟了，
逐渐地成熟了，
长成能飞的鸟了，
脖子上戴着铃铛，
飞下来了。

(四) 在治病仪式上唱的伊若②：

有云彩的腾格尔有一扇门，
腾格尔有一扇关着的门。
邀请雅德根鄂嫩部落的祖先，
邀请十代前的拉萨满。
从九个泉水处，
带来了九个石头，
我和这些石头一起沐浴。
用来自 xan 山的百里香来自哈屯海的水，
我清洗全身。

---

① 斯琴挂萨满唱词里为"dʒandanmoːd"，具体指何种树不详，应为尊贵的树。
② 这首伊若据说是斯琴挂萨满在她的办公室举行的一个治病仪式上唱的。当时，水在一口大锅里加热，（请她的人）在水中放入9块鹅卵石，同时她开始唱这首歌。

用来自 sumi 山的百里香和来自哈屯海的水,
清洗着骨髓。
用五种符咒,
我治疗病。

(五) 在召神或送神时唱的①

在鄂嫩河边有一个草做的棚子,
神灵和太阳的光线一起跑过来。
在通向西方的土地上,
种着我的唯一的树,
那儿有个地方,
居住着天神。

九、斯琴挂在仪式开始前,穿神衣时所唱的伊若②

穿神衣时唱:
白色里绸增加我的力量,
哈达各色(多为蓝色)的纽扣陪伴我,
做我的伴侣,
领叶代代伴随着我,
我的偏大襟永远附在我身上,
肩袖永远裹在我的双臂上,
后身永远贴在我的背上,
裙子把我的歌声传向远方。

挂心形铜镜时唱:

---

① 此伊若系布里亚特语,据斯琴挂说,当布里亚特神灵附体时要唱这首伊若。
② 转引自《达斡尔族萨满文化传承——斯琴挂和她的弟子们》,121 页~123 页,沈阳,辽宁民族出版社,2009。这几首伊若是斯琴挂在穿神衣过程中亲自即兴唱的,且穿每一件萨满服时都唱一遍,歌词长短不一,即有崇敬,又有歌颂。

护心镜请给我托梦及教育我,
清除四方来的灾难,
保佑我平安!

穿神衣时唱:
两张犴皮合起来制成的神衣,
已经成巴日肯的太爷爷赐给我的神服,
代代传下来的神服,
赐给我神力,
这一代传到了我身上,
右边的三十个小铜镜永远保护我的身心,
永远不犯错误,
处处保佑别人做好事;
后边的大铜镜,
永远护着我的后心不受侵犯,
旁边的四个铜镜永远挡着四方邪恶者,
保佑着我。

戴神帽时唱:
金铜制成的神奇的九杈神帽永远护佑着我。

穿披肩时唱:
五色制成的披肩,
这一代永远跟随着我,
护佑着我。

系飘带时唱:
24个飘带做着我的伴侣。
(飘带也是神灵)。

戴铜铃时唱:

震撼上代的六十个铜铃从上代传给我，
把我的名声传扬四海，
给我最高的教诲。

佩带阿巴嘎勒岱时唱：
青铜制造的，
熠熠发光的曼妙的面具啊！
棕红色的阿巴嘎勒岱！
九天赏赐的阿巴嘎勒岱！
棕红色的阿巴嘎勒岱啊！
请增强我的力量！

九天神赏赐给我们的阿巴嘎勒岱，
主神赏赐给我们的阿巴嘎勒岱，
皇天赋予我们的阿巴嘎勒岱，
欲依有依，欲靠有靠，
骁勇无比的阿巴嘎勒岱，
你是造就我智能的神灵！

第二节 达斡尔语（国际音标/汉语）伊若文本

一、娘娘神祭词（jadgən iroː）[①]

utiəːlə ɑːgɑːs ugirɑːn jəː，
不是没有缘由的祈求，

[①] 恩和巴图编：《达斡尔语话语材料》，387～398页，呼和浩特，内蒙古人民出版社，1985。原文系国际音标拼写的达斡尔语，由赛音塔娜节选汉译。

aldər uwəi amlən jəː。
不是没有缘由的祷告。
ənə aːgui duatər,
在这宁静的日子中,
ənti kəkuni ənsəːl kəː!
孩子突然病了!
baimət kəkuni banyn,
好好的孩子病了,
ʤunturtəl ʤogoːr kəː,
受的折磨很苦哇,
aligu ʤiːlguini əjdəːn,
用爱心来消灾祛病,
əki xəndini əjdəːn。
给这个小孩治病吧。
ʤogoːr xaːnaːr ʤorisən?
痛楚从哪儿来的?
ənsəːl xaːnaːr xajoːsən?
疾病从哪儿传染的呢?
boigun gəridini bossən,
从这家里发生,
barən xiaːrkud baidaːl。
西墙角上有座位。
əndur xig suʤirsul,
有天大的信仰,
tumun xoːniː tuŋkun,
有万年的影响,
miaŋgən xoːniː əʤləːsən。
有千年的宝座。
omeː uːʃiː saixuaː nianiaːn,
乌麦、乌西、塞花娘娘,

əndur niaŋnia:ni: əjdə:nmi,
祈求娘娘神说好话,
atʃin ta:nd amlən,
祈求你的恩赐,
əlgi: ta:nd ərin,
向你问好,
goʃin ta:nd goidʒo:sən。
祈求你的恩惠。
dʒalgən ta:ni: dʒabka:r,
趁你的空闲,
boigun gəridini bossən,
从这个家立起来的,
bosudʒ baisən sudʒir,
建立起的信仰,
saini bodudʒ sawuirsən。
做好事下来的。
xardəni bodudʒ bo:dʒirsən,
到这广阔的大地上,
tuigun bolsəni təwurkə:!
熟的生的都送来吧!
altən ilga:ji alga:!
剪金色的花!
baubəi ilga:ji alga:!
扶起宝贝花!
guixua: ilga: baida:lti:,
桂花有地位,
lianxua: ilga: saudəlti:。
莲花有宝座。
əndur solo:n sudʒir kə:,
索伦神是信仰,

tuwaːtʃinkaːn toːlitʃin,
让伙夫支锅,
atʃini taːnd amlənbi。
祈求你的恩赐。
tabəi taːnd tanisəndaː,
认识你们的房梁,
taukaːl uwəi əjdəːsən。
没有阻力实现了。
ənə aːgui duatər,
在生活中,
ənti kəkuni ənsəːl!
给这孩子治好病吧!
tʃokum jergeːn aːgaːsa,
特别的流行病,
dʒorisən dʒogoːroː dʒuaglo,
对症的病痛拆散,
barisən dʒogoːroː boltloː,
抓住的病痛解开,
xaluːn wargoː xardʒloː,
发烧离开,
gənsun wargoː gətloː!
发冷利索!
gardʒ wargoː dalki!
扇出它的进出!
xərgədʒ wargoː xəilgəː!
挡住反复发作!
toːriltaːnini toŋgaː!
把感冒治彻底!
tursaːl idʒeː bargeː!
收回疾病!

ʤogoːr sualiaːm ʤiːl !
痛苦都平息了!
ənsəːl sualiaːm əbk !
病都收起来了!
ʤogoːr əimər ʤiːləːsini ,
你这样平息了痛苦,
ənsəːl əimər əbkəːʃini ,
你这样治愈了疾病,
ʤorin sanaː ʤugisən ,
实现了愿望,
ojin sanəgoː olun,
领会了精神,
xəːjini tualaːn xəːntəː !
让每个人都得到吧!
aːli saintiː aw !
好好地接受吧!
banin saintiː bargeː !
好好地收下吧!
ʤorineː ədəː olgudaː ,
达到了目的,
aurdtnəː ədəː ailaː !
疾病立即驱除!
maullənəː ədəː majaː !
不必犹豫与慌张!
kolʤin koimaːliːjaː kort !
不必多思与多虑!
kuaʃig uwəi kuakloː !
驱赶所有痛楚吧!
ʤogoːr sualiaːm ʤiːl !
让病痛消除吧!

ənsəːl sualiaːm əbk!
让疾病痊愈吧!

二、斡米南仪式上的祷词①

(一)马罗经(maloː iroː)②

hodʒoːr maloːji oiraːbei,
恭请马罗神降临,
entgemm taibannei tomilwud,
为了永久的安康,
entʃu udur nerbeldʒi goibeibi。
吉日良辰来祈祷。
tʃiengiel boːni tʃiengiel boːni,
(衬词)
tʃiengiel boːni tʃiengiel boːni。
(衬词)

goxin kexini xini goibeibi,
祈求你的万般恩惠,
tumun kexini xini eribeibi,
请求你的千种仁慈,
bogloːwu daralgawuini bogloːrdʒ,
今日正在受病魔的折磨,
bogti sudʒin gireːdʒ uku。

---

① 演唱者:宝约(1908—1991,达斡尔族民间艺人),赛尼日夫(又名奇克日,1917—1993,达斡尔族民间艺人,著名的故事家);流传地区:内蒙古莫力达瓦达斡尔族自治旗腾克乡霍日里屯;采录时间:1983年4月中旬;采录、翻译、整理:赛音塔娜;曲调整理:金铁宏。

② 马罗:系达斡尔族供奉的神之一。这是爱辉地区达斡尔人的称谓。

请为我们解除他的纠缠吧。
kinduleːn kinduleːn kinduleːn,
（衬词）
kinduleːn kinduleːn kinduleːn。
（衬词）

ojin sanaːjixini waralgawudeː,
为了你的降临，
olieːrsi taːniː orwuosenbi,
杨树托若已栽好，
guaji hoʤoːr goiwutiː ke!
立的金马桩！
unkirvaːraː unkirtiː ke!
和小腿一般高！
kinduleːn kinduleːn kinduleːn,
（衬词）
kinduleːn kinduleːn kinduleːn。
（衬词）

nar taldeini nasan kuku,
托若阳面树枝茂盛，
boswo taldeini bolwo ʧuaːka,
托若阴面叶叶鲜嫩，
deːrini deːlbur delbusenbi。
托若上挂满马鬃。
kinduleːn kinduleːn kinduleːn,
（衬词）
kinduleːn kinduleːn kinduleːn。
（衬词）

ojin sanaːji xini olwudaː,
为了得到你的睿智,
ʤorin sanaːji xiniʤugiewudaː,
为了顺从你的意愿,
harban hoir duaːliː artʃoːbeibi。
十二位副神已集合。
kinduleːn kinduleːn kinduleːn,
(衬词)
kinduleːn kinduleːn kinduleːn。
(衬词)

baːbugai baːtur,
巴布盖巴特尔(熊),
boːroldi buku,
宝若迪・布库(布谷鸟),
araːli atʃaːli,
阿热里・阿查里,
bukuiger takaigar。
布阔该尔・塔卡该尔。
tʃiengielboːn tʃiengielboːn tʃiengielboːn,
(衬词)
tʃiengielboːn tʃiengielboːn tʃiengielboːn。
(衬词)

kumeː ʤuːr uʤiese,
远望南面的山,
kudeisen isen hekitei ildengir,
是那凶猛的九头满盖,
ikirmeikuː xikirmeiku。
还有那小精灵。

tʃiengielboːn tʃiengielboːn tʃiengielboːn,
（衬词）
tʃiengielboːn tʃiengielboːn tʃiengielboːn。
（衬词）

koltordiː kalterdiː isel nijer kabil,
蜥蜴和金龟,
ingirtʃil meleg,
银色的青蛙,
nar saruːl lamkilanxie。
日月在高空悬挂。
kinduleːn kinduleːn kinduleːn,
（衬词）
kinduleːn kinduleːn kinduleːn。
（衬词）

ojinni taːni waldtʃ,
我虔诚地祈祷,
kexiː taːni eribeibi,
祈求你的恩慈,
bogloːwu darwuini boltloː,
解除病魔的困扰吧,
bogtun sudʒin gireːkeneː。
为我们显现圣灵吧。
kinduleːn kinduleːn kinduleːn,
（衬词）
kinduleːn kinduleːn kinduleːn。
（衬词）

"马罗"意指居室内门正对着的位置。按达斡尔族的习俗,这是最神圣的位置。诸多其他北方民族也都有这种方位观,他们的这种方位观念和后来的观念是不一样的。古代,尤其在寒冷的北方,出于对太阳的崇拜,人们总是将所住帐篷或居室的门开向东方或东南方(启明星出来的方向),也即"东开向日"。这样,当太阳从东方升起时,最先照到的地方就是室内西北方位。所以,这个方位就成了居室最尊贵的地方。居室里对着门的西或西北方这个位置,也就被看成是最神圣的、最吉祥的位置。后来,有了神就将其摆在这个位置。在古代北方民族方位观念中,房子的门"东开向日"是朝向"南"边的,即我们现在所说的东边。而对着门的位置的西边或西北边,那时,他们认为是"北",即我们现在所说的西。这种解释当是北方民族"以西为贵"的由来。因为马罗神是至尊至贵神,故被摆放在这个位置上。

以下诸神名称与此相关,其一,"xuaimar barkan"(西炕神),"xuaimar"系达斡尔语"西炕、上位"之意,也指居室内正对着门的位置。此称谓和"马罗"的意思一样,均指至尊至贵的位置。其二,"daa barkan"(首席神、最高神),daa系达斡尔语"首席"、"原来"之意。这是居住在海拉尔地区的达斡尔族的俗称。其三,"xoʤor"(祖神),xoʤor系达斡尔语"根"、"祖、始祖"、"妈妈的娘家"等意。在达斡尔语中,至今,仍将母亲的娘家称为孩子的"xoʤor"。由此推测,这个词在古代只指母亲所在的氏族。后来,当母系氏族制被父系氏族制取代后,该词便专指母亲的父亲所在的氏族、部落、家族。不论其意如何变化,"xoʤor"一词专指母系亲属这一点是大体一致的。"xoʤor"神是女神。其四,"xoʤor barkan"神是达斡尔族普遍的称呼。其五,"xoliər"一词系鄂温克语,其意为"蛇",那么"xoliər barkan"即为"蛇神"。

对上述五个称谓加以分析,可大致归结如下:"maloː barkan"和"xuainmar barkan"是从神放置的位置而言的,实指该神是"尊贵的神";"daa barkan"和"xoʤor barkan"是从神的职能来说的,足见马罗神应为始祖女神;而"xoliər barkan"则从其形象上言其为"蛇"神。

(二) 神灵附体伊若 (oŋguor bodʒirbei)

萨满在神灵附体后代神唱:
jeren is dʒultuku,
九十九道河网,①
tʃikoji dalim tʃelentʃaː。
洪水淹没七虎林山。②
kinduləːn kinduləːn kinduləːn,
(衬词)
kinduləːn kinduləːn kinduləːn。
(衬词)

gadʒir tualaːn garsənbiə,
我曾处处巡视,
erin tuaːlan eidəsənbi.
我时时惦念这边呀。
kinduləːn kinduləːn kinduləːn,
(衬词)
kinduləːn kinduləːn kinduləːn。
(衬词)

---

① 九十九道河网:指三江(松花江、乌苏里江口、博朗湖口之间的黑龙江沿岸)地和兴凯湖低地的沼泽、港汊、河网。

② 七虎林山:即完达山西段主峰。据文献记载,七虎林山相对平均高度大约在250米上下。该词是通古斯语 tʃikur 的汉译,tʃiko 指冀部,-r 是复数词尾,表示突兀高耸的山峰。《清史稿》(八·志·一九五七页)载:吉林省虎林厅西有个七虎林山即七虎山。距今四五万年前,当地的气候变暖,古冰川帽迅速消融,降水量也很快增大,使鄂霍次克海平面上升,大陆与库页岛之间的地峡变成了海峡。锡霍特山脉冰帽融解,洪水顺着西坡迅猛流下;其北段的黑龙江峡谷狭窄,排洪较难,大量的洪水在三江低地和兴凯湖低地汇集,形成大洪水。正如萨满经中所言:洪水淹没了七虎林山。

abil uwei alkusenbi,

未曾怠慢一步,

ʤeleg uwei ʤaːsenbi keː!

也曾不断提醒过!①

kinduləːn kinduləːn kinduləːn,

(衬词)

kinduləːn kinduləːn kinduləːn。

(衬词)

(三)森凯拉温(senkilaːwun)仪式时唱的伊若②

senkilaːwun senkilaːwun senkilaːwun,

(衬词)

senkilaːwun senkilaːwun senkilaːwun。

(衬词)

senkiweter serilgesen,

森凯拉温仪式使我苏醒,

sewun ʧosud ʧokilgabei,

请你啄食新鲜的血。

bodw ʧosud botuloːbei。

用涂抹的血涮。

---

① 此歌借萨满之口,讲述自己曾在洪水期间各地各处伺守了,也曾时时刻刻忠告过众人,为了大家的安全,未曾驻足。从中看出始祖女神是如何精心呵护她的子孙后代,真可谓是功不可没。苏联已故著名考古学家奥克拉尼克夫也曾介绍到:在滨海地区大地上,曾发生过大洪水,大地曾一片汪洋。蛇神在治理洪水中发挥过重要作用。满-通古斯的民间神话中都曾有类似的神话,他们都认为这条睿智勇武的蛇神和神奇的猛犸,一起开凿了河谷,疏导了洪水,挽救过人类。进一步证实鄂温克族可能源于该处。可参阅《鄂温克族社会历史调查》,呼和浩特,内蒙古人民出版社,1986年;恩和巴图:达斡尔族的起源,《莫力达瓦达斡尔族自治旗达斡尔学会会刊》第十期(2003);赛音塔娜:《达斡尔传"holier"神探源》,《内蒙古社会科学》,1996年第4期等。

② senkiːwun,系鄂温克语,汉译写法有"森凯赖翁"、"辛克拉温"等,这是为了狩猎丰收而进行的仪式。

senkui keːni senkui keːni,
（衬词）
senkui keːni senkui keːni。
（衬词）
ʤurwui tʃosoːr serebei,
用心脏的血使你清醒,
ojini taːni eidesembie,
请你降临（到这边）,
ojin saːnaju walgasenbie。
附于我体。
senkui keːni senkui keːni,
（衬词）
senkui keːni senkui keːni。
（衬词）

gotaːr iroː goibibie,
再三唱祷词祈求你,
gollie ʤirwo goːrisen,
病结就这样解脱了,
argal ʤirwo goːrisen,
老病也这样摆脱了,
eaten euriniː ebkurdesen。
所有的病都驱散了。
kijeki jeloː kijeki jeloː,
（衬词）
kijeki jeloː kijeki jeloː。
（衬词）

ojin sanaː walgaːsen,
灌输了我的精神,

orili eimer woːxisen,
病的纠缠这样脱掉了,
argaler eimer alardesen。
病魔已被解脱。
kinduleːn kinduleːn kinduleːn,
（衬词）
kinduleːn kinduleːn kinduleːn。
（衬词）

kamgijeːrini karmadʒ,
从各方面保护,
ximerlaweini xirbudʒie giretuː。
顽固的按抚着调解吧。
kinduleːn kinduleːn kinduleːn,
（衬词）
kinduleːn kinduleːn kinduleːn。
（衬词）

（四）送神 eurkebei ①

dʒak dʒegeː dʒaruntuː,
请你直奔天涯路,
dʒaur buːtiː dʒeulentuː,
途中不要停留梦游,

---

① 达斡尔族的斡米南仪式用三天时间把神灵请来后,献祭礼,在第三天举行"库热仪式",前来参加仪式的莫昆和尼玛嘎尔特的人们（孕妇及经期妇女除外）先在外面站好,然后两个萨满用皮绳（用整张牛皮绞成没有接结的长约十个围长的皮条）把人们围住,两个萨满各拿皮绳的一端,用力拉一次,然后放开,量绳子的长短,如此反复三次。每次量绳时,如果皮绳的长度增加,就是好兆,象征人口增加。库热仪式结束后,两个萨满一前一后给各位神供献,又唱又跳,感谢神灵驱除了病魔,为人们带来了安康和幸福。当仪式结束时,还要唱送神曲。

ʤaur deːr gorbin uljilikuldun。
迅速飞升天庭吧。

kinduleːn kinduleːn kinduleːn,
（衬词）

kinduleːn kinduleːn kinduleːn。
（衬词）

前苏联学者 A. N. 马津的《埃温克人、鄂伦春人的萨满教》一文介绍说埃文克、鄂伦春人对自然界和周围世界的态度，反映在许多直接进入经济生产活动各个方面的禁忌、迷信和仪式活动中，其中许多活动都来源于萨满出现之前的古老时期，属于自然崇拜和渔猎崇拜的仪式，是来源古老的仪式。该仪式在十月开始狩猎的月份进行，其目的在于获得狩猎成功。这个仪式比斡米南仪式小，仪式有四道程序：用树枝制作偶蹄类动物图案——拜云；萨满"前往"埃捏坎布嘎那里请求发送野兽并乞求狩猎成功（辛肯）；猎人净身—通过奇契普坎；魔法狩猎和肢解用树枝做成的偶蹄兽图案。这是氏族的狩猎节日。

此外，本马罗经中所说的森凯拉温仪式和有关学者介绍的辛克拉温、森凯赖翁等仪式是一回事，仅有称谓拼音上的差别而已。森凯拉温仪式和祭马罗神的斡米南仪式相比，两者举行的时间、目的不完全一样。祭马罗祖神的仪式一般在四五月初举行，该仪式标志万物复苏，人们已听到布谷鸟的第一声鸣叫，鹿已开始产仔。正如 A. N. 马津在《埃温克人、鄂伦春人的萨满教》一文中所说：它是"旨在前往埃涅坎布嘎，获取神圣的法力穆松和鹿与各种野生动物灵魂的"。其目的就是乞求神灵让"自然界复苏，以便繁殖野生动物"。森凯拉温仪式则是在十月开始狩猎的月份进行，他们认为春季的仪式后，野兽在神灵的庇护下已经繁殖了。到秋季似乎应该丰收了，但是还需专门为狩猎成功举行森凯拉温仪式。看来，这两个仪式是不一样的。但本马罗经却包括了两个仪式的内容，应该如何理解呢？我们从上面的比较中很清楚地看到，古代本来两种仪式是分开举行的,后来两个仪式合并了。看来,古代的祖先早已认识到两种生产(人的生产、物质生产)的重要性,但是,生产力低的情况下无法达到目的时,就希望寄托于神灵世界,幻想在神灵的护佑下能满足这两个生产的要求。于是就产生了萨满教,通过各种仪式乞求神灵以达到目的。

主要参考文献

［美］威廉·古德著，张永钊、刘诗伯、曹兵武、郦辛译．原始宗教．郑州：河南人民出版社，1990

［日］池尻登著，奥登挂译．达斡尔族．内蒙古达斡尔历史语言文学学会，1982年编印本

［日］大间知笃三等．达斡尔族巫考．北方民族与萨满教．北京：中央民族大学出版社，1995

《达斡尔资料集》编委会，全国少数民族古籍整理研究室编．达斡尔资料集（第1集）．北京：民族出版社，1996

《达斡尔资料集》编委会、全国少数民族古籍整理研究室编．达斡尔资料集（第2集）．北京：民族出版社，1998

《达斡尔资料集》编委会、全国少数民族古籍整理研究室编．达斡尔资料集（第5集）．北京：民族出版社，2004

《达斡尔资料集》编委会、全国少数民族古籍整理研究室编．达斡尔资料集（第7集）．北京：民族出版社，2007

《达斡尔族简史》编写组编．达斡尔族简史．呼和浩特：内蒙古人民出版社，1986

恩和巴图编．达斡尔语话语材料．呼和浩特：内蒙古人民出版社，1985

阿力．试论海拉尔达斡尔人的墓地斡包．达斡尔族研究（第9辑）．呼和浩特：内蒙古教育出版社，2008

奥登挂．达斡尔族古代的萨满教信仰．达斡尔研究（第6辑）．内蒙古达斡尔学会，1998

卜林．达斡尔族萨满跳神行巫见闻追忆．嫩水达斡尔族．黑龙江

省齐齐哈尔文史资料研究会，1989

德世岫．达斡尔族的萨满服——吉瓦．北方民族，1989（1）

鄂晓南，鄂·苏日台．达斡尔族萨满图说．呼和浩特：内蒙古大学出版社，2009

鄂晓南，鄂·苏日台．达斡尔族造型艺术．北京：远方出版社，2002

鄂晓南，鄂·苏日台．原生态萨满信仰文化．呼和浩特：内蒙古大学出版社，2006

富育光．萨满论．沈阳：辽宁人民出版社，2000

郭淑云．活着的萨满．沈阳：辽宁人民出版社，2006

郭淑云．中国北方民族萨满出神现象．北京：民族出版社，2007

郭旭光，鄂晓楠．达斡尔族文物图说．呼和浩特：内蒙古大学出版社，2009

刘桂腾．中国萨满音乐研究．北京：中央音乐学院出版社，2007

刘小萌，定宜庄．东北民族与萨满教．长春：吉林教育出版社，1990

吕大吉，何耀华总主编．中国各民族原始宗教资料集成·达斡尔族卷．北京：中国社会科学出版社，1999

吕光天．北方民族原始社会形态研究．银川：宁夏人民出版社，1981

吕萍，邱时遇．达斡尔族萨满文化传承．沈阳：辽宁民族出版社，2009

马薇．达斡尔鄂温克民间舞探略．中央民族学院学报，1983（2）

满都尔图．达斡尔族．北京：民族出版社，1990

孟慧英．中国北方民族萨满教．北京：社会科学文献出版社，2000

莫力达瓦达斡尔族自治旗史志编纂委员会编．莫力达瓦达斡尔族自治旗概况．呼和浩特：内蒙古人民出版社，1988

莫日根迪．达斡尔族的原始宗教．内蒙古社会科学，1981（3）

内蒙古自治区编辑组编．达斡尔族社会历史调查．呼和浩特：内

蒙古人民出版社，1985

秋浦主编．萨满教研究．上海：上海人民出版社，1985

赛音塔娜，托娅．达斡尔族文学史略．呼和浩特：内蒙古大学出版社，1997

赛音塔娜．达斡尔传"holier"神探源．内蒙古社会科学，1996（4）

赛音塔娜．达斡尔传萨满教"马罗经"译注——述评达斡尔族和鄂温克族萨满教的关系．达斡尔族研究（第9辑）．呼和浩特：内蒙古教育出版社，2008

赛音塔娜．鄂温克传萨满教始祖女神"seweki"神探微．黑龙江民族丛刊，2000（3）

色音．东北亚的萨满教．北京：中国社会科学文献出版社，1998

塔娜．达斡尔族的神话与萨满教．达斡尔研究（第6辑）．内蒙古达斡尔学会，1998

乌丙安．神秘的萨满世界——中国原始文化根基．北京：三联书店，1989

乌力斯·卫戎．达斡尔族的萨满教．吉林省民族研究所编．萨满教研究（第1辑）．长春：吉林人民出版社，1988

杨士青．达斡尔族民歌选．呼和浩特：内蒙古人民出版社，1981

后 记

本书系中央民族大学"985 工程"中国少数民族语言文化教育与边疆史地研究创新基地文库《中国少数民族非物质文化遗产研究系列》——《萨满文化丛书》之一。经几年的努力，我们终于取得的初步成果，缘于本丛书主编赵志忠教授的精心策划和信任以及基地文库总主编文日焕教授的关心和鼓励，更得益于学界前辈与时贤已积累的大量相关文献资料和研究成果。尤其是几位达斡尔族学者，其中包括满都尔图先生、奥登挂先生、鄂·苏日台先生、孟和先生等的有关达斡尔族早期萨满教专题田野调查材料和原创成果为本书稿的撰写奠定了扎实的基础。此外，我们在田野调查、搜集资料方面得到了许多方面的帮助，莫力达瓦达斡尔族自治旗政府和旗旅游局给予了我们多方面的大力支持。两位达斡尔族当代萨满斯琴挂萨满和沃菊芬萨满予以积极配合，欣然接受我们的采访，还主动提供了许多弥足珍贵的图片和资料。在文献整理、录音资料录入、选配图片等方面，王松涛博士、德红英博士、张竞艳博士、郭媛媛硕士、刘浩硕士等都做了部分调研或资料整理工作。达斡尔族青年摄影家苏伟伟为我们提供了无私的帮助，他的专题图片为本书增色许多。

总之，本书是所有帮助过我们的人士集体劳动的成果和结晶，我们要对他们郑重地表示特别和真挚的谢意！

我们在最初做了大致的分工：赛音塔娜老师负责达斡尔族历史上的萨满教遗存部分的文献整理和研究工作，我负责当代萨满教的调研及后期全书的统稿和修订与补充工作。但随着课题的进展，这种分工界限基本打破，整体上体现了你中有我，我中有你的合作研究状态。调研进程中许多感人的情景历历在目，记忆犹新。总之，这是一次愉快而难忘的合作研究经历，个中甘甜值得我们永久回味。

  达斡尔族萨满教研究方兴未艾，我们也力求从整体上阐释达斡尔族萨满教的遗存与研究情况，但因水平所限，加之由于种种原因未及对许多问题予以深入挖掘和探究，本书稿只是对达斡尔族萨满教遗存的历史与现状做了一次阶段性的总结概括，或暂可自誉为"引玉"之"砖"，我们期待更多更好的研究成果问世，也期待学术界同仁与族胞对本书提出宝贵意见。最后借古德先生的一句话，表达我们的意愿："我们坚信一个真正有出息的民族绝不会中断自身的文化建设。我们努力为这种建设尽力。"

丁石庆谨识
2010 年 9 月 28 日

图书在版编目（CIP）数据

达斡尔族萨满文化遗存调查/丁石庆，赛音塔娜编著.—北京：民族出版社，2011.2

（中国少数民族非物质文化遗产研究系列/文日焕主编.萨满文化丛书）

ISBN 978-7-105-11397-2

Ⅰ.①达… Ⅱ.①丁… ②赛… Ⅲ.①达斡尔族—萨满教—宗教文化—调查研究—中国 Ⅳ.①B933

中国版本图书馆CIP数据核字（2011）第026185号

达斡尔族萨满文化遗存调查

策划编辑：欧光明
责任编辑：李燕妮
出版发行：民族出版社
社　　址：北京市和平里北街14号　邮编100013
电　　话：010-58130917（编辑室）　010-64224782（发行部）
网　　址：http://www.mzcbs.com
印　　刷：北京佳顺印务有限公司
经　　销：各地新华书店
版　　次：2011年6月第1版　2011年6月北京第1次印刷
开　　本：787毫米×1092毫米　1/16
字　　数：300千字
印　　张：21.25
定　　价：60.00元
ISBN 978-7-105-11397-2/B·494（汉194）

该书如有印装质量问题，请与本社发行部联系退换